प्रेमचन्द

प्रेमचन्द

संपादक
विश्वनाथप्रसाद तिवारी

प्रकाशन संस्थान
नयी दिल्ली-110002

प्रकाशक
प्रकाशन संस्थान
4268-B/3, अंसारी रोड, दरियागंज
नयी दिल्ली-110002

संस्करण : सन् 2005
आवृत्ति : सन् 2017
आवरण : जगमोहन सिंह रावत
ISBN : 81-7714-071-X

शब्द-संयोजन : विनायक कम्प्यूटर्स, शाहदरा, दिल्ली-110032
मुद्रक : बी. के. ऑफसेट, दिल्ली-110032

अनुक्रम

हिन्दी नवजागरण और प्रेमचन्द

सुरेन्द्र चौधरी

हिन्दी नवजागरण के तीसरे चरण के साथ प्रेमचन्द का साहित्य अनिवार्य रूप से जुड़ा हुआ है। रामविलास जी के अनुसार हिन्दी क्षेत्र का यह नवजागरण अपने संघर्षशील और जनचरित्र के कारण अन्य क्षेत्रों के जातीय जागरण से विशिष्ट है। प्रेमचन्द के साहित्य में ये तमाम विशिष्टताएं एक साथ लक्षित की जा सकती हैं। प्रेमचन्द रचनात्मक लेखन के साथ-साथ गम्भीर पत्रकारिता का कार्य भी कर रहे थे। जहां साहित्य में उनकी भावधारा के स्रोत देखे जा सकते हैं वहीं उनकी पत्रकारिता में उनकी विचारधारा की तीव्र विकास-प्रक्रिया को भी लक्षित किया जा सकता है। इस प्रकार साहित्य के माध्यम से जहां वे हिन्दी क्षेत्र की जनता के राष्ट्रीय जागरण के प्रभावों के भीतर सामाजिक वास्तविकता का चित्रण करते हैं, वहीं वे पत्रकारिता के द्वारा उस संघर्ष को तर्क की शक्ति भी देते हैं। यह तर्क की शक्ति इतिहास के तर्क के रूप में उनके सामने आती है। वर्तमान इतिहास इस शक्ति का स्रोत है। प्रेमचन्द के साहित्य में इसीलिए घटनाक्रमों का एक जटिल और कभी-कभी उबाऊ ताना-बाना है। कहानियों के लिए भी घटना प्रधान तथ्यों को नाटकीय रूप में बदल लेते हैं। उपन्यासों में तो उसका प्रवाह सा चलता रहता है।

हिन्दी नवजागरण भारतीय-वास्तविकता को विशिष्टता देता है, वह एक विशाल क्षेत्र की कृषक जनता की लम्बी सामन्ती जीवन-पद्धति के विरुद्ध संघर्ष का आह्वान है। प्रेमचन्द का साहित्य इस बात का साक्षी है कि इस आह्वान पर हिन्दी क्षेत्र की जनता कार्य करती है! जातीय जीवन और राष्ट्रीय जीवन की गतिविधियों को समग्र रूप में भारतीय साहित्य में कहीं अभिव्यक्त किया गया तो वह प्रेमचन्द के साहित्य में। इस कथन से किसी अन्य जातीय मूल के महान् लेखन की अवमानना नहीं होती। प्रेमचन्द के अतिरिक्त भारतीय साहित्य में महान् और नयी प्रतिभाएं अनेक थीं। स्वयं रवि बाबू ने राष्ट्रीय मुक्ति की पृष्ठभूमि में 'गोरा' और 'घर-बाहर' जैसे उपन्यास लिखे थे। पर 'घर-बाहर' का दर्शन प्रगति के हित में था यह मैं नहीं मान पाता!

राष्ट्रीय मुक्ति की पृष्ठभूमि में 'पाथेर दावी' और 'कर्मभूमि' में कोई समानता नहीं है। अपनी तमाम नाटकीयता के बावजूद शरद बाबू का उपन्यास उस व्यापक राजनीतिक यथार्थ को पकड़ नहीं पाता जिसे प्रेमचन्द 'कर्मभूमि' में मुक्ति आन्दोलन के विस्तार के रूप में पहचानते हैं।

राजनीतिक घटनाक्रमों को कथ्य बनाकर प्रेमचन्द ने शायद ही कोई उपन्यास लिखा हो पर राजनीतिक घटनाक्रमों का जैसा भरा-पूरा चित्रण प्रेमचन्द के कथा-साहित्य में है वैसा किसी भारतीय लेखक में नहीं मिलता।

20वीं शताब्दी का पहला दशक राष्ट्रीय नवजागरण के विस्तार का कारण भी है और उसकी गहराई का भी। इस सदी के साथ राष्ट्रीय स्वतन्त्रता की भावना में अन्तर्य पड़ता है। राष्ट्रीय स्वतन्त्रता की इस भावना के अन्तर्य को प्रेमचन्द के उस पत्र से अच्छी तरह समझा जा सकता है जिसमें (1905 ई.) उन्होंने 'जमाना' को एक अपटुडेट पोलिटिकल पेपर बनाने की सलाह दी है (चिट्ठी-पत्री-1, पृ. 12)। हिन्दी, उर्दू और अंग्रेजी के पत्रों से प्रेमचन्द का जीवित सम्पर्क बना हुआ दिखाई पड़ता है। वे सामाजिक संघर्ष के लिए जहां कहानियां और उपन्यास लिखते हैं वहीं विचारधारा के खुले संघर्ष के लिए पत्रों में स्तम्भ लेखन का कार्य करते हैं। राष्ट्रीय नवजागरण के इस चरण में कतिपय मुस्लिम बुद्धिजीवियों के ब्रिटिश समर्थक रुख के वे विरोधी थे। मौलवी जकाउल्ला देहलवी उर्दू इतिहासकारों में उनके समकालीन थे। वे अच्छे भाषाविद् थे। उन्होंने 'आईने केसरी' और 'महरिवाते अजीम' में ब्रिटिश राज के प्रति जो रुख अपनाया था वह इतिहास के तर्क के विरुद्ध था। प्रेमचन्द ने लिखा—"निहायत अफसोस है कि मुसलमान कौम के रहनुमा अभी तक जमाने और उसके रंग-ढंग पर जरा भी नजर न डालकर आंख मूंदे सर सैयद अहमद के बतलाए हुए रास्ते पर चल रहे हैं।" 1912 में मौलाना शिबली द्वारा मुस्लिम गजट में प्रकाशित 'मुसलमानों की पोलिटिकल करवट' शीर्षक लेख को उन्होंने सराहा था क्योंकि उसमें नवजागरण की जातीय चेतना को राष्ट्रीय परिप्रेक्ष्य में देखने की कोशिश थी। पुराणपंथी प्रत्येक जाति और समाज में उस समय भी थे, पर प्रेमचन्द की दृष्टि में मुस्लिम जातीयता की पक्षधर शक्तियां प्रतिक्रिया के हित में ही परिचालित थीं, यद्यपि उनमें तेजी से राष्ट्रीय रूपान्तरण के लक्षण भी प्रकट होने लगे थे।

प्रेमचन्द के द्वारा लिखित 'विविध' प्रसंग लगभग तेरह सौ पृष्ठों में संकलित है जिसमें लगभग तीसरा हिस्सा राष्ट्रीय नवजागरण और किसान-मजदूरों की समस्याओं से जुड़ा है। इसमें उसके परिप्रेक्ष्य का अंदाज हो जाता है। हिन्दी प्रदेश के नवजागरण को वे राष्ट्रीय नवजागरण से अलग करके नहीं देखते थे, मगर हिन्दी नवजागरण की कुछ अपनी समस्याएं भी थीं। आर्थिक संरचना की दृष्टि से हिन्दी क्षेत्र अन्य क्षेत्रों की अपेक्षा अधिक सामंती-महाजनी चरित्र का था। हिन्दी क्षेत्र में 20वीं शताब्दी के पहले दो दशकों तक भी सामंती-महाजनी पूंजी का रूपान्तरण बुर्जुआ

पूंजी में न हुआ था। बुर्जुआ पूंजी का उदय हिन्दी क्षेत्र के बाहर हो रहा था। मगर इससे यह निष्कर्ष निकालना गलत होगा कि हिन्दी क्षेत्र में राष्ट्रीय बुर्जुआ वर्ग की विचारधारा का प्रभाव कम था। भारतेंदु अवश्य ही नव पूंजीपति वर्ग से नहीं आते थे पर उनके और उनके युग के साहित्य में राष्ट्रीय पूंजीपति वर्ग का दृष्टिकोण प्रबल समर्थन के साथ व्यक्त हुआ है। हां, इसके साथ जातीय समस्याओं पर उनके अपने विचार भी हैं, पर वे मूलतः सामंत विरोधी हैं। साम्राज्यवाद का विरोध तो उसमें है ही। डॉ. रामविलास शर्मा ने ठीक ही लिखा है कि ''भारतेंदु युग का साहित्य व्यापक स्तर पर गदर से प्रभावित है, इसका पहला प्रमाण यह है कि इस साहित्य में किसानों को लक्ष्य करके, उन्हें संगठित और आन्दोलित करने की दृष्टि से, जितना गद्य-पद्य लिखा गया है, उतना दूसरी भारतीय भाषाओं में नहीं लिखा गया।'' (महावीर प्रसाद द्विवेदी और हिन्दी नवजागरण, पृ. 12) प्रेमचन्द इस अर्थ में हिन्दी नवजागरण के विस्तार के कथा लेखक और साहित्यकार हैं। साथ ही भारतीय भाषाओं में वे ऐसे ज्वलंत लेखकों में हैं जिन्होंने किसान-मजदूर समस्या को अन्तर्राष्ट्रीय क्रांतिकारी आंदोलन से भी जोड़कर देखा है।

प्रेमचन्द ने राष्ट्रीयता और राष्ट्रीय मुक्ति आन्दोलन को 1919 में लगभग उसी परिप्रेक्ष्य में देखा था जिसमें विश्व कम्युनिस्ट आंदोलन उसकी संभावनाओं को देख रहा था। राष्ट्रीय प्रश्नों पर यह दृष्टि जन-समस्याओं के साथ जुड़कर विश्व क्रांतिकारी आन्दोलन का अंग बन जाती है। प्रेमचन्द राष्ट्रीयता की समस्या को जिस परिप्रेक्ष्य में देख रहे थे उसका स्वरूप इस उद्धरण से यथेष्ट स्पष्ट होता है–''इस आधुनिक राष्ट्र ने संसार में एक एकान्त जीवन संघर्ष छेड़ दिया है। जिस मानव समुदायों ने अभी तक राष्ट्र का रूप ग्रहण नहीं किया वे उनके अत्याचारों के क्षेत्र हैं।'' राष्ट्रवाद के दोहरे पहलू को प्रेमचन्द ने बुर्जुआ साम्राज्यवादी राष्ट्रवाद के संदर्भ में और नवीन राष्ट्रीयताओं की मुक्ति आकांक्षाओं के संदर्भ में देखा था। नवीन राष्ट्रीयताओं की मुक्ति आकांक्षा को जनता से जोड़ना और उसे जनता तक पहुंचाना उस युग का क्रांतिकारी कार्यक्रम था। कम्युनिस्ट पार्टी के इतिहास संबंधी दस्तावेज के दूसरे भाग में श्री एम.एन. राय के कई ऐसे पत्र और प्रस्ताव हैं जिनके संदर्भ में किसान आंदोलनों की भूमिका प्रकट होती है। भारतीय साहित्यकारों में किसान-मजदूर आंदोलन को राष्ट्रीय मुक्ति की धुरी के रूप में प्रेमचन्द ने ही देखा था।

हिन्दी नवजागरण के इन पहलुओं के संदर्भ में प्रेमचन्द का अध्ययन इसलिए भी महत्त्वपूर्ण है कि इससे प्रेमचन्द के लेखन की दिशा तो निश्चित होती ही है, उनकी विचारधारा के क्रांतिकारी पहलुओं का भी स्पष्टीकरण होता है।

यूर्गेन रुहेल ने 'साहित्य और क्रांति' में प्रेमचन्द और लूसुन को एशियाई जनमन के जागरण से जोड़कर देखा है। 'नया एशिया शीर्षक' अध्याय में वे लिखते हैं–''भूमि समस्या को जिस ढंग से सोवियत संघ में सुलझाया गया था, प्रेमचन्द उससे प्रभावित

हुए थे। एशियाई जनमन से सरोकारों में यह सबसे अहं समस्या थी। प्रेमचन्द की अन्तिम और सबसे प्रौढ़ रचना 'गोदान' हलचलों भरा और त्रासद उपन्यास है जिसमें पूंजीवादी प्रक्रिया के भीतर पिस रहे भारतीय किसानों का शोषण चित्रित हुआ है।'' हिन्दी नवजागरण और अन्ततः भारतीय नवजागरण का संबंध भारतीय जनगण के उस विशाल हिस्से से प्रेमचन्द के साहित्य में ही जुड़ता है जिनके कारण उसका क्रांतिकारी चरित्र निर्मित हुआ है। वर्ग-संघर्ष का जो तत्त्व प्रेमचन्द के साहित्य के साथ प्रकट हुआ, वह भारतीय साहित्य में समकालीन लेखन में उतना प्रकट नहीं होता। इसका मूल कारण किसानों के साथ प्रेमचन्द के साहित्य का लगाव है। मजदूर वर्ग के संघर्ष पर प्रेमचन्द ने उतना नहीं लिखा। मजदूर वर्ग प्रेमचन्द के साथ जिस रूप में संगठित होने की प्रक्रिया में था, उस रूप में उसके संघर्षों का चित्रण प्रेमचन्द ने अपनी कहानियों और उपन्यासों के समानान्तर प्रसंगों में तो दिया, पर उस पर कोई स्वतंत्र रचना न की। मजदूर वर्ग का स्वतन्त्र चित्रण प्रेमचन्द के किसी समकालीन लेखक ने किसी भारतीय भाषा में किया हो, यह मुझे मालूम नहीं है।

प्रेमचन्द के साथ किसान समस्या का एक अन्तर्राष्ट्रीय स्वरूप प्रकट होता है। प्रेमचन्द की विचारधारा किसानों के संघर्ष को मजदूर वर्ग से पृथक् केवल इस रूप में देखती है कि मजदूर वर्ग संगठित होने की प्रक्रिया में है जबकि भारतीय बहुभागी किसानों का संघर्ष एक चरण आगे बढ़कर राष्ट्रीय जन-आंदोलन का हिस्सा बन जाता है। किसान आंदोलन का विकास जन-आंदोलन के रूप में स्वतन्त्र ढंग से हुआ, अर्थात् कांग्रेस के कार्यक्रमों के बाहर भी हुआ जिसे हम राष्ट्रीय आन्दोलन की पूरी राजनीतिक पार्टी मानते आये हैं। किसान आन्दोलन के भीतर नेतृत्व के लिए संघर्ष की अन्तर्ध्वनियां 'कर्मभूमि' में सुनायी पड़ती हैं। किसानों के बीच उग्र नेतृत्व के उभरने का संकेत प्रेमचन्द ने यहां स्पष्ट कर दिया है।

भारत की सामन्ती पृष्ठभूमि के कारण किसान समस्या किसी भी परिवर्तनकारी कार्यक्रम की एक केन्द्रीय समस्या बन जाती है। मजदूर वर्ग का क्रांतिकारी संघर्ष इन किसानों के साथ संयुक्त मोर्चे के बिना नहीं चल सकता। उत्पादन की महत्त्वपूर्ण धुरी किसान-मजदूर हैं, उसे प्रेमचन्द से बेहतर कौन उदाहृत कर सकता है।

जातीय जागरण की पृष्ठभूमि में प्रेमचन्द की विचारधारा का निर्माण हुआ था पर उसका विकास समन्वित रूप में राष्ट्रीय और मजदूर वर्ग की अन्तर्राष्ट्रीय क्रान्तिकारी पृष्ठभूमि में हुआ। इस प्रकार हिन्दी नवजागरण के व्यापक चरित्र का प्रेमचन्द के साहित्य से समझने में मदद मिलती है। जातीय जागरण की पृष्ठभूमि में प्रेमचन्द ने विभिन्न सामाजिक समस्याओं पर कहानियां और उपन्यास लिखे। अवश्य ही जातीय जागरण का सुफल सभी वर्गों और समुदायों को समान रूप से प्राप्त न था, उसे उपलब्ध कराने का रचनात्मक कार्य प्रेमचन्द ने किया। छुआछूत की समस्या, नारीमुक्ति, शिक्षा और धार्मिक सहिष्णुता ऐसे ही क्षेत्र थे। इन समस्याओं

को राजनीतिक महत्त्व देने का कार्य जहां राष्ट्रीय पूंजीपति वर्ग और उसकी विचारधारा कर रही थी, वहीं किसान-मजदूर वर्ग का नया नेतृत्व उसे स्वतन्त्र राजनीतिक अर्थ भी दे रहा था। हिन्दी क्षेत्र इससे अछूता न था। वामपंथी विचारधारा तेजी के साथ इस क्षेत्र में भी प्रवेश कर रही थी। प्रेमचन्द का साहित्य उसका आधार बन गया। प्रगतिशील लेखक संघ के घोषणा-पत्र में जो कुछ भी था, वह प्रेमचन्द के साहित्य से पुष्ट होता था। रेखा अवस्थी ने ठीक ही लिखा है—"प्रगतिशील लेखक सम्मेलन द्वारा पास किए गए घोषणा-पत्र पर प्रेमचन्द के इस (अध्यक्षीय) भाषण का प्रभाव देखा जा सकता है।" (प्रगतिवाद और समानान्तर साहित्य, पृ. 16)।

प्रेमचन्द के साथ हिन्दी नवजागरण का यह वर्गीय चरित्र उभरकर सामने आता है। यही नहीं उसमें भारतीय राष्ट्रीय पूंजीपति वर्ग के दोहरे चरित्र का खुलासा भी मिल जाता है। भारतीय राष्ट्रीय पूंजीपति वर्ग का राजनीतिक नेतृत्व जिस प्रकार अधिकाधिक क्रान्तिकारी होता जाता है, उसका अपना चरित्र उसी अनुपात में अधिकाधिक शोषक भी हो जाता है। भारतीय अनुभव इसे आज पुष्ट कर रहे हैं। एकाधिकारी पूंजी के विकास से इस प्रक्रिया को समझने में मदद मिलती है। वितरण के क्षेत्र में जो टुटपुंजिया पूंजीपति वर्ग हावी है उसका महाजनी चरित्र प्रेमचन्द ने अपने एक लेख 'महाजनी सभ्यता' में प्रकट किया। उत्पादन सम्बन्धों के निर्धारण में इस वर्ग की भूमिका कितनी जटिल और महत्त्वपूर्ण है इसे प्रेमचन्द के साहित्य से पहचान मिलती है।

प्रेमचन्द का साहित्य हिन्दी नवजागरण की सम्पूर्ण विचारधाराओं का प्रतिनिधित्व करता है। उसमें जातीय तत्त्वों से लेकर अन्तर्राष्ट्रीय महत्त्व के सभी तत्त्व अन्तर्भुक्त हैं। आवश्यकता केवल यह है कि इस विकास के पीछे जो इतिहास का तर्क है उसे हम उसी तरह समझें जिस तरह प्रेमचन्द उसे समझ सके थे। निश्चित रूप से हिन्दी क्षेत्र की समस्याएं आज वही नहीं हैं जो प्रेमचन्द के समय में थीं। उनका स्वरूप और उनकी प्रकृति में पर्याप्त अन्तर था। कार्य-पद्धति की दृष्टि से यह परिवर्तन महत्त्वपूर्ण है, पर प्रेमचन्द एक ऐसी ऐतिहासिक विरासत विचारधारा के रूप में छोड़ जाते हैं जिनका उपयोग किए बिना हिन्दी साहित्यकार अपनी प्रगतिशील भूमिका निबाह ही नहीं सकता।

हिन्दी क्षेत्र में विचारधारात्मक संघर्ष का महत्त्व सबसे अधिक है। हिन्दी नवजागरण विचारधारात्मक संघर्ष के भीतर ही अपना विकास निर्धारित करता है। यह प्रक्रिया अहिन्दी क्षेत्रों से थोड़ी भिन्न हो जाती है। तीसरे और चौथे चरण की कड़ी के रूप में प्रेमचन्द आते हैं। यदि हिन्दी नवजागरण के अगले विकास को प्रगतिशील चिन्तन और विचारधारा की दृष्टि से देखा जाता है तो उसका आधार प्रेमचन्द निर्मित करते हैं। हिन्दी क्षेत्र में विचारधारात्मक संघर्ष की मूल समस्या सामाजिक आधार पर तीव्र और असरदार प्रतिक्रिया उत्पन्न करने की थी। इसके

लिए आवश्यक था कि विचारधारा को जन सामान्य की भावधारा में उतारा जाय। उसकी चेतना और इच्छा को विचारधारा के अनुरूप तैयार किया जाय और उसे आधुनिक ही नहीं, प्रगतिशील भी बनाया जाय। जनचेतना और इच्छाओं में उद्दीपनों का अभाव न था। राष्ट्रीय-अन्तर्राष्ट्रीय महत्त्व के घटनाक्रमों से हिन्दी क्षेत्र भी गुजर रहा था।

प्रेमचन्द ने इस विचारधारात्मक संघर्ष में क्या योगदान किया यह हमसे छिपा नहीं है। वे पहले गैर कम्युनिस्ट भारतीय लेखक थे जिन्होंने वामपंथी विचारधारा के साथ सक्रिय सम्बन्ध स्थापित किया। उन्होंने 'हंस' को प्रगतिशील लेखक संघ की सेवा में समर्पित करके इसका प्रमाण दिया था। यही नहीं उन्होंने बम्बई की हड़ताल और दमन पर टिप्पणियां लिखीं। वामपंथी प्रेस की हिन्दी क्षेत्र में जो स्थिति '36 तक थी उसकी कल्पना भर की जा सकती है। विचारधारा के संघर्ष में पत्रों का महत्त्व स्वतः स्पष्ट है। साहित्य और पत्रकारिता के माध्यम से प्रेमचन्द ने इसी कार्य को सम्पन्न किया था। उनका साहित्य हमारी विचारधारा को जनता तक ले जाने वाला है। उनकी परम्परा हमें व्यक्तिवादी साहित्य की आन्तरिकता से निकालकर वास्तविक और सामाजिक घटनाक्रमों वाले विश्व में ले जाती है। वह हमें भारतीय जनगण के जीवन और इतिहास से एकबद्ध करती है। उसका महत्त्व हमारे चौथे चरण के वामपंथी जागरण के लिए और भी ज्यादा है। इतिहास और मानव सम्बन्ध के बदलते हुए रूपों और लक्षणों को प्रकट करने में प्रेमचन्द का साहित्य वामपंथी नवजागरण का चरित्र भी प्रकट कर देता है। यह नवजागरण अपनी समकालीन कतिपय विचारधाराओं से मूलतः भिन्न है। गांधीवाद का दृष्टिकोण औद्योगिक क्रांति के विरुद्ध और किसान समस्या के साधारण समाधान की ओर प्रेरित है, पर प्रेमचन्द से समर्थित वामपंथी विचारधारा औद्योगिक क्रांति और कृषि क्रांति के समन्वित आदर्श को लेकर चलती है। वह केवल बुर्जुआ जनतान्त्रिक क्रांति की मंजिलें पार करना नहीं चाहती। औद्योगिक क्रांति अगर कृषि क्षेत्र में मूलभूत परिवर्तन न लाए तो उसका कोई महत्त्व वामपंथी विचारधारा के लिए नहीं है। प्रेमचन्द लगभग दिखा चुके थे कि कृषि क्रान्ति के आधार पर ही बुर्जुआ जनतान्त्रिक क्रान्ति की सफलता भारतीय जनगण के पक्ष में होगी। मगर यह संघर्ष स्वतन्त्रता संघर्ष का विरोधी नहीं है। बुर्जुआ जनतांन्त्रिक शक्तियों का नेतृत्व भारत में था और यह नेतृत्व अपने वर्ग से अधिकाधिक स्वतन्त्र होने के प्रयत्न में था। प्रेमचन्द इस असलियत से भी परिचित थे। उन्होंने 'गबन' में ही राष्ट्रीय बुर्जुआ वर्ग की जनतान्त्रिक क्रान्ति का चित्रण सामने रखा और देवीदीन के माध्यम से उसकी गहरी आलोचना भी की थी।

बुर्जुआ क्रान्ति के भविष्य में प्रेमचन्द का विश्वास लगभग टूट रहा था। भारतीय जनता के लिए क्रान्ति की एक मंजिल और आगे बढ़ गयी थी। वामपंथी जनवादी क्रान्ति की एक तस्वीर शायद प्रेमचन्द से कुछ लोगों को उभरती हुई न दिखे पर

प्रेमचन्द के साहित्य और विचारधारा का स्वाभाविक विकास उसी दिशा में अनुमानित होता है। उनकी अन्तिम टिप्पणियां इस दिशा में सोचने पर भी विवश करती हैं। बिहार हिन्दी साहित्य सम्मेलन पर अपनी टिप्पणी में उन्होंने यह प्रसिद्ध नज्म उद्धृत की थी—"उठ्ठो मेरी दुनिया के गरीबों को जगा दो।" एक अन्य टिप्पणी में उन्होंने राष्ट्रीय और सामाजिक जीवन में साहित्यकार के हस्तक्षेप का गम्भीर प्रश्न उठाकर एक ऐसे बदलाव का परिचय दिया था जिसे प्रगतिशील आन्दोलन की धुरी के रूप में विकसित किया गया। साहित्यकार के हस्तक्षेप का अर्थ था राजनीतिक नेतृत्व (बुर्जुआ जनतान्त्रिक) से स्वतन्त्र हस्तक्षेप। कौमी साहित्य के भीतर भारतीय भाषाएं समीपता और एकता प्राप्त करती हैं, यह बात प्रेमचन्द के सामने सबसे पहले उजागर थी। भारतीय साहित्य संगठन के लिए उनके प्रयत्न इस दिशा में हमें उनके कार्यकारी दृष्टिकोण से परिचित कराते हैं। यही नहीं साहित्य के स्तर पर वे विश्व साहित्य की प्रेरक शक्तियों से एकता स्थापित करने वाली विचारधारा और भावधारा के पक्ष में थे। मैक्सिम गोर्की, अनातोले फ्रांस, रोमांरोलां और सरसार, शरतचन्द्र तक प्रेमचन्द की दृष्टि व्यापक रूप में जाती है। साधारण मनुष्य की जीवन-पद्धति और भोग-पद्धति को ये साहित्यकार गरिमा देते थे, उनके संघर्षों और नैतिक संकल्पों को मूलगामी परिवर्तन के लिए महत्त्वपूर्ण मानते थे। सन् 1933 में बिहारी एसोशिएशन के मंच से भाषण करते हुए उन्होंने कहा था, "दुःख, दरिद्रता, अन्याय, ईर्ष्या, द्वेष आदि मनोविकार जिनके कारण संसार नरक के समान हो रहा है, इसका कारण समाज संगठन है। सोसियालाजी के साथ साहित्य भी इसी प्रश्न को हल करने में लगा हुआ है।" सामाजिक संगठन के दूषित होने की बात यहां प्रेमचन्द ने साधारण रूप में न कही थी। वे पूंजीवादी सामाजिक संगठन के दूषित रूपों की बात कर रहे थे और उसे सामाजिक अन्याय और गरीबी और बराबरी तथा वर्ग-द्वेष का कारण मानते थे। इस प्रकार प्रेमचन्द के साथ साहित्य और वर्ग समाज के सम्बन्धों का प्रश्न तीव्र रूप में उठने लग गया था। इस संदर्भ में साहित्यकार और साहित्य की भूमिका के बारे में प्रेमचन्द की राय छिपी नहीं है।

अन्तर्सामाजिक घटनाओं के अर्थ को प्रेमचन्द राष्ट्रीय संघर्ष में ही नहीं बल्कि अन्तर्मानवीय संदर्भ में देख रहे थे। उनके लिए भारतीय सर्वहारा का संघर्ष विश्व सर्वहारा के संघर्ष का अंग बन गया था। किसान-मजदूर एकता के विकासशील मंच को प्रेमचन्द आश्वासन के साथ देख रहे थे और उसके लिए स्वयं असचेष्ट न थे। विचारधारात्मक मंच के लिए उन्होंने साहित्य और पत्रकारिता में भरसक कार्य किया। उनका यह कार्य वामपंथी विचारधाराओं के संगठन का प्रेरणास्रोत बन गया। हिन्दी क्षेत्र में यद्यपि ऐसी विचारधाराएं पहले से भी कार्यशील थीं, पर उन्हें तीव्र और विस्तारित करने की आवश्यकताएं वर्तमान थीं। प्रेमचन्द के साहित्य ने उसे साधारण जनता तक पहुंचाया। हिन्दी क्षेत्र में प्रेमचन्द की विचारधारा का महत्त्व इसीलिए है।

उनके साहित्य ने जनता की जड़ता को भावधारा के भीतर बार-बार तोड़कर उसे नयी दिशाओं में प्रेरित किया था। भारत के आधुनिक जीवन के अन्तर्विरोधों को देखने के लिए प्रेमचन्द का साहित्य एक जीवित क्षेत्र है। प्रेमचन्द ने उसे न केवल धुंधला होने से बचाया है, बल्कि उसे निरन्तर तीव्र से तीव्र प्रतिक्रिया करने की क्षमता और विचारधारा के रूप में स्थायी उत्तेजना प्रदान की है।

प्रेमचन्द की सामन्त विरोधी, महाजन विरोधी विचारधारा के कारण उन्हें वर्ग द्रोही और घृणा का प्रचारक भी कहा गया। जिस 'सरस्वती' ने अपनी क्रान्तिकारी विचारधारा से हिन्दीभाषियों को नया जीवन और उत्साह दिया था प्रेमचन्द के समय में (सन् '30 के पास) वह ऐसे बुद्धिजीवियों (टुटपुंजियों) द्वारा संचारित थी जो न केवल प्रेमचन्द का विरोध करते थे, बल्कि तमाम प्रगतिशील भावना और विचारधारा का अन्धविरोध कर रहे थे। 'सरस्वती' प्रेमचन्द के विरुद्ध निरन्तर लड़ाई का मुहिम तैयार करने में लग गयी थी पर प्रेमचन्द पर आंच क्या आती!

हिन्दी नवजागरण के तीसरे-चौथे चरणों की पृष्ठभूमि में प्रेमचन्द की विचारधारा और भावधारा का मूल्यांकन हमें उन अधूरे कार्यों की ओर उन्मुक्त करता है जिन्हें पूरा करने की जिम्मेदारी हिन्दीभाषी जनता पर है। सौभाग्य से साहित्य के क्षेत्र में अभी वामपंथी विचारधारा सबसे बलवती विचारधारा है। अन्तर्राष्ट्रीय और राष्ट्रीय स्तर पर पूंजीवादी विचारधाराएं आज हमारे मानस और चेतन इच्छा को उद्बुद्ध करने में असमर्थ हैं और इसके विपरीत भारतीय चेतना वामपंथी दिशा की ओर तेजी से बढ़ रही है। मगर अभी हमें संकुचित राजनीतिक अर्थ में इस स्थिति का लाभ लेना नहीं है। प्रेमचन्द किसी भी संकुचित विचारधारा के पक्षपाती न थे, उनकी विरासत उदार मानववादी भावना और चेतना है। इसलिए प्रेमचन्द की विरासत का सही उपयोग करने के लिए आवश्यक है कि हम वामपंथी विचारधारा की सामान्य भूमि पर उस साहित्य के प्रति अपने को उन्मुक्त न करें जो व्यक्तिवाद, अमूर्तता, भाववाद और तथाकथित व्यक्ति स्वातन्त्र्य के विरुद्ध समानता और विकास की मूर्त सम्भावनाओं से आन्दोलित है, जिसमें तमाम पिछड़े हुए जनगण की एकता और इस सामान्य आदर्श पर आधारित क्रियाकलापों की प्रेरणा वर्तमान है।

प्रेमचन्द का साहित्य उनकी विचारधारा और भावधारा का ऐसा जीवित और मूर्त संघटन है जो अपनी मौलिक संवेदना के साथ आज हमें नयी प्रेरणा दे सकता है। इस दृष्टि से प्रेमचन्द की परम्परा को समय के साथ जोड़कर हम एक ऐसे साहित्यिक रिक्थ का निर्माण करने में सहायक होंगे जो वस्तुतः जनता का प्रतिनिधि साहित्य होगा। नवजागरण और प्रेमचन्द के सह-सम्बन्धों की यह पृष्ठभूमि हमारी नयी पीढ़ी के लिए आज और भी कार्यकारी हो गयी है, जब परिवर्तन के लिए आत्यन्तिक संघर्ष प्रारम्भ हो चुका है।

रचना-दृष्टि : समकालीन प्रेरकता के तत्त्व

राजेन्द्र कुमार

आज हमारे समसामयिक साहित्य की मुद्रा प्रायः कुछ इस तरह की पहचान बनाती है जैसे वह प्रधानतया अस्वीकृतियों की मुद्रा हो। पर फिर भी समसामयिक साहित्य और जिन्दगी के आईने में आज की नयी पीढ़ी भी अपने अक्स को जिन दो महान् लेखकों से प्रभावित पाती है—उनमें से एक हैं प्रेमचन्द और दूसरे निराला। उर्दू-हिन्दी में कथा-विधा को मात्र मनोरंजन से आगे किसी लक्ष्य तक ले जाने में प्रेमचन्द की जो भूमिका रही, उसका ऐतिहासिक महत्त्व तो है ही, आज के नये से नये लेखक के लिए वह एक अप्रतिहत प्रेरणा का स्रोत भी है। प्रेमचन्द को अपने जीवन में आर्थिक दृष्टि से चाहे कितनी ही विपन्नता से क्यों न जूझना पड़ा हो लेकिन बड़ी बात यह है कि उन्होंने अपनी जीवन दृष्टि को विपन्न नहीं बनने दिया। उनकी जीवन-दृष्टि का अनुभवगत आधार पर बहुत सम्पन्न था और उनकी रचना-शीलता उनकी जीवन-दृष्टि के सम्पूर्ण वैभव को आयत्त करने में कहीं भी चूकती नहीं प्रतीत होती। यह प्रेमचन्द के लेखन की कोई आकस्मिक उपलब्धि नहीं है। वस्तुतः यह उनके कला-प्रयास की उद्देश्योन्मुखता का सफल परिणाम है। वे उपन्यास या कहानी में, यहां-वहां यों ही कलम आजमाने वाले लेखक नहीं थे। वे एक सजग कलाकार थे। **सजगता कभी-कभी रचनाकार को अतिरिक्त ढंग से सायास होने के लिए बाध्य करती है जिससे रचना में वैचारिक आग्रह गांठों की तरह अलग-थलग दिखने लगते हैं। सजगता और सहजता को एक साथ निभा पाना अक्सर मुश्किल होता है। प्रेमचन्द की रचनात्मक क्षमता का सबूत यह है कि उनकी रचनाएं अपनी पृष्ठभूमि में वैचारिक सजगता को झलकाते हुए भी अपनी सहजता पर आंच नहीं आने देतीं।** आज के उग्र वैचारिक तेवर वाले नये लेखकों के लिए यह प्रेमचन्द से सीखने लायक चीज है।

अपने समय के साहित्य से प्रेमचन्द की जो मूल अपेक्षा थी, उसकी ओर संकेत करते हुए उन्होंने उर्दू के अपने एक लेखक मित्र को लिखा[1] था कि **"मैं लिटरेचर को मैस्कुलिन देखना चाहता हूं, फेमिनिज्मख्वाह वह किसी सूरत में हो—यह मुझे पसन्द नहीं।"** गौर करने की बात है कि **प्रेमचन्द साहित्य से अपनी यह मांग उस समय**

पेश कर रहे थे–सन् 1920 में–जब हिन्दी कविता में छायावाद का उन्मेष हो रहा था। यहां यह कहने की जरूरत नहीं है कि छायावाद अपनी कल्पनाशीलता और कोमलता के आग्रहों के तहत किसी न किसी सूरत में 'फेमिनिज्मख्वाह' भी था ही। **ऐसे समय में साहित्य के लिए यह कहना कि–फेमिनिज्मख्वाह वह किसी सूरत में हो, यह मुझे पसन्द नहीं–रचनाकार के रूप में प्रेमचन्द के सुदृढ़ और मौलिक व्यक्तित्व की पहचान हमें कराता है।**

नवम्बर 1929 में उर्दू के शायर 'आतिश' पर जब 'जमाना' का विशेषांक निकला तो उस पर प्रेमचन्द ने अपनी तीखी प्रतिक्रिया व्यक्त की थी। 'जमाना' में प्रेमचन्द की अपनी चीजें भी छपती थीं। आज कितने लेखक ऐसे हैं जो खुद उनकी अपनी रचनाएं छापने वाले सम्पादकों को इतना तीखा और बेबाक खत लिख सकें जैसा प्रेमचन्द ने उस समय 'जमाना' के सम्पादक को लिखा था। उस खत में प्रेमचन्द ने साहित्य के उद्देश्य के प्रति अपनी राय जाहिर करते हुए जो कुछ कहा था[2] वह आज की रचना-दृष्टि के भी तमाम कोहरों को छांटने में सहायक है : **''लिटरेचर का मौजू (विषय) है तहजीब (संस्कृति), अखलाक (नैतिकता), मुशाहिद-ए-जजबात (भावाभिव्यक्ति), इन्कशाफे-हकायक (सत्योद्घाटन) और वारदातो-कैफियाते-कल्ब का इजहार (दिल की हालतों का प्रकटीकरण)।''**

साहित्य के प्रति प्रेमचन्द के ये वैचारिक आग्रह किसी भावुकता अथवा आवेगात्मक उत्साह की देन नहीं थे। इनके पीछे जीवन के ऊबड़खाबड़ अनुभवों के बीचोबीच एक संघर्षरत आदमी की उपस्थिति का ताप है। जिन तत्त्वों को उन्होंने साहित्य के विषय के रूप में स्वीकार किया था, चाहे वे संस्कृति से सम्बन्धित हों अथवा समकालीन जीवन की वास्तविकताओं से, हर एक तत्त्व पर उन्होंने खुले दिल और दिमाग से सोच-विचार किया था और अपने निष्कर्ष पाये थे। ये निष्कर्ष उनकी सर्जनात्मक रचनाओं की पृष्ठभूमि में रेखांकित किये जा सकते हैं और जहां उन्हें जरूरत महसूस हुई, अलग लेखों-व्याख्यानों या टिप्पणियों के रूप में भी उन्होंने अपनी विचारात्मक निष्पत्तियों को प्रस्तुत किया था।

संस्कृति जैसे विषय पर उन्होंने जिस गैरदकियानूसी ढंग से सन् 1934 में सोचा-समझा था, वह संस्कृति की दुहाई देने वाली साम्प्रदायिक ताकतों के लिए अब भी एक चुनौती है। **'साम्प्रदायिकता और संस्कृति'**[3] शीर्षक लेख लिखकर उन्होंने संस्कृति के खतरनाक इस्तेमाल की ओर हमारा ध्यान इन शब्दों में खींचा था–''साम्प्रदायिकता सदैव संस्कृति की दुहाई दिया करती है। उसे अपने असली रूप में निकलते शायद लज्जा आती है, इसीलिए वह गधे की भांति–जो सिंह की खाल ओढ़कर जंगल के जानवरों पर रोब जमाता फिरता था, संस्कृति की खाल ओढ़कर आती है।'' इसी प्रसंग में प्रेमचन्द आगे यह निष्कर्ष प्राप्त करते हैं–''अब संसार में केवल एक संस्कृति है और वह है आर्थिक संस्कृति।...यह जमाना

साम्प्रदायिक अभ्युदय का नहीं है। यह आर्थिक युग है और आज वही नीति सफल होगी जिससे यह अन्धविश्वास, यह धर्म के नाम पर किया गया पाखण्ड, यह नीति के नाम पर गरीबों को दुहने की कृपा मिटाई जा सके।''

इसी तरह शोषण को बढ़ावा देने वाली व्यवस्था की सभ्यता को बेनकाब करते हुए प्रेमचन्द ने लिखा था[4] कि ''इस महाजनी सभ्यता में सारे कामों की गरज महज पैसा होती है...इस दृष्टि से मानो यह महाजनों का ही राज्य है। बड़ा हिस्सा मरने और खपने वालों का है और बहुत ही छोटा हिस्सा उन लोगों का है जो अपनी शक्ति और प्रभाव से बड़े सम्प्रदाय को अपने बस में किये हुए हैं...।'' 'सभ्यता का रहस्य' शीर्षक कहानी में प्रेमचन्द के इन्हीं विचारों की व्यंग्यात्मक परिणति इस उक्ति में हुई है कि **''सभ्यता केवल हुनर के साथ ऐब करने का नाम है।''**

जातिगत या धर्मगत अहम् के पोषण में प्रेमचन्द की जरा भी दिलचस्पी नहीं थी। साम्प्रदायिक वैमनस्य पैदा करने वाली अस्वस्थ धार्मिक भावना का उन्होंने हमेशा विरोध किया। 'रंगभूमि' में पूंजीवादी मनोवृत्ति और लोलुप व्यापार-चातुर्य का प्रतीक 'जॉनसेवक' यों ही यह नहीं कह देता कि ''अगर अब तक तुम्हें नहीं मालूम है तो अब मालूम हो जाना चाहिए कि धर्म केवल स्वार्थ-संगठन है।'' वस्तुतः इस कथन में प्रेमचन्द का लोकानुभव बोल रहा है जिसने उन पर यह तथ्य प्रकट कर दिया है कि 'धर्म का मुख्य स्तंभ भय है'। भीरु जनता के लिए चालाक लोग धर्म-भावना को गलत ढंग से उभारते हैं। अन्यथा जैसा कि प्रेमचन्द ने अपने **'कहतुर्रिजाल'** (मनुष्यता का अकाल) शीर्षक लेख[5] में लिखा था, ''अगर धर्म का आदर करना अच्छा है तो हर हालत में अच्छा है। इसके लिए किसी शर्त की जरूरत नहीं है।''

धर्म और संस्कृति की पारम्परिक अवधारणा में निवृत्तिमूलक नैतिकता का जो निषेधात्मक आग्रह रहा है, प्रेमचन्द उसके भी व्यामोह से ग्रस्त नहीं होते। सेक्स के प्रति वर्जनात्मक रूढ़ियों को वे **'प्यूरिटन मनोवृत्ति'** की संज्ञा देते हैं। उन्होंने एक व्याख्यान[6] में कहा था कि ''प्यूरिटन मनोवृत्ति जैसे इस ताक में रहती है कि किसका पांव फिसले और वह तालियां बजाये...भोग उसकी दृष्टि में सबसे बड़ा पाप है...पुरुषों के लिए तो चाहे किसी तरह क्षमा सुलभ भी हो जाए किन्तु स्त्रियों के लिए क्षमा के द्वार बन्द हैं और उन पर अलीगढ़ वाला 12 लीवर का ताला पड़ा हुआ है।'' 'सेवासदन' में वेश्या समस्या और 'निर्मला' में बेमेल विवाह की समस्या लेकर प्रेमचन्द ने सेक्स सम्बन्धी 'प्यूरिटन' मनोवृत्ति के घातक परिणामों पर ही रचनात्मक प्रहार किये हैं।

अपने व्यक्तिगत जीवन में तो प्रेमचन्द तंगदस्ती से बेहाल थे ही, समग्रतया समकालीन जन-जीवन में आर्थिक विषमता की पीड़ा एक कठोर वास्तविकता के रूप में उनके संवेदनशील मन को आहत कर रही थी। सामाजिकार्थिक समता की एक आदर्श परिकल्पना प्रेमचन्द के मन में थी जिसका प्रतिफलन 'प्रेमाश्रम' उपन्यास में हुआ। 'प्रेमाश्रम' का प्रेमशंकर एक तरह से प्रेमचन्द का अपना ही वैचारिक प्रतिनिधि

है। जैसा कि अमृतराय ने लिखा है।[7] यह आकस्मिक नहीं है कि प्रेमशंकर जैसे पात्र की आवृत्ति प्रेमचन्द की 'पशु से मनुष्य' शीर्षक कहानी में भी हुई। अपने पात्र प्रेमशंकर के इन शब्दों में कि–"पांच और पांच हजार, पचास और पचास हजार का अस्वाभाविक अन्तर ही हर पाप की जड़ है"–मानो प्रेमचन्द स्वयं बोल रहे हैं।

प्रेमचन्द श्रमिक वर्ग के हितों के एक बहुत ही निष्ठावान् हिमायती थे। **उनकी वर्ग-चेतना को यद्यपि किसी राजनीतिक मतवाद की सैद्धान्तिक संकीर्णता में आबद्ध नहीं किया जा सकता लेकिन फिर भी वह स्पष्ट थी।**[8] भू-स्वामित्व के सम्बन्ध में उनका सिद्धान्त प्रेमशंकर के इस संवाद में आज भी हमारी स्वीकृति चाहता है–"जमीन उसकी है जो जोते। शासक को उसकी उपज में भाग लेने का अधिकार इसलिए है कि वह देश में शान्ति और रक्षा की व्यवस्था करता है। जिसके बिना खेती हो ही नहीं सकती। किसी तीसरे वर्ग का समाज में कोई स्थान नहीं है।"

अपनी गरीब मुदर्रिसी के दिनों में प्रेमचन्द ने जो अनुभव प्राप्त किये थे वे उनके लेखकीय जीवन के लिए एक बहुत बड़ी पूंजी की तरह कारगर हुए। उन्होंने निराशा को अपनी रचना-दृष्टि के पास शायद ही कभी फटकने दिया हो। जिसे हम प्रेमचन्द का आदर्शोन्मुख यथार्थवाद' कहते हैं, वास्तव में वह जीवन के प्रति प्रेमचन्द के 'आशावादी तेवर की ही देन है। गरीब से गरीब मजदूर के बारे में सोचते समय उनके मन में भविष्य की जो आशाएं करवट लिया करती थीं उनकी झलक फरवरी 1919 के 'जमाना' में छपे **'दौरे कदीम : दौरे जदीद'** (पुराना जमाना : नया जमाना) शीर्षक उनके लेख में देखी जा सकती है। वे लिखते हैं–"अब एक फाकाकश मजदूर भी अपनी अहमियत समझने लगा है और धन-दौलत की ड्योढ़ी पर सिर झुकाना पसन्द नहीं करता।....वह पूंजी का दुश्मन है, व्यक्तिगत सम्पत्ति की जड़ खोदने वाला। सबकी एकता उसका जेहाद का नारा है। वह ऊंच-नीच को मिटाकर सारी जमीन को समतल बनाने की कोशिश करता है। वह ऐसी राज्य-व्यवस्था स्थापित करना चाहता है जो धनोपार्जन के समस्त साधन अपने हाथ में रक्खे और हर व्यक्ति को उसकी मेहनत और योग्यता के अनुसार बराबर बांटे।"

मेहनत और योग्यता के अतिरिक्त भौतिक सुख-साधनों के बंटवारे का कोई दूसरा पैमाना प्रेमचन्द को स्वीकार नहीं था। लोग हैं, जो बिना मेहनत किये और बिना योग्यता के भी सफल जीवन-यापन का अधिकार पा लेते हैं लेकिन यह अधिकार एकदम अनैतिक है। प्रेमचन्द इस अनैतिकता से घृणा करते हैं और यही घृणा उनकी 'सोफिया' के इस उद्गार में मानो फूट पड़ी है–"मुझे उस वस्तु से घृणा है जिसे लोग सफल जीवन कहते हैं। सफल जीवन पर्याय है खुशामद, अत्याचार और धूर्तता का।" लेकिन यह घृणा प्रेमचन्द की रचना में नकारात्मक रुख अपनाकर नहीं रह जाती है। वह दृष्टिकोण का सकारात्मक निर्माण भी करती है। तभी तो **सोफिया** यह कह पाती है कि "मैं जिन महात्माओं को सर्वश्रेष्ठ समझती हूं, उनके जीवन

सफल न थे। सांसारिक दृष्टि से वे लोग साधारण मनुष्यों से भी गये-गुजरे थे, जिन्होंने कष्ट झेले, निर्वासित हुए, पत्थरों से मारे गये और अन्त में संसार ने उन्हें बिना आंसू की एक बूंद गिराये बिदा कर दिया....''। **हालांकि इस कथन पर विचार की मूल धारा के तहत यहां कुछ शंकाएं उठाई जा सकती हैं। कहा जा सकता है कि 'सर्वश्रेष्ठता' की संज्ञा का प्रलोभन देकर आम आदमी को अपनी योग्यता और श्रमशीलता के बावजूद 'गये-गुजरे' हालात यथावत स्वीकार कर लेने की प्रेरणा दी जा रही है। लेकिन फिर भी, इस कथन का जो व्यंग्य है, उसके पैनेपन को हम नजरअन्दाज नहीं कर सकते।**

समकालीन रचना-दृष्टि की प्रेरणाभूमि पर प्रेमचन्द का कृति व्यक्तित्व इस बात की भी एक असरदार मिसाल है कि व्यक्तिगत स्तर पर सामाजिक-आर्थिक दर्शन की निरी राजनीतिक प्रतिपत्तियों से एकान्ततया बंधे बिना लेखक अपनी रचना को समाज के लिए कितना उपादेय और विचारोत्तेजक बना सकता है। प्रेमचन्द अपनी कथायात्रा में आद्यन्त कहीं भी अपनी दृष्टि को पूर्वाग्रह-ग्रस्त नहीं होने देते हैं। इसलिए उनके अनुभव रचना में समग्रतया विकासमान व्यक्तित्व को अन्वेषित करने के लिए सचेष्ट दिखते हैं। जो लोग विचारधारा अथवा सैद्धान्तिकता को लेकर हमेशा एक तरह के शुद्धतावाद के हिमायती रहे हैं उन्हें प्रेमचन्द का आदर्शवाद बहुत आश्वस्त नहीं कर सकता है। उन्हें किसी एक विशेष मतवाद या पार्टी से सम्बद्ध होना भी स्वीकार नहीं था। सन् 1923 में उन्होंने मुंशी दयानारायण निगम के नाम एक खत में साफ-साफ लिखा था—''मैं किसी पार्टी में भी नहीं हूं...मैं तो उस आनेवाली पार्टी का मेंबर हूं जो कोतहुन्नास की सिरासी तालीम को अपना दस्तूर-उल-अमल बनाये'' अर्थात् जो छोटे तबके की आम जनता के राजनीतिक प्रशिक्षण की योजना को कार्यान्वित कर सके।

दरअसल प्रेमचन्द का आदर्श स्वरूप की दृष्टि से बहुत ही सम्मिश्र किस्म का है। उसे सैद्धान्तिकता के किसी तथाकथित शुद्ध दायरे में सीमित नहीं किया जा सकता। क्योंकि प्रेमचन्द अपनी जीवन्-दृष्टि को आत्म-विश्लेषण के वस्तुगत आधारों पर लगातार पुनरीक्षित और समन्वित करते चलते हैं। कांग्रेस के आन्दोलनों की मनोभूमि और गांधी की नैतिक निष्ठाएं प्रेमचन्द के लेखन में इतनी प्रत्यक्ष हैं कि उन्हें गांधी युग का सशक्त स्वर भी कहा गया। लेकिन वही प्रेमचन्द एक जगह जब यह कहते मिलते हैं **कि मैं अब करीब-करीब बोल्शेविस्ट उसूलों का कायल हो गया हूं**[9] तो यह कोई आश्चर्य की बात नहीं है। जैसा कि प्रेमचन्द के एक अध्येता ने लिखा है, उन्होंने अपने अन्तिम दिनों में दो महत्त्वपूर्ण तथ्यों का दर्शन किया था—''गांधी जैसे अनन्य तपस्वी के नेतृत्व में भी देशवासियों के त्याग और उत्सर्ग की विफलता तथा सुदूर देश रूस में जनक्रांति द्वारा सोवियत शासन की स्थापना।''[10] इसलिए प्रेमचन्द ''**यह पहचानने लग गये थे कि जनजीवन को संवारने के लिए आदर्श का प्रचार यथेष्ट नहीं है बल्कि**

सामाजिक सम्बन्धों में भी परिवर्तन होना आवश्यक है।"[11] 'गोदान' उपन्यास तथा 'पूस की रात' और 'कफन' जैसी अपनी अन्तिम रचनाओं में प्रेमचन्द की रचना दृष्टि का बदलाव परिवेश की दूसरी पहचान की परिणति है।

राल्फ फाक्स ने अपनी प्रसिद्ध पुस्तक 'नावेल एण्ड द पीपुल' में उपन्यास को आधुनिक बुर्जुआ समाज का एक **'एपिक आर्ट फार्म'** कहा है। हिन्दी में औपन्यासिक स्वरूप को इस अवधारणा से अलग मोड़ देने वाले पहले कथाकार प्रेमचन्द हैं इस बात का श्रेय प्रेमचन्द को है कि **उन्होंने आधुनिक बुर्जुआ समाज के अभिव्यक्ति माध्यम को अपनी कलम के हवाले किया और बुर्जुआ संस्कारों से उसे मुक्त करके जन-चरित्रों को अभिव्यक्ति का माध्यम बना दिया।** कहा जाता है कि प्रेमचन्द का पहला प्रसिद्ध उपन्यास 'सेवा सदन' प्रकाशित हुआ तो उसने साहित्य जगत् में एक सनसनी पैदा कर दी थी। लेकिन सनसनी तो बाबू देवकीनन्दन खत्री के उपन्यासों ने भी बहुत पैदा की थी। **सवाल यह उठता है कि क्या प्रेमचन्द के उपन्यास और खत्री जी के उपन्यासों की सनसनी की कोटि एक ही थी**? निश्चय ही ऐसा नहीं था। **देवकीनन्दन खत्री के उपन्यासों का मूल ढांचा वही है जो बुर्जुआ समाज की सांस्कारिकता का होता है। प्रेमचन्द के उपन्यास उस सांस्कारिकता को झटककर संघर्षशील चारित्र्य उजागर करते हैं।** वे हमारे अन्दर केवल कौतूहल नहीं जगाते बल्कि हमें झकझोर कर अपने समाज की चेतना को जानने के लिए जिज्ञासु बनाते हैं।

समकालीन संदर्भों में प्रेमचन्द की प्रासंगिकता का यह एक सबसे महत्त्वपूर्ण और प्रभावशाली पक्ष है कि अपने कला-माध्यम में अपने परिवेश की मानसिक अवधारणा को इस तरह निभा सके जिसमें न केवल अर्जित अनुभवों का मर्मस्पर्शी अंकन संभव हुआ बल्कि नये अनुभवों के वैचारिक अन्वेषण की सम्भावनाएं भी प्रकट हो सकीं।

संदर्भ

1. प्रेमचन्द : कलम का सिपाही : अमृतराय, पृ.58.
2. वही, पृ. 59.
3. जागरण (15 जनवरी, 1934).
4. प्रेमचन्द : कलम का सिपाही, पृ. 636.
5. 'जमाना' (फरवरी, 1924).
6. प्रेमचन्द : कलम का सिपाही, पृ. 519.
7. वहीं, पृ. 221.
8. वही, पृ. 324.
9. वही, पृ. 202.
10. हिन्दी उपन्यास पर पाश्चात्य प्रभाव : डॉ. भारत भूषण अग्रवाल, पृ. 89.
11. वही.

उपयोगितावादी विचार और आध्यात्मिक दृष्टि

चन्द्रकांत बांदिवडेकर

प्रेमचन्द ने निर्भ्रान्त शब्दों में अपने को उपयोगितावादी माना है। परन्तु प्रेमचन्द के उपयोगितावाद का स्थूल व्यावहारिक जीवन के हानि-लाभ के विचार तक सीमित कर देखना उनके प्रति न्यायोचित नहीं होगा। उनके उपयोगितावाद को नीतिवाद से सम्बद्ध कर उसका दायरा 'अधिक से अधिक व्यक्तियों का अधिक से अधिक हित' तक माना गया है। ये आरोप भी हैं कि उन्होंने आध्यात्मिक समस्याओं को छुआ नहीं, आत्मा की अखण्डता का साक्षात्कार नहीं किया, उनका उपयोगितावाद उत्कट आदर्शवाद का उपकरण बनकर रह गया, जीवन के चिरंतन प्रश्नों को उन्होंने नहीं छुआ, आध्यात्मिक विषमताओं को महत्त्व नहीं दिया, अन्तर्जगत् के द्वन्द्वों को महत्त्व नहीं दिया। ये आरोप कहां तक ठीक हैं, इसका विचार होना चाहिए।

प्रेमचन्द के शब्दों का यथावत् अथवा प्रचलित या रूढ़ अर्थवत्ता तक सीमित मानकर चलना शायद भ्रम उत्पन्न करता है। प्रेमचन्द ने नीति, सौन्दर्य, उपयोगिता, उपदेश, साधन, प्रेम, आध्यात्मिक भोजन, आध्यात्मिक सामंजस्य, सामाजिक जीवन इत्यादि शब्दों को न केवल व्यापकता और गहनता प्रदान की है बल्कि उन्हें किसी जीवन-निरपेक्ष शून्य में रखकर देखने से इनकार किया है। इस द्वन्द्वात्मक जीवन की सापेक्षता में उन्हें जीवन्तता प्रदान की है। इन शब्दों की अर्थ-व्याप्ति में अनेक कल्पित द्वन्द्व मिट गये हैं।

प्रेमचन्द 'अधिक से अधिक व्यक्तियों का अधिक से अधिक हित' जैसी उदार मतवादियों की विचार प्रणाली को गलत तो नहीं मानते थे (क्योंकि यह विचार बहुत दूर तक हमारी कतिपय चिन्तनाओं को प्रभावित कर सकता है अगर उसके सभी अनुषंगों का विचार किया जाय।) परन्तु वे इसके आगे चलकर सच्चे मानवतावादी बन गये थे। इस मानवतावाद में सम्पन्न, ऐश्वर्यवान व्यक्तियों के प्रति भी सहानुभूति थी, संवेदना थी और समाज से कटकर साधु-संन्यासी बननेवालों के प्रति भी उपेक्षा भाव नहीं था। शोषण के तरीकों की उन्होंने घोर भर्त्सना की, शोषक व्यवस्था पर

प्रहार किये परन्तु फिर भी व्यक्ति के रूप में इनके मनुष्यत्व के दर्शन अवश्य कराये। 'प्रेमाश्रम' के कतिपय जमींदार वर्ग के चरित्र तो उज्ज्वल रंगों में चित्रित किये ही, ज्ञानशंकर जैसे दुष्ट दुर्जन की क्षणिक निर्मलता को भी उजागर किया। अनेक सम्पन्न व्यक्तियों को सेवा और त्याग के रास्ते पर बढ़ते दिखाया। कमलानन्द जैसे विलासी जमींदार की आत्म-भर्त्सना का चित्रण किया। यह क्रम 'गोदान' तक दिखायी पड़ता है। 'रंगभूमि' के क्लार्क को भी अपनी जाति के स्वार्थ पर स्पष्टोक्ति करते दिखाया। वे जीवन के इस 'सत्य' को अवश्य स्वीकार करते थे कि सामान्यतः मनुष्य अपनी वर्गगत, वंशगत, स्वार्थगत स्थितियों का दास होता है, वह परिस्थितियों के सामने झुकता है। परन्तु कहीं भी वे अपवादात्मक स्थितियों को देखने और उनका चित्रण करने से पीछे नहीं रहे। 'नशा' जैसी छोटी कहानी वर्गीय सीमाओं को तोड़कर 'मनुष्य' को पकड़ने का प्रयास करती है। जिस अधिक से अधिक जन की स्थिति में वे सुधार चाहते थे, उनकी स्वार्थ प्रवृत्ति या अन्य कमजोरियों पर प्रकाश डालने में उन्होंने कोताही नहीं की।

प्रेमचन्द मनुष्य में छिपे देवता को देखते थे। मनुष्य और मनुष्य के बीच पैदा हुई जातिगत, धर्मगत, स्वार्थगत दीवारों को तोड़ते हुए मनुष्यों को उन्होंने इसी मानवता प्रेमी दृष्टि के कारण दिखाया है। होरी अपनी गाय को जहर खिलाकर मारने वाले भाई को क्षमा ही नहीं कर देता, उसकी पत्नी की जिम्मेदारी भी उठाता है। अपने पुत्र गोबर द्वारा गर्भवती बनायी गयी विधवा झुनिया को होरी और धनिया दोनों स्वीकार करते हैं, सिलिया चमारिन को अपने घर आश्रय देता है। 'गोदान' पढ़ने के बाद भी किसी को 'आत्मा की अखण्डता का साक्षात्कार' नहीं होता तो लगता है यह 'आत्मा' कोई संदर्भहीन वस्तु है—इस दुनिया के परे की चीज है। प्रेमचन्द को आध्यात्मिक भोजन व्यावहारिक भोज से कम प्रिय नहीं था। उनको आध्यात्मिक भोजन इस जीवन और जगत् के धरातल पर ही उपलब्ध होता था।

यह सही है कि प्रेमचन्द ने वे प्रश्न नहीं पूछे जो आज फैशन बन गये हैं। जीवन क्या है, मृत्यु क्या है, मनुष्य की अकेलेपन की पीड़ा का निस्तार क्या है, अस्तित्व का अर्थ क्या है, इत्यादि। वस्तुतः वे ठोस जीवन देख रहे थे, जीवन की विषमता देखते थे, मनुष्य का जीवन अर्थहीन करने वाली व्यवस्था की भयावहता देखते थे। चिरन्तनता के नाम पर अनुत्तरित प्रश्न उठाने की अपेक्षा उन्होंने समाज में ठोस पत्थर की तरह वर्तमान पीड़ादायी प्रश्न उठाये क्योंकि इन प्रश्नों की तात्कालिकता उस संवेदनशील लेखक को अधिक विचलित करती थी। उपयोगितावादी दृष्टि ने यह उपकार ही किया।

समाज में व्याप्त विलासिता, धन-लोभ और उससे उत्पन्न होने वाले मनुष्य को मानवीयता से वंचित करने वाले दोषों के निवारण की व्याकुलता अगर आध्यात्मिक समस्याओं के अन्तर्गत आती हो तो प्रेमचन्द ने समस्त उपन्यास साहित्य में धन

की दुश्मनी की, सादे परन्तु आध्यात्मिक दृष्टि से उच्च जीवन की पैरवी की। त्याग, बलिदान, सेवा, कर्तव्य के प्रति समर्पण, स्वार्थ वृत्ति का बहिष्कार इत्यादि मूल्यों का समस्त साहित्य में समर्थन किया। अगर यह सब आध्यात्मिक नहीं है तो अन्य प्रकार की काल्पनिक आध्यात्मिकता को प्रेमचन्द के समस्त साहित्य में नहीं मिलती।

उपयोगितावादी अनिवार्यतः आदर्शवादी नहीं होता। आदर्श जीवन-मूल्यों को इसी समाज में उपलब्ध करने के लिए उसे यथार्थ को देखना ही पड़ता है। व्यवहारवादी भी बनना पड़ता है। प्रेमचन्द के आदर्श और यथार्थ में दुर्लंघ्य खाई नहीं थी। स्वस्थ उपयोगितावादी इस प्रकार आदर्श और यथार्थ के दो कभी न मिलने वाले स्तरों की कल्पना नहीं करता। आदर्श के खयाली पुलाव पकाकर जुगाली करते रहने की अपेक्षा ठोस धरती से सम्बद्ध समस्याओं से निपटना शायद अधिक महत्त्वपूर्ण माना जा सकता है।

हर समय में या युग में साहित्य में कुछ नयी प्रणालियां उत्पन्न होती हैं। उन्हीं को सर्वाधिक महत्त्वपूर्ण साहित्य का 'कोअर' माना जाता है। आज मनुष्य के अकेलेपन की स्थितियां, जीवन की अर्थहीनता, मनुष्य की ऊब, पीड़ा, संत्रास इत्यादि का चित्रण करना महत्त्वपूर्ण हो गया है। प्रेमचन्द के जमाने में कुछ लेखक अतिशय व्यक्तिवादी दृष्टिकोण को आधुनिकता एवं अनुभव की गहराई का प्रमाण मानते थे। काममूलक ग्रन्थियों तथा असामान्य मानस को महत्त्व देते थे। इस प्रकार के फैशन जब रूढ़ हो जाते हैं तब उनके बारे में गहराई में जाकर चिन्तन करने की आवश्यकता नहीं समझी जाती। वैचारिक फार्मूलों को कुछ दूर रखकर प्रेमचन्द के साहित्य का अध्ययन किया जाय तो उनका उपयोगितावाद बहुत शक्तिशाली चीज सिद्ध हो सकती है। जो नैतिक आयाम प्रेमचन्द के साहित्य को दृढ़तापूर्वक संभाले हुए हैं, वह उनके समय तथा कुछ देर बाद कुछ-कुछ अपेक्षा की वस्तु हो गया है। शायद फिर इधर साहित्य के नैतिक आयाम (विशाल अर्थ में—जीवन-मूल्य के अर्थ में) का महत्त्व स्वीकार किया जाने लगा है। काम ग्रन्थियों को रोग माना जाता है। व्यक्ति और समाज के मूलभूत द्वन्द्व की अवधारणा भी पिछड़ने लगी है। इस वैचारिक माहौल में प्रेमचन्द के साहित्य के प्रति पुनर्विचार होना चाहिए।

उपयोगितावाद तब गलत हो जाता है जब किसी विशिष्ट संकुचित दृष्टिकोण या मतवाद के प्रचार के लिए साहित्य को साधन के रूप में प्रयुक्त करने का प्रयत्न होता है। प्रेमचन्द साहित्य के उद्देश्य को अतिशय व्यापक रूप में स्वीकार करते हैं—"पुराने जमाने में समाज की लगाम मजहब के हाथ में थी...अब साहित्य ने यह काम अपने जिम्मे ले लिया है और उसका साधन है सौंदर्य प्रेम।" साहित्यकार के दायित्व को उन्होंने कितना व्यापक बना दिया है, जो कुछ असुन्दर है, अभद्र है, मनुष्यता से रहित है, वह उसके लिए असह्य हो जाता है। उस पर वह शब्दों और भावों की सारी शक्ति से वार करता है। तो कहिये वह मानवता, दिव्यता और अभद्रता

का बाना बांधे होता है। जो दलित है, पीड़ित है, वंचित है–चाहे वह व्यक्ति हो या समूह, उसकी हिमायत और वकालत करना उसका कार्य है। उसकी अदालत समाज है। इसी अदालत के सामने वह अपना इस्तगासा पेश करता है और उसकी न्यायवृत्ति तथा सौन्दर्यवृत्ति को जागृत करके अपना यत्न सफल समझता है–

"यहां सत्य, शिव, सौन्दर्य का कुछ ऐसा समन्वय है कि किसी एक को तरजीह नहीं दी गयी है। इस दृष्टि से वही साहित्य बच जाता है जो कुछ लोगों के निरुद्देश्य मनोरंजन के लिए तथा दिमागी विलासिता को तृप्त करने के लिए लिखा जाता रहा हो।"

सामाजिक चेतना

कमला प्रसाद

बीसवीं शताब्दी के चार दशक, राजनीति, समाजनीति और कलानीति के विभिन्न प्रयोग, संघर्ष, आकलन और आकार ग्रहण करने के हैं। इन वर्षों में हर देशभक्त अनुभव की अनेक पगडंडियों से गुजर रहा था। नेतृत्व के सामने दिशाएं साफ न थीं। अन्तर्राष्ट्रीय प्रभाव तथा राष्ट्रीय परिस्थितियों को वहन करने की क्षमता के बीच गहरे द्वन्द्व थे। इतिहास के भारतीय मिथकीय सिलसिलों के भीतर रास्तों की खोज-प्रयोग और उनकी असफलताओं पर बार-बार विचार, फिर-फिर प्रयोग—यही तरीके अनुभव की दुनिया में इजाफा करते थे। विश्वास के नये-नये क्षितिज तैयार होते थे। आर्यसमाज, हिन्दूसमाज, हरिजन उद्धार समाज, सर्वोदय सभा, सामाजिक सुधार समितियां—कांग्रेस के राजनीतिक मंच के साथ काम करती थीं। गांधी के मंच में आ जाने पर अवान्तर छोटी-छोटी सांस्कृतिक संस्थाएं भी उन्हीं के इर्द-गिर्द घूमने लगीं।

उनका नेतृत्व निर्विवाद न होकर भी सर्वाधिक प्रभावशील था। असहमति का सबूत यह कि कांग्रेस के भीतर गरम दल-नरम दल, समाजवादी मंच बने। कम्युनिस्ट पार्टी का भी जन्म हो गया था और कुल मिलाकर आकस्मिक समझौतों के खिलाफ सीधे जन संघर्ष की रफ्तार तेज होती गई। इस पूरी संघर्षयात्रा का जीवन्त ऐतिहासिक साक्ष्य है—प्रेमचन्द का कई हजार पृष्ठों में बिखरा लेखन मसलन—दो सौ छियासठ कहानियां (मानसरोवर, आठ खण्ड तथा गुप्तधन—दो खण्ड) जमाना, कहकशां, आजाद, सुबहे उम्मीद, हमदर्द, माधुरी, चांद, मर्यादा, स्वदेश आजाद-ए-खल्क, प्रताप, हंस और जागरण आदि में लिखे निबन्ध, राजनीतिक टिप्पणियां, सम्पादकीय (विविध प्रसंग, तीन खण्ड), दोस्तों तथा सम्पादकों से पत्र व्यवहार (चिट्ठी-पत्री, दो खण्ड) के अतिरिक्त उपन्यास—असरारे मआविद उर्फ देवस्थान रहस्य, हम खुर्मा व हम सबाब, प्रेमा, रूठी रानी, किशना (अप्राप्त), प्रेमाश्रम, कायाकल्प, प्रतिज्ञा, सेवासदन, गबन, निर्मला, रंगभूमि, कर्मभूमि और गोदान आदि। प्रेमचन्द ने अनेक महत्त्वपूर्ण ग्रन्थों के अनुवाद और रूपान्तरण भी किये हैं।

'साहित्य का उद्देश्य' नाम से उनके समीक्षात्मक निबन्ध हैं। सन् 1901 से उर्दू में लिखना आरम्भ कर 8 अक्टूबर, 1936 में मृत्यु तक प्रेमचन्द अबाध गति से लिखते रहे। उन्होंने इतना लिखा कि मीजान एक व्यक्ति के लिए अविश्वास की हद तक पहुंचता है। आरम्भ में उर्दू में नवाबराय के छद्म नाम से लिखते रहे। वह नाम सरकार में खुल गया और उनकी कहानी पुस्तक 'सोजे वतन' (देश का दर्द) जब्त की गई तो दूसरा नाम रखा–प्रेमचन्द। उर्दू से हिन्दी में कब आ गये कहना कठिन है। इतना तय है कि हिन्दी में उपलब्ध कहानियां और उपन्यास उनकी प्रसिद्धि में अधिक सहायक हुए। मृत्यु के पूर्व वे 'मंगलसूत्र' को पूरा कर रहे थे। माह भर पूर्व उनका एक लेख छपा था 'महाजनी सभ्यता'। यह उनकी वैचारिक यात्रा के अन्तिम विश्वास के रूप में प्रमाण है।

प्रेमचन्द की सामाजिक चेतना के बारे में तरह-तरह की बातें की जाती हैं। आर्यसमाजी, गांधीवादी, सर्वोदयी और साम्यवादी तक। कुछ लोग उन्हें मानवतावादी कहते हैं, यह सिद्ध करते हुए कि उनका किसी वाद में विश्वास नहीं था। वे मूलतः क्या थे, वैचारिक आस्था का आधार क्या था–इसकी पड़ताल के लिए प्रेमचन्द के समूचे लेखन से गुजरना होगा। समीक्षा कर्म के प्रति अपनी गैर जिम्मेदार आदत के मुताबिक वायवी घोषणाओं से लेखन तथा निष्ठा की उभरती सम्भावनाओं के अंकुर टूट जाते हैं, यह ध्यान रखने की बात है।

प्रेमचन्द की विचारधारा पहचानने के लिए दोनों आयाम उपलब्ध हैं–रचनात्मक लेखन और व्यावहारिक टिप्पणियां। वे 'जमाना' में एक नियमित कॉलम सन् 1905 से ही लिखते रहे थे–'रफ्तारे जमाना'। तत्कालीन स्वाधीनता संग्राम का कोई ऐसा पहलू नहीं होता था–जिस पर उन्होंने न लिखा हो। हिन्दू-मुसलमान एकता, छूत-अछूत समस्या, किसान-मजदूरों का संघर्ष, नागरिक शास्त्र–जैसे प्रसंगों में वे धारदार टिप्पणियां लिखते थे। अन्तर्राष्ट्रीय रंगमंच में रूस के उदय के अलावा अन्य महत्त्वपूर्ण घटनाओं में प्रेमचन्द की पक्षधरता उजागर होती थी। 28 नवम्बर, 1932 को रूस की प्रगति के बारे में लिखा, "जहां जनता पर जनता के हित के लिए शासन किया जाता है, वहां ऐसी ही सफलता प्राप्त होती है। साम्राज्यवादी योरप अभी तक यह नहीं तय कर पाया कि फौजी सामान घटाया जाय या नहीं। उधर रूस एकाग्र भाव से उन्नति के मार्ग पर बढ़ता चला जा रहा है। न वहां बेकारी है, न मन्दी।" (विविध प्रसंग, भाग-2, पृ. 294) देश के भीतर स्वराज के संघर्ष के प्रति गद्दारी रखने वालों के प्रति लिखा–"कुछ लोग स्वराज आन्दोलन से इसलिए घबड़ा रहे हैं कि इससे उनके हितों की हत्या हो जाएगी। और, इस भय के कारण या तो दूर से इस संग्राम का तमाशा देख रहे हैं या जिन्हें अपनी प्रभुता ज्यादा प्यारी है वे परोक्ष या अपरोक्ष रूप से सरकार का साथ देने पर आमादा हैं। इनमें अधिकांश हमारे जमींदार, सरकारी नौकर, बड़े-बड़े व्यापारी और रुपये वाले लोग शामिल हैं ('हंस', अप्रैल, 1930,

'विविध प्रसंग', भाग-2, पृ. 41)।

जाहिर है कि प्रेमचन्द की निगाह गरीबों के साथ थी। ये उस समय कांग्रेस की नरम शाखा की नीति के बजाय समाजवादियों के करीब थे। जहां कहीं वे आर्य समाज पर गांधी के हृदय-परिवर्तनवादी नीति के अनुसार रचनाएं लिखते हैं, वहां उनकी नीयत एक देशभक्त की है। राजनीतिक दृष्टि से कोई दिशा साफ न होने के कारण वे एक-एक सामाजिक सुधारवादियों को आजमाते थे। वे रचना लिखे जाने के बाद देखते कि उनके आदर्श मनुष्य के स्वभाव के साथ घुल पा रहे हैं या नहीं। यथार्थ और आदर्श का मोड़ व्यावहारिक रूप से कृत्रिम लगने पर वे उसे छोड़ देते थे। प्रेमचन्द की सोच यात्रा का पहला आधार है देशभक्ति। वह देशभक्ति—जिसमें देश की अवाम की बारीक पहचान हो। सरकारी नौकरी में रहते हुए आरम्भ में जो कहानियां लिखीं—'सोजे वतन' की, उनका प्रेरक मूल्य यही था। वे गल्प शैली में कहानियां रचते, देश-विदेश के प्रचलित कथा प्रसंगों को अपने ढांचे में तैयार करते और निष्कर्ष इस तरह देते—"खून का यह आखिरी कतरा जो वतन की हिफाजत में गिरे, दुनिया की सबसे अनमोल चीज है।" ('दुनिया का सबसे अनमोल रतन' कहानी, पृ. 19) छोटे-छोटे उर्दू में लिखे गये उपन्यासों में इसी तरह की राष्ट्रभक्ति के निष्कर्ष मिलते हैं। इस काल के लेखन में उनकी भारतीय गांवों की पहचान का स्तर बहुत सतही और आसान किस्म का है।

प्रेमचन्द के पूर्व कथा-साहित्य के नाम पर 'पंचतन्त्र,' 'बृहत्कथा' और जातक कथाएं मिलती हैं। इन सबमें नीतियां और कहानियां तो हैं : आदमी नहीं है। आदमी की हालत और ग्रहण क्षमता को पहचाने बगैर आदर्शों के भाषण जैसे सिलसिले कथा साहित्य में चलते रहे। परिणाम यह होता रहा कि रचना आदमी से बाहर की कोई रहस्य लोक की दुनिया समझी गई। रचना का कर्ता देवदूत है, तभी तो वह ऐसी बातें लिखता है, जिनका जमीन से कोई रिश्ता नहीं है।

प्रेमचन्द ने पहली बार पाठक के इस भ्रम को तोड़ा। उन्होंने देशभक्ति के आदर्शों से ग्रामीण जनता को जोड़ा। वे स्वयं ग्रामीण किसान थे। किसानों की जिन्दगी का गहरा साक्षात्कार उन्होंने किया था। जमींदारों, राय बहादुरों, साहूकार तथा सरकारी अधिकारियों का मारा दीन, हीन, रोज मृत्यु से जूझता, अपनी अटूट जिजीविषा के बल पर श्रमजीवी गरीब किसान उनकी संवेदना के रेशे-रेशे में घुल गया था। धरती की बंजरता से टकराकर मौसम के मर्मान्तक प्रहारों के बीच किसान की सूखी हुई जिन्दगी और मखमली गद्दियों में आदेशों और आशीर्वादों के सहारे जीने वालों का अन्तर प्रेमचन्द की आंखों के सामने था। गांवों की रूढ़ियां, गुलामी, जड़ता, कायरता और शोषण के नये-नये पैंतरे एक ओर और इनके खिलाफ सुगबुगाते नये स्वप्नों का मर्म दूसरी ओर। देश की राजनीति में किसान की दिलचस्पी इतिहास की महत्त्वपूर्ण घटना थी। अछूतों तक यह जानकारी जा चुकी थी कि वे भी मनुष्य हैं और उनके

अधिकार समान हैं, विधवाएं समझ गई थीं कि अन्याय की रचना ईश्वर ने नहीं, चन्द स्वामियों ने की हैं, दहेज प्रथा की शिकार किशोरियां तथा कर्ज के शिकार गरीब–राजनीति में न केवल सहानुभूति के पात्र थे, वरन् वे अपने अधिकारों के प्रति जागरूक हो रहे थे। प्रेमचन्द ने इस जागरूकता के लिए आदर्शों की तलाश की। लिखा, "यथार्थवाद यदि हमारी आंखें खोल देता है, तो आदर्शवाद हमें उठाकर किसी मनोरम स्थान में पहुंचा देता है। लेकिन जहां आदर्शवाद में यह गुण है, वहां इस बात की भी शंका है कि हम ऐसे चरित्रों को न चित्रित कर बैठें जो सिद्धान्तों की पूर्ति मात्र हो–जिनमें जीवन न हो। किसी देवता की कामना करना मुश्किल नहीं है, लेकिन उस देवता में प्राण-प्रतिष्ठा करना मुश्किल है।" ('साहित्य का उद्देश्य', पृ. 63) प्रेमचन्द इस खतरे से परिचित थे कि यथार्थ के भीतर से ही जन्मा आदर्श न होने पर थोपे गये सिद्धान्त रचना को अविश्वसनीय बना देते हैं। रचना-प्रक्रिया की शर्तों से गुजरे बिना गरीबों के प्रति करुणा की भी कहानी उबाऊ हो सकती है। वह गरीबों से दूर ले जा सकती है। कहानी के उपयोग में लाये गये आदर्श यथार्थ की मर्जी के खिलाफ जा सकते हैं। कुछेक उन्हीं कहानियों में यह कमजोरी है। 'कर्मभूमि' उपन्यास में जिन गांधीवादी आदर्शों को पात्रों-चरित्रों के स्वभाव में पिरोया गया है, वह विश्वास की कसौटी को कम ही छू पाता है। अमरकान्त और शान्ता कुमार की सर्वोदयी पाठशाला और दिल बदलने के गांधीवादी प्रयोगों में यह असर लाया गया है कि बड़े-बड़े लोभी पूंजीपति, गांव के हत्यारे, शराबी, सम्प्रदाय, जातियां, वर्ग तथा अधिकारी–सभी बदल जाते हैं। अन्त में कोई नहीं बचता तो जाति-पांति की दीवाल लांघकर आदर्श व्यवस्था को स्वीकार न कर ले। लेखक जैसे रूपान्तरण के पीछे पड़ गया है। सिद्धान्त की कस्तूरी गन्ध बही नहीं, सब कुछ आदर्श में ढल गया। यह कमजोरी पूर्व के उपन्यासों–'कायाकल्प', 'प्रतिज्ञा', 'निर्मला', 'गबन', 'सेवासदन', 'प्रेमाश्रम' और 'रंगभूमि' सभी में है। उपलब्धि यह कि इनमें जो यथार्थ है–वह जीवन्त है। उसमें से आग की लपटें निकलती हैं। लेखक की आंखों का जीवित ज्वलन्त सत्य। जहां वह उसे गांधी या आर्य समाजी मोड़ देता है, वहीं फेल हो जाता है। लगता है कि वे आदर्श खुद लेखक में रचे नहीं हैं। वे केवल प्रयोग हैं–राजनीतिक क्षितिज के अनुरूप। व्यवस्था की पारदर्शी प्रक्रिया के भीतर से लेखक जीवन दृष्टि नहीं बना पाया, इसलिए आदर्श में प्राण-प्रतिष्ठा नहीं हो पायी।

सैद्धान्तिक रूप से प्रेमचन्द जिस रचनात्मक खतरे को पहचानते हैं–रचना के धरातल पर वही खतरा मौजूद रहा आया है। उस खतरे से वे जूझते रहे हैं। विचारों के चुनाव में गांधीवाद उनसे छूटता गया। वे मार्क्सवाद के करीब आये, उसमें रमे और स्वभाव के स्तर पर उसे धंसने दिया। ईदगाह, जुलूस, पूस की रात, रानी सारंधा, गुल्ली-डण्डा, रामलीला, बड़े भाई साहब, सवा सेर गेहूं, सद्गति, मन्त्र तथा कफन कहानियों में क्रमशः यह वैचारिक रूपान्तरण दिखता है। उपन्यासों के क्षेत्र में गोदान

लेखक की मार्क्सवादी आस्था का रचनात्मक रूपान्तरण है। एक समीक्षक ने हाल में पूछा कि गोदान में मार्क्सवाद कहां है—उसमें तो मानवतावाद है। उनके लिए जवाब यह है कि वे मार्क्सवादी सौन्दर्य शास्त्र को पहचानें, पचायें और लेखन से परिचित हों। गोदान का मार्क्सवाद यह है कि यहां तक आते-आते प्रेमचन्द सुधारवादी विश्वासों को छोड़ चुके थे। ऐतिहासिक पुनरुत्थानवादी आस्थाओं की प्रासंगिकता उनमें शेष नहीं थी। वे इस उपन्यास में व्यवस्था के प्रति पूरी तरह घृणा पैदा करते हैं। व्यवस्था के प्रति नफरत सम्भावना के नितान्त नये द्वार पर खड़ा करती है। होरी की मजदूरी और कायरता, लगातार मृत्यु से जूझती जिजीविषा, भयानक विपत्तियों को सहने का साहस—तमाम पाठकों की सहानुभूति को राय बहादुरों के बजाय मजदूर की ओर स्थानान्तरित कर देता है। नायक का स्थानान्तरण मामूली बात नहीं, यह आगत आस्था का सन्देश है। यहां लेखक नकली आदर्श से भी बच जाता है। वह होरी को सशस्त्रक्रान्ति के लिए तैयार नहीं करता। वह ऐसी त्रासदी रच देता है, जिसकी अनुगूंज क्रोध की स्वाभाविक परत खोल सके।

जिस समय प्रेमचन्द का यह उपन्यास रचा जा रहा था, उसी वर्ष उन्होंने प्रगतिशील लेखक संघ की सदस्यता ग्रहण की। उन्होंने इस संगठन के अध्यक्ष पद से बोलते हुए कहा कि "कला नाम था और अब भी है संकुचित रूप-पूजा का, शब्द योजना का, भाव-निबन्धन का। उसके लिए कोई आदर्श नहीं जीवन का ऊंचा उद्देश्य नहीं है—भक्ति, वैराग्य, अध्यात्म और दुनिया से किनाराकशी उसकी सबसे ऊंची कल्पनाएं हैं। हमारे उस कलाकार के विचार से जीवन का चरम लक्ष्य यही है। उसकी दृष्टि अभी इतनी व्यापक नहीं कि जीवन-संग्राम में सौन्दर्य का परमोत्कर्ष देखे।... उसके लिए सौन्दर्य सुन्दर स्त्री में है—उस बच्चों वाली गरीब-रूप-रहित स्त्री में नहीं, जो बच्चे को खेत की मेंड़ पर सुलाये पसीना बहा रही है। उसने निश्चय कर लिया है कि रंगे होठों, कपोलों और भौंहों में निःसन्देह सुन्दरता का वास है—उसके उलझे हुए बालों, पपड़ियों पड़े हुए होठों और कुम्हलाये हुए गालों में सौन्दर्य का प्रवेश कहां।" ('साहित्य का उद्देश्य', पृ. 21) प्रेमचन्द ने कला सौन्दर्य की उस रचनाप्रक्रिया को रचा—पात्रों के पोर-पोर में—जो जिन्दगी की सक्रियता, उपयोगिता और लोकहित पर आधारित है। उन्होंने विश्वास की नयी संस्कृति को 'महाजनी सभ्यता' शीर्षक निबन्ध में व्यक्त किया। 'मंगलसूत्र' में वृद्ध पं. देवकुमार के रूप में प्रेमचन्द ही हैं, जो अपनी जीवन भर की आस्था का आत्मालोचन करते हैं। 'महाजनी सभ्यता' की सैद्धान्तिक पहुंच 'मंगलसूत्र' में प्राण-प्रतिष्ठा प्राप्त करते दिखती है। मसलन, "परन्तु अब एक नयी सभ्यता का सूर्य सुदूर पश्चिम से उदय हो रहा है, जिसने इस नाटकीय महाजनवाद या पूंजीवाद की जड़ खोदकर फेंक दी है, जिसका मूल सिद्धान्त यह है कि प्रत्येक व्यक्ति, जो अपने शरीर या दिमाग से मेहनत करके कुछ पैदा कर सकता है, राज्य और समाज का परम सम्मानित सदस्य हो सकता है, और जो केवल दूसरों की मेहनत

या बाप-दादों के जोड़े हुए धन पर रईस बना फिरता है, वह पतिततम प्राणी है।...पर सच्चाई है जो इस सारे अन्धकार को चीरकर दुनिया में अपनी ज्योति का उजाला फैला रही है।'' पूंजीवाद के खिलाफ रूस में स्थापित समाजवादी व्यवस्था के प्रति आस्था गोदान के जरिए व्यवस्था के प्रति घृणा का अगला चरण है। 'गोदान' का होरी जहां सारे आघात सहता है, वहीं 'मंगलसूत्र' का चरित्र नायक आत्ममंथन करता है, ''इन दिनों वह यही पहेली सोचते रहते थे कि संसार की कुव्यवस्था क्यों है? कर्म और संस्कार लेकर वह कहीं न कहीं पहुंच पाते थे। सर्वात्मवाद से भी उनकी गुत्थी न सुलझती थी। अगर सारा विश्व एकात्म है तो फिर यह भेद क्यों है?...यह सर्वात्म है या घोर अनात्म। बुद्धि जवाब देती—यहां सभी स्वाधीन हैं, सभी को अपनी शक्ति और साधना के हिसाब से उन्नति करने का अवसर है। मगर शंका पूछती—सबको समान अवसर कहां है?...इस तरह का आत्ममंथन उनके जीवन में कभी न हुआ था।...मनुष्य ने अब तक इसका अन्त कर दिया होता या समाज का ही अन्त कर दिया होता जो इस दशा में जिन्दा रहने से कहीं अच्छा होता। नहीं, मनुष्यों में मनुष्य बनना पड़ेगा। दरिन्दों के बीच में, उनसे लड़ने के लिए हथियार बांधना पड़ेगा'' ('मंगल सूत्र'—प्रेमचन्द स्मृति, पृ. 293)

इस तरह के तथ्यों से क्या यह सन्देह रह जाता है कि प्रेमचन्द का मानवतावाद अपरिभाषित था, उन्होंने पुनरुत्थानवादी संस्कृतियों की कमजोरियां नहीं पहचान ली थीं, उन्हें सभ्यता का नवोदय ज्ञात नहीं था, वे समाज के आर्थिक आधार को नहीं समझते थे, उनकी कला वर्ग चेतना पर आधारित नहीं थी? क्या अभी भी यह कहने की गुंजाइश है कि उनका मानवतावाद सर्वोदयी है। उन्होंने किसी का विरोध नहीं किया। जाहिर है कि प्रेमचन्द की विचारयात्रा विकासमूलक रही है। उद्देश्यों और आदर्शों का वरण करने की छटपटाहट लगातार दिखती है। वे ऐसा आदर्श खोज रहे थे—जो मानवीय कल्याण को कर्मशील बनाये। उन्हें ऐसा आदर्श-मार्क्सवाद में मिला था। वे मार्क्सवाद के गहरे अध्येता भले न बन पाये हों—पर जीवन के गहरे अध्येता थे। जीवन का गहरा अध्येता मार्क्सवादी समझ और विश्लेषण को पुष्ट करता है। दोनों का द्वन्द्वात्मक रिश्ता समझ में गुणात्मक गति लाता है। इस गति को प्रेमचन्द ने पकड़ लिया था। प्रेमचन्द की प्रासंगिकता इसी में है कि समकालीन, लेखन, जिन्दगी के व्यापक क्षेत्रों में पुनरुत्थानवादी-नवजागरणवादी संस्कृति के रूपान्तरण में लगा है।

प्रेमचन्द के कथा-साहित्य में हिन्दू-मुस्लिम सम्बन्ध

गोपाल राय

प्रेमचन्द एक श्रेष्ठ यथार्थवादी उपन्यासकार हैं और इस रूप में उन्होंने भारतीय जीवन के विविध पक्षों का अध्ययन, विश्लेषण और चित्रण किया है। भारतीय जीवन में हिन्दू-मुस्लिम सम्बन्धों की समस्या लगभग हजार वर्षों से विद्यमान है और अब तक इसका कोई समाधान नहीं निकल पाया है। महात्मा गांधी जैसे नेता ने अपना सारा जीवन इस समस्या के निराकरण में लगा दिया, पर कुल मिलाकर वे असफल ही रहे और अन्ततः इसी प्रश्न को लेकर उनकी हत्या भी हुई। इस समस्या का एक परिणाम भारत का विभाजन था, जिसे तत्कालीन नेताओं ने समाधान समझ लिया था। पर देश के विभाजन के बाद भी हिन्दू-मुस्लिम सम्बन्धों के किसी वैज्ञानिक और स्थायी समाधान की बात तो दूर यह समस्या दिनोंदिन जटिल और चिन्ताजनक होती गयी है। महात्मा गांधी के बाद देश में एक भी नेता नहीं हुआ जिसने इस समस्या को कोई अहमियत दी हो। इसके विपरीत देश के सभी राजनीतिक दलों ने प्रत्यक्ष और अप्रत्यक्ष रूप में साम्प्रदायिक भावना को उभार कर आम चुनावों में अपनी स्थिति मजबूत करने की आत्मघाती प्रवृत्ति अपनायी है। इस संकीर्ण राजनीतिक प्रवृत्ति के फलस्वरूप आज हिन्दू-मुस्लिम सम्बन्धों की समस्या अत्यन्त विस्फोटक बन गयी है। बहरहाल स्थिति यह है कि आज भी छोटी-छोटी धार्मिक भावनाओं से जुड़ी बातों को लेकर हिन्दुओं और मुसलमानों के बीच मारकाट और आगजनी की वारदातें होती हैं और राजनीतिक दल एक दूसरे पर दोषारोपण कर अपने कर्तव्य की इतिश्री मान लेते हैं।

कोई माने या न माने, भारत में हिन्दू और मुसलमान आज भी दो राष्ट्रों के रूप में रहते हैं। आम हिन्दू मुसलमान का स्पर्श किया हुआ अन्न-जल ग्रहण नहीं करता, उसके साथ सामाजिक रूप से उठने-बैठने का रिश्ता नहीं रखता और उनके बीच शादी-ब्याह का सम्बन्ध नहीं होता। हिन्दुओं में मुसलमानों को म्लेच्छ समझने की भावना आज भी कमोबेश मात्रा में बनी हुई है। उधर मुसलमान भी अपने को

व्यापक राष्ट्रीय जीवनधारा का अंग बनाने में अरुचि दिखाते रहे हैं। उनकी पूरी कोशिश-खानपान में, वेशभूषा में, रहन-सहन में, सलाम-बन्दगी में—अपनी अलग पहचान बनाये रखने की होती है। वे भावात्मक रूप से अपने को जितना मुस्लिम देशों से जोड़ते हैं उतना अपने देश से नहीं। जब किसी मुस्लिम राष्ट्र का संघर्ष किसी यूरोपीय या अमरीकी राष्ट्र से होता है तो भारतीय मुसलमानों की सहानुभूति मुस्लिम राष्ट्र के साथ भी होती है, भले ही वह अपने देश के हित में न हो। इसके साथ ही उर्दू भाषा और फारसी लिपि, शिक्षण संस्थाओं के विशिष्ट अल्पमत स्वरूप, अपने विशिष्ट धार्मिक सामाजिक आचार, जिसे पर्सनल लॉ की संज्ञा दी जाती है, सरकारी नौकरियों में आरक्षण आदि को लेकर उनकी मांगें मुसलमानों को देश में ही एक राष्ट्र के रूप में परिणत करती जा रही हैं।

कहना नहीं होगा कि यह दृष्टिकोण प्रतिक्रियावादी, मानवविरोधी और अवैज्ञानिक है। मुसलमान भारतीय जीवन के अभिन्न अंग बन चुके हैं, यह एक ऐतिहासिक सच्चाई है। उस ऐतिहासिक तथ्य को स्वीकार कर लेने के बाद भारत में हिन्दू-मुसलमानों के सह-अस्तित्व की समस्या का समाधान आसान हो सकता है। आधुनिक युग में धर्म का पुराना रूप अप्रासंगिक हो चुका है। आज एक व्यापक मानवतावाद धर्म का स्थान ग्रहण करता जा रहा है। मनुष्य नंगा-भूखा न रहे, प्रत्येक व्यक्ति को मानसिक विकास की समस्त सुविधाएं उपलब्ध हों, आदमी आदमी का शोषण न करे, समाज धनी और गरीब, शोषक और शोषित, ऊंच और नीच में विभाजित न हो—ये मानवतावाद की आधारभूत मान्यताएं हैं। जो भी धर्म इस मानवतावाद के विरोध में जाता है, वह अप्रासंगिक है। इस मानवतावाद के सिद्धान्त पर आधारित समाजव्यवस्था विश्व के कई देशों में स्थापित है और उन देशों में साम्प्रदायिक समस्या जैसी कोई समस्या नहीं है। यह उल्लेखनीय है कि साम्प्रदायिक समस्या केवल उन्हीं देशों में है जहां सामन्ती या पूंजीवादी समाज-व्यवस्था कायम है। अधिकतर मुस्लिम देश पूंजीवादी सामन्ती अर्थव्यवस्था के शिकार हैं अतः वहां धर्म को शासन-व्यवस्था में इतना महत्त्व मिला हुआ है। धर्म सामान्य जनता के शोषण का, यथास्थिति को बनाये रखने का एक बना-बनाया पुराना हथियार है अतः बुर्जुआ और सामन्ती व्यवस्था उसका व्यापक उपयोग करती है। यद्यपि संविधान के अनुसार, "भारत एक धर्मनिरपेक्ष गणतन्त्र है, पर यहां की भी समाज-व्यवस्था मूलतः सामन्ती-पूंजीवादी है, जिसके कारण धर्म का उपयोग यहां भी बुर्जुआ और सामन्ती व्यवस्था को बनाये रखने के लिए होता है। चूंकि देश में गरीबी है, अशिक्षा है, बेकारी है। ऊंच और नीच, शोषक और शोषित, धनी और गरीब, सर्वहारा और पूंजीपति वर्ग हैं, और बुर्जुआ समाज का हित यथास्थिति को बरकरार रखने में है, अतः साम्प्रदायिक समस्या भी यहां है। आम चुनावों में जिस प्रकार धार्मिक और जातिगत भावनाओं को उभारकर सत्ता पर अधिकार करने के प्रयत्न होते हैं, उससे इस कथन

की सच्चाई प्रकट होती है।

प्रेमचन्द के काल में, भारत में हिन्दू-मुस्लिम सम्बन्धों की समस्या आज की तुलना में कुछ ज्यादा ही जटिल थी। उस समय भारत एक विदेशी पूंजीवादी साम्राज्यवादी सत्ता के अधीन था जिसका हित भारत को गुलाम बनाये रखने में था। अंगरेज शासक तब तक यह अच्छी तरह समझ चुके थे कि हिन्दू-मुसलमानों को एक-दूसरे के खिलाफ खड़ा करके ही स्वाधीनता-आन्दोलन को कमजोर किया जा सकता है और इसका सबसे सरल उपाय था, उनकी साम्प्रदायिक भावनाओं को उभारना। तत्कालीन बुर्जुआ वर्ग का भी हित इसी में था कि नासमझ हिन्दू और मुसलमान साम्प्रदायिक झगड़ों में उलझ कर अपनी असल समस्याओं को भूले रहें। बुर्जुआ समाज और अंगरेज शासकों की इस साजिश के फलस्वरूप वर्तमान शती के तीसरे दशक के उत्तरार्ध में भारत के विभिन्न भागों में अनेक साम्प्रदायिक दंगे हुए जिनमें हत्या, आगजनी, बलात्कार आदि अनेक अमानवीय कृत्य हुए। प्रेमचन्द ने समकालीन जीवन की सच्चाई को देखा और अपनी रचनाओं में उसका तटस्थ विश्लेषण किया।

प्रेमचन्द एक सच्चे मानववादी लेखक थे और उनका इतिहासबोध अत्यन्त स्पष्ट तथा पैना था। उन्होंने अपने छिटपुट लेखों तथा सम्पादकीय-टिप्पणियों में तत्कालीन साम्प्रदायिक समस्या पर दो टूक विचार प्रस्तुत किये हैं। प्रेमचन्द जहां भी सम्प्रदायिकता देखते हैं, उस पर आक्रमण करते हैं। जब वे हिन्दू सम्प्रदायवादियों की निर्मम आलोचना करते हैं तो लगता है, उनसे बढ़कर मुसलमानों का पक्षधर कोई होगा ही नहीं।[1] पर वे मुस्लिम संम्प्रदायवादियों को भी बख्शते नहीं और उनकी भी दो टूक शब्दों में भर्त्सना करते हैं।[2] प्रेमचन्द यह अच्छी तरह जानते थे कि साम्प्रदायिक तत्त्व हिन्दू-मुसलमान दोनों जातियों में हैं। चूंकि सामान्य जनता (हिन्दू और मुसलमान दोनों) प्रबुद्ध नहीं थी, अतः उसकी धार्मिक भावनाओं को उभार कर बुर्जुआ वर्ग के धार्मिक और राजनीतिक नेता तथा अर्थपति अपने स्वार्थों की पूर्ति करते थे। विदेशी सरकार का भी हित इसी में था कि हिन्दू-मुसलमान आपस में लड़ते रहें। प्रेमचन्द ने अपने लेखों में इस वास्तविकता को दो टूक शब्दों में प्रस्तुत किया है। एक स्थान पर वे लिखते हैं–"इन धार्मिक आवेशों को भड़काने का इल्जाम सबसे ज्यादा कौंसिलों की मांग करने वालों की गर्दनों पर है। चाहे वह हिन्दू हों या मुसलमान।...राय साहब और खान साहब अपने गुप्त स्थानों से निकल पड़े और जनता की दोस्ती का दम भरने लगे। एक तरफ से आवाज आयी, हिन्दुओं को खिलाफत के आन्दोलन से सावधान रखना चाहिए क्योंकि यह उनकी हस्ती को मिटा देगा। दूसरी तरफ नारये तकबीर बुलन्द हुआ, हिन्दू हम पर हावी होते जा रहे हैं, स्वराज्य से दूर रहना हमारा कर्तव्य है।"[3] प्रेमचन्द अन्यत्र लिखते हैं–"...जब तक इस दूषित मनोवृत्ति का हम अन्त न कर देंगे, जब तक अपना हिन्दू या मुसलमान होना भूल न जाएंगे,...सारांश

यह कि जब तक हम पन्थजनित संकीर्णता से मुक्त न हो जायेंगे...देश का उद्धार होना असम्भव है।''[4] वे धर्म की दुहाई देने वालों को सलाह देते हैं...पांचों वक्त नमाज पढ़िए, तीसों रोजे रखिए, देवताओं की जितनी पूजा चाहे कीजिए, जितनी सन्ध्या चाहे कीजिए, हवन की सुगन्ध से देश को सुगन्धित कर दीजिए; मगर धर्म को राजनीति से गड़बड़ न कीजिए क्योंकि धर्म ईश्वर और मनुष्य के सम्बन्ध की वस्तु है। हम तो जहां तक कहते हैं कि ''अगर आपके धर्म में कुछ ऐसी बातें हैं, जो राष्ट्रीयता की परीक्षा पूरी नहीं उतरतीं, सार्वदेशिक हितों में बाधक होती हैं, तो उन्हें त्याज्य समझिए। काफिर और म्लेच्छ का हमारे धर्म से नामोनिशान मिट जाना चाहिए।''[5]

प्रेमचन्द ने साम्प्रदायिक समस्या के मूल में बुर्जुआ समाज की स्वार्थ प्रेरित प्रवृत्तियों को ही प्रमुख रूप से जिम्मेदार.ठहराया है। वे लिखते हैं : ''...आडम्बरमय जीवन के निर्वाह के लिए तरह-तरह के ढांचे रचे जाते हैं, धर्म की आड़ ली जाती है, भाषा और लिपि की अनेक कल्पित विभिन्नताओं की दुहाई दी जाती है, केवल इसलिए कि शिक्षितों का खटमली जीवन आनन्द से व्यतीत हो।''[6]

साम्प्रदायिक भावनाओं को उभार कर देश को गुलाम बनाये रखने की ब्रिटिश सरकारी नीति को प्रेमचन्द बहुत अच्छी तरह समझते थे। इस सिलसिले में वे लिखते हैं : ''जब तक हममें यह हिन्दूपन और मुसलिमपन रहेगा, तीसरी शक्ति को अपना प्रभुत्व जमाये रखने के लिए किसी बात की जरूरत नहीं, इसके सिवा कि कभी हमें खुश कर दे, कभी उसे। जिस दिन यह मनोवृत्ति मिट जाएगी, उसी दिन स्वराज्य हो जायेगा।''[7] प्रेमचन्द साम्प्रदायिक आधार पर सरकारी नौकरियों में आरक्षण के भी विरोधी हैं। उन्होंने अपनी 'सरकारी नौकरियां और साम्प्रदायिकता' शीर्षक टिप्पणी में इस नीति का विरोध करते हुए लिखा था : ''...नौकरियों के इस प्रकार के विभाजन से क्या होगा? साम्प्रदायिक द्वेष की मनोवृत्ति पनपेगी, धर्मान्धता बढ़ेगी, हृदय ईर्ष्यालु होंगे, योग्यता का मूल्य गिर जायेगा। मूल्य रहेगा साम्प्रदायिकता का।...साम्प्रदायिक आधार पर नौकरियों का विभाजन किया जाना खतरनाक है।''[8]

स्पष्ट है कि हिन्दू-मुस्लिम सम्बन्धों को लेकर प्रेमचन्द का दृष्टिकोण बहुत ही तटस्थ, तर्कसंगत और वैज्ञानिक है। उनका दृष्टिकोण उनके उपन्यासों और कहानियों में भी कलात्मक रूप में व्यक्त हुआ है।

अपने उपन्यासों और कहानियों में प्रेमचन्द ने हिन्दू-मुस्लिम सम्बन्ध की समस्या को मुख्य विषय नहीं बनाया है। केवल 'कायाकल्प' में इस समस्या का तनिक विस्तार में चित्रण किया गया है। इस प्रकार 'हिंसा परमोधर्मः', 'मुक्तिधन' जैसी कुछ कहानियों में हिन्दू-मुस्लिम सम्बन्धों का चित्रण मुख्य विषय के रूप में हुआ है। पर प्रेमचन्द के अन्य उपन्यासों और कुछेक कहानियों में भी साम्प्रदायिक समस्या के प्रसंग कमोबेश आये हैं जिनके आधार पर प्रेमचन्द की धर्मनिरपेक्ष दृष्टि का विवेचन किया जा सकता है।

प्रेमचन्द साम्प्रदायिक दंगों की निराधारता, असंगति और बेतुकेपन का पर्दाफाश करते हैं। साम्प्रदायिक दंगे अक्सर छोटी-छोटी बातों को लेकर आरम्भ हो जाते हैं : "कहीं बनिये ने डण्डी मार दी और मुसलमानों ने उसकी दुकान पर धावा कर दिया, कहीं किसी जुलाहे ने किसी हिन्दू का घड़ा छू लिया और मुहल्ले में फौजदारी हो गयी। एक मुहल्ले में मोहन ने करीम का कनकोआ लूट लिया और इसी बात पर मुहल्ले भर के हिन्दुओं के घर लुट गये, दूसरे मुहल्ले में दो कुत्तों की लड़ाई पर सैकड़ों आदमी घायल हुए, क्योंकि एक सोहन का कुत्ता था, दूसरा सईद का। निज के रगड़े-झगड़े, साम्प्रदायिक संग्राम के क्षेत्र में खींच लाये जाते थे। दोनों ही दल मजहब के नशे में चूर थे।"[9] साम्प्रदायिक दंगों का दूसरा प्रमुख कारण था, और आज भी है, मुसलमानों द्वारा छिपकर या कभी-कभी डंके की चोट पर गाय की कुरबानी। कतिपय ऐतिहासिक कारणों से, सम्भवतः ईसवी पूर्व पांचवीं-छठी शताब्दी में, कृषि कर्म के विकास के फलस्वरूप गोहत्या अपने यहां वर्जित हुई और धीरे-धीरे यह हिन्दू धर्म का अभिन्न अंग बन गयी। हिन्दू गाय को माता के रूप में देखने लगे और गाय के साथ उनका आध्यात्मिक और भावात्मक सम्बन्ध जुड़ गया। मुसलमानों का गाय के साथ इस तरह का कोई भावात्मक या धार्मिक सम्बन्ध नहीं है। वे गाय को मार कर उसका मांस खाते हैं, खासकर अपने पर्व-त्योहार के दिन। गाय का मांस सस्ता पड़ता है, अतः गोहत्या के साथ आर्थिक सुविधा का प्रश्न भी जुड़ जाता है। अक्सर इस प्रश्न को लेकर हिन्दुओं और मुसलमानों के बीच दंगे छिड़ जाते हैं और एक गाय के पीछे हजारों हिन्दुओं और मुसलमानों की हत्या हो जाती है, सैकड़ों घर और दुकानें जलकर राख हो जाती हैं और अनेक स्त्रियों की अस्मत लुट जाती है। मुसलमान गोहत्या को अपना अधिकार समझता है और हिन्दू उसे अपनी भावना और धर्म का प्रश्न मान लेता है।

धर्म-परिवर्तन साम्प्रदायिक दंगों का तीसरा प्रमुख कारण है। हिन्दुओं द्वारा मुसलमानों की शुद्धि और मुसलमानों द्वारा हिन्दुओं की तबलीम अक्सर साम्प्रदायिक वैमनस्य की आग को भड़काने का काम करती है। पर ये सब ऊपरी या तात्कालिक कारण हैं। असल कारण है देश के भीतर हिन्दुओं और मुसलमानों का दो प्रतिद्वन्द्वी राष्ट्रों के रूप में जीवन। ऐतिहासिक, आर्थिक, सामाजिक और राजनीतिक कारणों से हिन्दुओं और मुसलमानों के बीच दीवार बन गयी है, जिसे आज के सभी राजनीतिक दल और भी मजबूत बनाने का प्रयास कर रहे हैं।

प्रेमचन्द ने 'कायाकल्प' के दो परिच्छेदों में साम्प्रदायिक दंगों के प्रसंग प्रस्तुत किये हैं। एक प्रसंग में मुसलमानों द्वारा गाय की कुरबानी को लेकर दंगा छिड़ता है और दूसरे प्रसंग में एक मौलवी साहब के कपड़ों पर होली के दिन किसी हिन्दू द्वारा रंग के दो-चार छींटे पड़ जाने को लेकर। दोनों ही प्रसंगों में प्रेमचन्द ने मौलवियों और पंडितों को विद्वेष उभारने और दंगा कराने के लिए जिम्मेदार बताया है। एक

प्रसंग में आगरा में पंजाब से मौलवी दीन मुहम्मद साहब का आगमन होता है। मुसलमानों का जलसा होता है और उसमें मौलाना साहब न जाने क्या-क्या जहर उगलते हैं कि मुसलमानों को कुरबानी की धुन सवार हो जाती है। ध्यान देने की बात है कि यह कुरबानी सहज रूप में नहीं, वरन् मौलवी के भड़काने से एक बदले की भावना के फलस्वरूप होती है। कहीं किसी आर्य समाजी संगठन ने कुछ मुसलमानों की शुद्धि करके उन्हें हिन्दू बना लिया है। मुसलमान इसे अपने धर्म पर हमला समझते हैं। प्रेमचन्द दोनों में से किसी के साथ पक्षपात नहीं करते। वे गाय की कुरबानी को भी गलत मानते हैं और मुसलमानों की शुद्धि को भी। प्रेमचन्द का सच्चा धर्मनिरपेक्ष पात्र चक्रधर 'गोरक्षा' को अपना धर्म मानता है। पर वह मुसलमानों की शुद्धि का विरोधी है। वह यशोदानन्दन की तरह गोरक्षा के लिए हिन्दुओं को मरने-मारने के लिए ललकारता नहीं, वरन् अपने प्राणों की बाजी लगा देता है। वह गांधीवादी है। वह मानता है कि अहिंसा का नियम गौओं ही के लिए नहीं, मनुष्यों के लिए भी है।[10] यहां तक कि वह हिन्दुओं के नेता यशोदानन्दन को एक बार दिल थामकर गोहत्या को बर्दाश्त कर लेने की सलाह भी देता है। जब यशोदानन्दन और उनके द्वारा उत्तेजित हिन्दुओं की भीड़ नहीं मानती तो चक्रधर बिलकुल गांधीवादी लहजे में चुनौती देता है : ''तो फिर जाइए, लेकिन उस गौ को बचाने के लिए आपको अपने एक भाई का खून करना पड़ेगा।''[11] चक्रधर के इस कथन पर उत्तेजित भीड़ उस पर पत्थर फेंकने लगती है जिससे उसका सिर फूट जाता है। हिन्दू भीड़ में इस बात को लेकर थोड़ा 'कन्फ्यूजन' पैदा होते ही चक्रधर मुसलमानों की धर्मान्ध भीड़ में पहुंच जाता है और गाय के बदले खुद की कुरबानी देने को तैयार हो जाता है। चक्रधर की इस बलिदान भावना से मुसलमानों के दिल पर असर पड़ता है और वे कुरबानी नहीं करते। इस प्रसंग से प्रेमचन्द का हिन्दू-मुस्लिम सम्बन्धों के बारे में यह दृष्टिकोण सामने आता है कि दोनों को एक-दूसरे की भावनाओं का सम्मान करते हुए सद्भावपूर्ण जिन्दगी बितानी चाहिए। न मुसलमानों को गाय की कुरबानी करनी चाहिए न हिन्दुओं को मुसलमानों की शुद्धि। दोनों का ही काम इसके बिना चल सकता है। यदि प्रेमचन्द ने इस प्रसंग का विस्तार किया होता तो कदाचित् वे दिखाते कि न तो गाय की कुरबानी से हिन्दू धर्म के मूल तत्त्वों पर कोई आंच आती है और न ही कुछ मुसलमानों की शुद्धि हो जाने से इस्लाम खतरे में पड़ जाता है। वह तो अपने स्वार्थों की रक्षा के लिए मुल्ला और पंडित-मुसलमानों और हिन्दुओं की परम्परागत धर्म-भावना को उभारने की साजिश करते हैं। उपर्युक्त प्रसंग में प्रेमचन्द ने आम जनता को, चाहे वह हिन्दू हो या मुसलमान, शान्तिप्रिय दिखाया है। जब चक्रधर गाय की कुरबानी को रोकने के लिए अपनी जान देने को तैयार हो जाता है तो मुसलमानों की भीड़ उसकी हिम्मत, ईमानदारी और कुरबानी की भावना को देखकर प्रभावित होती है और मौलवी साहब के आदेश के बावजूद गाय की

कुरबानी नहीं होती।

दूसरे प्रसंग में होली के अवसर पर एक मौलवी साहब के कपड़े पर किसी हिन्दू द्वारा रंग के दो-चार छींटे पड़ जाने के कारण दंगा छिड़ जाता है। मौलवी साहब सीधे जामा मस्जिद पहुंचते हैं और मीनार पर चढ़कर आवाज लगाते हैं : " 'ऐ उम्मते रसूल! आज एक काफिर के हाथों मेरे दीन का खून हुआ है। उसके छींटे मेरे कपड़ों पर पड़े हुए हैं। या तो काफिर से इस खून का बदला लो, या मैं मीनार से गिरकर नबी की खिदमत में फरियाद सुनाने जाऊं।' मौलवी साहब की इस पुकार से मुसलमानों के सिर पर दीन का जोश चढ़ जाता है और शाम होते-होते दस-दस हजार आदमी सिरों से कफन लपेटे, जामा मस्जिद के सामने आकर दीन के खून का बदला लेने के लिए जमा हो जाते हैं।" (पृ. 106) देखते-देखते वे धावा भी बोल देते हैं और पहली चपेट में हिन्दुओं के नेता बाबू यशोदानन्दन का खून हो जाता है। बाबू यशोदानन्दन के मरने की खबर पाते ही हिन्दू सेवा दल के युवकों का खून खौल उठता है। फिर तो हिन्दू मुहल्लों में जो कुछ मुसलमान कर रहे हैं। मुसलमान मुहल्लों में वही हिन्दू करने लगते हैं। (पृ. 207) मुसलमान भीड़ बाबू यशोदानन्दन की हत्या से ही सन्तुष्ट नहीं होती, उनके घर में भी आग लगा देती है और जब उनकी गोद ली लड़की अहिल्या डरकर बाहर निकलती है तो कोई मुसलमान युवक उसे उठा ले जाता है।

प्रेमचन्द ने साम्प्रदायिक दंगों में होने वाले अमानवीय कृत्यों का बहुत विस्तार के साथ वर्णन नहीं किया है, न ही उनके ढेर सारे ब्योरे प्रस्तुत किये हैं। उनका ध्यान इस समस्या के समाधान पक्ष की ओर है। वे अपने प्रमुख पात्रों का चरित्र इस रूप में पेश करते हैं, कि वह और लोगों के लिए नमूने का काम दे सके। चक्रधर और ख्वाजा महमूद दोनों ऐसे ही पात्र हैं। चक्रधर अपने प्राणों की बाजी लगाकर मुसलमानों के हृदय में विवेक का भाव जगाते हैं। उस प्रसंग में ख्वाजा महमूद के साथ संवाद में चक्रधर यह भी कहता है कि वह एक खुदा का कायल है, जो सारे जहान का खालिक और मालिक है, वह हजरत मुहम्मद साहब को अल्लाहताला का रसूल मानता है और उनकी तौहीद का कायल है तथा पाकसाफ मुसलमानों के साथ खाने-पीने में कोई परहेज नहीं करता। मुसलमानों को इसी बात का तो गिला है कि "यहां तो लोग हमें मलिच्छ कहते हैं। यहां तक कि हमें कुत्तों से भी नजिस समझते हैं। उनकी थालियों में कुत्ते खाते हैं, पर मुसलमान उनके गिलास में पानी नहीं पी सकता।" (पृ. 35) प्रेमचन्द इस भेदभाव के खिलाफ हैं। यह भेदभाव तभी मिट सकता है, जब हिन्दुओं और मुसलमानों के बीच मानवीय सम्बन्ध, भाईचारे का सम्बन्ध कायम हो।

'कायाकल्प' के ख्वाजा महमूद और बाबू यशोदानन्दन में भाईचारे का सम्बन्ध है। बचपन में वे साथ-साथ खेले हैं, साथ-साथ खाये हैं और युवावस्था में दोनों ने

एक साथ सेवा समिति के कार्यों में भाग लिया है पर असंगति यह है कि ख्वाजा महमूद मुसलमानों के नेता बन गये हैं और बाबू यशोदानन्दन हिन्दुओं के। पर इन दोनों का व्यक्तिगत सम्बन्ध हिन्दुओं और मुसलमानों के बीच शान्ति बनाये रखने में बहुत सहायक होता है। मुसलमान हिन्दुओं की भावनाओं का ख्याल करके उस मुहल्ले में गाय की कुरबानी नहीं करते। ख्वाजा महमूद अपने मुसलमान भाइयों के दबाव में आकर, जिन्हें मौलवी ने उत्तेजित कर दिया है, गाय की कुरबानी की स्वीकृति देते हैं। पर उनकी बातों से उनकी विवशता साफ जाहिर होती है। वे बाबू यशोदानन्दन को जवाब देते हुए कहते हैं : "अब तक हम आपके जजबात का लिहाज करते थे, अपने माने हुए हक भूल गये थे। लेकिन जब आप लोग अपने हकों के सामने हमारे जजबात की परवाह नहीं करते, तो कोई वजह नहीं कि हम अपने हकों के सामने आपकी जजबात की परवाह करें। मुसलमानों की शुद्धि करने का आपको पूरा हक हासिल है, लेकिन कम से कम पांच सौ बरसों में आपके यहां शुद्धि की कोई मिसाल नहीं मिलती। आप लोगों ने एक मुर्दा हक को जिन्दा किया है। इसीलिए न कि मुसलमानों की ताकत और असर कम हो जाये। जब आप हमें जेर करने के लिए नये-नये हथियार निकाल रहे हैं, तो हमारे लिए इसके सिवा और क्या चारा है कि अपने हथियारों को दूनी ताकत से चलायें।" (पृ. 30)

ख्वाजा महमूद के इस कथन में उनकी विवशता साफ झांक रही है। वे साम्प्रदायिक एकता और सद्भाव के सच्चे हिमायती हैं। अतः जब चक्रधर गाय की कुरबानी रोकने के लिए अपना बलिदान करने को तैयार हो जाता है तो वे उसी का पक्ष लेते हैं। वे मौलवी साहब को फटकारते हुए कहते हैं : "आपको तो अपने हलवे-मांड़े से काम है, जिम्मेदारी तो हमारे ऊपर आयेगी, दुकानें तो हमारी लुटेंगी, आपके पास फटे बोरिए और फूटे बंधने के सिवा और क्या रखा है?" वस्तुतः ख्वाजा महमूद के कारण ही कुरबानी रुकती है और दंगा होते-होते बच जाता है।

दूसरे प्रसंग में ख्वाजा महमूद और यशोदानन्दन चूक जाते हैं और दंगा आरम्भ हो जाता है। बाबू यशोदानन्दन मारे जाते हैं और अहिल्या अपहृत कर ली जाती है। प्रेमचन्द दंगे के अन्य ब्योरों में न जाकर ख्वाजा महमूद पर इन दो प्रमुख घटनाओं के प्रभाव का मार्मिक चित्रण करते हैं। जब बागीश्वरी के कहने पर कुछ लोग ख्वाजा महमूद के पास अहिल्या के अपहरण की खबर देने जाते हैं तो देखते हैं कि वहां बाबू यशोदानन्दन की लाश रखी हुई है और ख्वाजा साहब बैठे रो रहे हैं। वे रो रहे हैं और अफसोस कर रहे हैं और बीते दिनों की याद कर रहे हैं : "खुदा जानता है, मुझे अपना भाई और बेटा भी इससे ज्यादा अजीज नहीं। अगर मुझ पर किसी कातिल का हाथ उठता, तो यशोदा उस वार को अपनी गर्दन पर रोक लेता। शायद मैं भी उसे खतरे में देखकर अपनी जान की परवाह न करता। फिर भी हम दोनों की जिन्दगी के आखिरी साल मैदानबाजी में गुजरे और उसका यह अंजाम हुआ।

खुदा गवाह है, मैंने हमेशा इत्तहाद की कोशिश की। अब भी मेरा यह ईमान है कि इत्तहाद ही से इस बदनसीब कौम की नजात होगी। यशोदा भी इत्तहाद का उतना ही हामी था, जितना मैं।...दोनों एक ही मकतब में पढ़े, एक ही स्कूल में तालीम पायी, एक ही मैदान में खेले। यह मेरे घर पर आता था, मेरी अम्माजान इसको मुझसे ज्यादा चाहती थीं, इसकी अम्माजान मुझे इससे ज्यादा।...यह मेरा प्यारा यशोदा है, जिसकी गर्दन में बांहें डालकर मैं बागों की सैर किया करता था। हमारी सारी दुश्मनी पसे-पुश्त होती थी। रू-ब-रू मारे शर्म के हमारी आंखें ही न उठती थीं।''[12]

जब ख्वाजा महमूद को मालूम होता है कि मुसलमान अहिल्या को उठा ले गये हैं तो वे बेचैन हो जाते हैं। अहिल्या उन्हें भी उतनी ही प्यारी है जितनी यशोदानन्दन को। वस्तुतः यह दोनों की गोद ली हुई बेटी थी। ख्वाजा महमूद उसके ब्याह में अपनी ओर से पांच हजार खर्च करने वाले थे। उसी अहिल्या को गुण्डे उठा ले गये हैं, यह जानकर ख्वाजा महमूद विकल हो जाते हैं।

प्रेमचन्द ने इस प्रसंग को एक मोड़ देकर बहुत ही करुण और त्रासद बना दिया है। अहिल्या का अपहरण करने वाला कोई दूसरा नहीं, ख्वाजा महमूद का अपना लड़का ही है। वह उन्हीं के घर में कैद है और वे उसकी तलाश बाहर कर रहे हैं। एक दिन उनका लड़का अहिल्या पर जोर-जबरदस्ती करना चाहता है जिस पर अहिल्या चालाकी से उसकी हत्या कर देती है। इस घटना के बाद ख्वाजा महमूद का जो चरित्र सामने आता है, वह अद्भुत, अविश्वसनीय होने की हद तक ऊंचा है। एक तरफ तो पिता होने के कारण उनके परिताप का कोई अन्त नहीं है, पर दूसरी तरफ अपने पुत्र के कुकर्म को वे माफ नहीं करते। वे चक्रधर से कहते हैं : ''एक घंटा पहले तक मैं उस पर निसार होता था। अब उसके नाम से नफरत हो रही है। उसने वह फैल किया, जो इन्सानियत के दरजे से गिरा हुआ था।'' (पृ. 212) वे अपने पुत्र की कातिल अहिल्या की तारीफ करते हैं : ''काश, इस मुल्क में ऐसी और लड़कियां होतीं। आज उसने मौका पाकर इसे जहन्नुम का रास्ता दिखला दिया—छुरा सीने में भोंक दिया। जालिम तड़प-तड़प कर मर गया। कम्बख्त जानता था कि अहिल्ला मेरी लड़की है फिर भी अपनी हरकत से बाज न आया। ऐसे लड़के की मौत पर कौन बाप रोएगा।''[13]

इस तरह प्रेमचन्द साम्प्रदायिक समस्या के समाधान के लिए चक्रधर और ख्वाजा महमूद जैसे आदर्श पात्रों का निर्माण करते हैं। चक्रधर और ख्वाजा महमूद के चरित्र आदर्श होने पर भी अविश्वसनीय और अपनी जमीन से कटे हुए नहीं हैं। उस समय देश में कम से कम एक तो ऐसा आदमी था ही—महात्मा गांधी—जो चक्रधर और ख्वाजा महमूद के चरित्र को विश्वसनीय मानने की कसौटी बन सकता है। प्रेमचन्द के लिए महात्मा गांधी साम्प्रदायिक सद्भाव के प्रतीक थे। उनके चरित्र को ही उन्होंने अपने आदर्श पात्रों के रूप में प्रस्तुत किया है।

प्रेमचन्द ने इस बात पर जोर दिया है कि हिन्दू और मुसलमान दोनो सम्प्रदायों के नेता, पंडित और मौलवी साम्प्रदायिक दंगे कराते हैं। साम्प्रदायिक द्वेष फैलने से इसी वर्ग को सबसे ज्यादा फायदा होता है। उधर आगरा में हिन्दू-मुसलमान के बीच साम्प्रदायिक द्वेष बढ़ा, उधर "दोनों के देवताओं के भाग्य जागे। जहां कुत्ते निद्रोपासना किया करते, वहां पुजारी जी की भंग घुटने लगी। मसजिदों के दिन फिरे, मुल्लाओं ने अबाबीलों को बेदखल कर दिया। जहां सांड़ जुगाली करता था, वहां पीर साहब की हंडिया चढ़ी। हिन्दुओं ने महावीर दल बनाया, मुसलमानों ने 'अलीगोल' सजाया। ठाकुर द्वारे में ईश्वर कीर्तन की जगह नबियों की निन्दा होती थी, मसजिदों में नमाज की जगह देवताओं की दुर्गति। ख्वाजा साहब ने फतवा दिया—जो मुसलमान किसी हिन्दू औरत को निकाल ले जाय, उसे एक हजार हजों का सबाब होगा। यशोदानन्दन ने काशी के पंडितों की व्यवस्था मंगवायी कि एक मुसलमान का वध एक लाख गोदानों से श्रेष्ठ है।[14]

अपनी 'हिंसा परमोधर्मः' नामक[15] कहानी में प्रेमचन्द ने साम्प्रदायिक वैमनस्य फैलाने का दायित्व दोनों दलों के धार्मिक नेताओं पर मढ़ा है। कहानी का प्रमुख पात्र जामिद, जो आम आदमी का प्रतिनिधित्व करता है, हिन्दू और मुसलमान का फर्क नहीं जानता। हिन्दू पंडित और मुसलमान मौलवी उसके मन में यह फर्क पैदा करने की पूरी कोशिश करते हैं, पर उन्हें सफलता नहीं मिलती। वह साम्प्रदायिक द्वेष की आग में जलते हुए शहर को छोड़कर अपने गांव भाग जाता है।

यों तो प्रेमचन्द ने अपने अन्य उपन्यासों तथा कहानियों में हिन्दू-मुस्लिम सम्बन्धों की समस्या को मुख्य विषय के रूप में नहीं लिया है पर प्रासंगिक रूप में जो उल्लेख आते हैं उनसे प्रेमचन्द के एतद्विषयक दृष्टिकोण का पता चलता है। प्रेमचन्द के कथा संसार के आम मुसलमान पात्र इस्लाम के अनुयायी होते हुए भी भारतीय परिवेश में इस प्रकार रसे-बसे हैं कि हिन्दुओं के साथ उनके सम्बन्ध की कोई जटिल समस्या उत्पन्न नहीं होती। इसका सबसे बढ़िया उदाहरण 'प्रेमाश्रम' का कादिर मियां है। पाठकों को कादिर मियां का जो प्रथम परिचय प्राप्त होता है वह उल्लेखनीय है : "बूढ़े आदमी थे, ठिंगना डील, लम्बी दाढ़ी, घुटने के ऊपर तक धोती, एक गाढ़े की मिरजई पहने हुए थे। गांव के नाते से वह मनोहर के बड़े भाई होते थे।"[16] कादिर गांव के अन्य गरीब हिन्दू किसानों के साथ इस प्रकार हिला-मिला है कि उसका मुसलमान होना मालूम ही नहीं पड़ता। प्रेमचन्द आम ग्रामीण किसानों को इस रूप में प्रस्तुत करते हैं कि उनका हिन्दू या मुसलमान होना उसी प्रकार सहज और स्वाभाविक हो जाता है जैसे किसी बाग में कई रंग फूलों का होना। कादिर मियां एक प्रारूपिक या टिपिकल ग्रामीण पात्र हैं। वे अपनी विवेकशीलता, शान्त प्रकृति और सबके प्रति सहज प्रेम के कारण ग्रामीणों के आदर के पात्र हैं। मजे की बात यह है कि कादिर मियां के साथ हिन्दू पात्रों का खानपान का सम्बन्ध नहीं

है, कादिर मियां इस्लाम के और हिन्दू पात्र हिन्दू धर्म के नियमों; रिवाजों के अनुसार आचरण करते हैं, पर इन्हें लेकर उनके मानवीय सम्बन्धों में कोई फर्क नहीं पड़ता। कादिर अपने गांव में ही नहीं, सारे जवार में सम्मान पाता है...उस जवार में कादिर का बड़ा मान था। वह बड़ा नीतिकुशल, उदार और दयालु था। इसके अतिरिक्त उसे जड़ी-बूटियों का अच्छा ज्ञान था। यहां हकीम, वैद्य, डॉक्टर जो कुछ था वही था। रोग निदान में भी उसे पूर्ण अभ्यास था। इससे जनता की उसमें विशेष श्रद्धा थी।''[17] कादिर मियां उसी प्रकार एक गरीब किसान है। जमींदार और सरकारी अमले उसका भी शोषण उसी प्रकार करते हैं जैसे हिन्दू किसानों का। गांव के किसान रामायण गाते हैं तो कादिर भी उस मंडली में बैठकर ढोलक बजाता है। इस प्रकार कादिर ग्रामीण जीवन का सहज अंग है।

कादिर जैसा भला इन्सान पात्र ही नहीं, कारिन्दा गौस खां और फजुल्लाह खां तथा दरोगा नूर आलम जैसे शोषण के प्रतीक मुसलमान पात्र भी साम्प्रदायिक भावनाओं से मुक्त हैं। वे कादिर मियां को भी उसी प्रकार सताते हैं जिस प्रकार अन्य हिन्दू पात्रों को।

प्रेमचन्द के उपन्यासों और कहानियों में मुसलमान पात्र अक्सर आते हैं और वे प्रायः सभी वर्गों के हैं। ग्रामीण किसान, इक्केवान, जमींदार के कारिन्दे, पूंजीपति के मुंशी, पुलिस के छोटे कर्मचारी, अदालती अमले, ऊंचे सरकारी पदों पर आसीन पदाधिकारी, अभिजात वर्ग के सदस्य, वेश्याएं, अपराधी, मुल्ला-मौलवी आदि। इनमें संकीर्ण साम्प्रदायिक भावना केवल मुल्ला-मौलवियों तथा अपने व्यावसायिक हितों की रक्षा में धार्मिक भावनाओं का शोषण करने वाले उच्च वर्गीय मुसलमानों में ही दिखाई पड़ती है। ग्रामीण पात्रों में तो—चाहे वे गरीब किसान हों या उनका शोषण करने वाले जमींदारों के गुमाश्ते और कारिन्दे—साम्प्रदायिकता छू भी नहीं गयी है। 'प्रेमाश्रम' के पात्र इसके अच्छे उदाहरण हैं। प्रेमचन्द के उपन्यासों में आये अन्य वर्गों के भी अधिकतर पात्र संकीर्ण साम्प्रदायिक भावना से शून्य हैं। 'रंगभूमि' का ताहिर अली, 'गबन' की जोहरा, 'कर्मभूमि' का सलीम, मि. गजनवी और अन्य मुसलमान पात्र, 'गोदान' के मिर्जा साहब आदि आर्थिक सामाजिक दृष्टि से विभिन्न वर्गों के सदस्य हैं और उनकी अपनी अलग-अलग जिन्दगी और अलग-अलग समस्याएं हैं, पर किसी में भी संकीर्ण साम्प्रदायिक भावना नहीं है। इसी प्रकार 'मुक्तिधन'[18], 'डिग्री के रुपये'[19], मैकू'[20], 'पंच परमेश्वर'[21] आदि कहानियों के मुसलमान और हिन्दू पात्र साम्प्रदायिक भावनाओं से सर्वथा मुक्त, मानवीय धरातल पर प्रतिष्ठित हैं।

साम्प्रदायिक भावनाओं के चित्रण की दृष्टि से 'कायाकल्प' के बाद 'कर्मभूमि' का विशेष महत्त्व है। इसमें सलीम और अमरकान्त को जिगरी दोस्तों के रूप में प्रस्तुत किया गया है। चरित्र की दृष्टि से सलीम बड़ा ही प्यारा मुसलमान पात्र है। अमरकान्त और सलीम की दोस्ती के माध्यम से प्रेमचन्द ने हिन्दू-मुस्लिम दोस्ती का

पैगाम सामने रखा है। ('डिग्री के रुपये' कहानी के कैलाश और नईम की दोस्ती भी ऐसी ही है।) अमरकान्त कट्टर सनातनी हिन्दू परिवार का सदस्य होकर भी सलीम के साथ खाने-पीने में कोई संकोच नहीं करता और सलीम भी हिन्दू पात्रों के बीच सहज भाव से रहता है। वह देश की सामाजिक-राजनीतिक समस्याओं में बिना किसी साम्प्रदायिक भेदभाव के हिस्सा लेता है। उसके लिए इन्सानियत, मानवता धर्म से बड़ी चीज है। एक जगह वह एक कट्टर मुसलमान से बातचीत करते हुए कहता है, "अगर मुसलमान होने का यह मतलब है कि गरीबों का खून किया जाए, तो मैं काफिर हूं।"[22] वह पन्थों को संसार का कलंक समझता है, जिसने मनुष्य जाति को विरोधी दलों में विभक्त करके एक दूसरे का दुश्मन बना दिया है।"[23] यहां तक कि अन्त में वह अपनी आई. सी. एस. की नौकरी छोड़कर किसान (जो अधिकतर हिन्दू हैं) आन्दोलन में शामिल हो जाता है और जेल चला जाता है। वह हिन्दू किसानों के लिए मुसलमान पात्रों से भी लड़ता है और हिन्दू स्त्रियों की अस्मत की रक्षा के लिए बड़े से बड़ा खतरा मोल लेने से नहीं हिचकता।[24]

सलीम का दोस्त अमरकान्त भी शुद्ध धर्मनिरपेक्ष पात्र है। वह सलीम के साथ खानपान में कोई परहेज नहीं करता। इतना ही नहीं, वह एक मुसलमान लड़की सकीना से प्रेम भी करता है और उससे विवाह करने के लिए कृतसंकल्प है। सलीम साम्प्रदायिक कारणों से उसे इसके लिए मना करता है तो वह जवाब देता है : "मैं प्रेम के सामने मजहब की हकीकत नहीं समझता।"[25] यहां तक कि वह अपने प्रेम के लिए मुसलमान बनने को भी तैयार है। वह कहता है : "मुझे इस्लाम में ऐसी कोई बात नजर नहीं आती जिसे मेरी आत्मा स्वीकार न करती हो। धर्म-तत्त्व सब एक हैं। हजरत मुहम्मद को खुदा का रसूल मानने में मुझे कोई आपत्ति नहीं। जिस सेवा, त्याग, दया, आत्मशुद्धि पर हिन्दू धर्म की बुनियाद कायम है उसी पर इस्लाम की बुनियाद भी कायम है। इस्लाम मुझे बुद्ध और कृष्ण और राम की ताजीम कहने से नहीं रोकता। मैं इस वक्त अपनी इच्छा से हिन्दू नहीं हूं, बल्कि इसलिए कि हिन्दू घर में पैदा हुआ हूं।...मेरा अपना ईमान यह है कि मजहब आत्मा के लिए बन्धन है।"[26]

'कर्मभूमि' के अन्य पात्र भी संकीर्ण साम्प्रदायिक भावनाओं से मुक्त हैं। मि. गजनवी को, जो जिलाधीश हैं, इस बात की थोड़ी आशंका तो है कि कहीं स्वराज्य मिलने के बाद मुसलमानों की हालत खराब न हो जाए। क्योंकि गलत तवारीखे पढ़-पढ़ कर दोनों फिरके एक दूसरे के दुश्मन हो गये हैं। और मुमकिन नहीं कि हिन्दू मौका पाकर मुसलमानों से पुरानी अदावती का बदला न लें।[27] पर उन्हें इस बात से तसल्ली है कि "इस बीसवीं सदी में हिन्दुओं जैसी पढ़ी-लिखी जमाअत मजहबी गरोहबन्दी की पनाह नहीं ले सकती। मजहब का दौर तो खत्म हो रहा है : बल्कि यों कहो कि खत्म हो गया। सिर्फ हिन्दुस्तान में कुछ-कुछ जान बाकी है। यह तो दौलत का

जमाना है। अब कौम में अमीर और गरीब, जायदाद वाले और मरभुखे अपनी-अपनी जमाअतें बनायेंगे। उनमें कहीं ज्यादा खूंरेजी होगी, कहीं ज्यादा तंगदिली होगी। आखिर एक-दो सदी के बाद दुनिया में एक सल्तनत हो जाएगी। सबका एक कानून, एक निजाम होगा, कौम के खादिम कौम पर हुकूमत करेंगे, मजहब शख्सी चीज होगी।''[28]

गजनवी के ये विचार वस्तुतः प्रेमचन्द के विचार हैं जो साम्प्रदायिक सम्बन्धों की मार्क्सवादी व्याख्या प्रस्तुत करते हैं।

'कर्मभूमि' की सकीना और उसकी दादी भी साम्प्रदायिक संकीर्ण भावनाओं से सर्वथा मुक्त हैं। सकीना की दादी का ख्याल है : ''नाम के मुसलमान, नाम के हिन्दू रह गये हैं। न कहीं सच्चा मुसलमान नजर आता है, न सच्चा हिन्दू।''[29] मुन्नी के प्रसंग को लेकर जो आन्दोलन छिड़ता है, उसमें सकीना और उसकी दादी भी भाग लेती हैं। गरीब होकर भी सकीना रूमाल बेचकर इस आन्दोलन में चन्दा देती है। सकीना भी मजहब की परवाह न करके अमरकान्त से प्रेम करती है और उसके साथ विवाह करने को तैयार है।

अमरकान्त के पिता लाला समरकान्त कट्टर सनातनी हिन्दू हैं और वे किसी भी शर्त पर सकीना को अपनी पुत्रवधू के रूप में ग्रहण करने को तैयार नहीं। पर 'कर्मभूमि' में उनका हृदय-परिवर्तन, सलीम के साथ बैठकर भोजन करने का प्रसंग बड़ा मार्मिक है।[30] वस्तुतः ऐसे प्रसंगों के द्वारा प्रेमचन्द साम्प्रदायिक भेदभाव को मिटाने की अपनी मंशा व्यक्त करते हैं।

'कर्मभूमि' में मुसलमान पात्र काले खां का चरित्र भी साम्प्रदायिक भेदभाव से मुक्त है। वह अपराधी होकर भी हिन्दू-मुसलमान में फर्क नहीं करता और सुधर जाने पर भी उसके लिए हिन्दू-मुसलमान बराबर हैं। उसके मरने पर हिन्दू पात्र इस प्रकार रो रहे हैं मानो उनका कोई सगा-सम्बन्धी मर गया हो।[31]

तात्पर्य यह कि प्रेमचन्द ने अपने उपन्यासों और कहानियों में सभी वर्गों के ऐसे मुसलमान और हिन्दू पात्रों की सृष्टि की है जो साम्प्रदायिक भावनाओं से मुक्त हैं, जिनकी रोजी-रोटी की समस्याएं समान हैं और जो एक जीवनधारा के अंग हैं। 'कर्मभूमि' का सलीम और 'गोदान' के मिर्जा साहब, 'प्रेमाश्रम' का कादिर और 'रंगभूमि' का ताहिर अली, 'कायाकल्प' का चक्रधर और 'कर्मभूमि' का अमरकान्त, 'पंच परमेश्वर' के जुम्मन और अलगू, 'मुक्तिधन' का रहमान और 'डिग्री के रुपये' का नईम और इस प्रकार दर्जनों हिन्दू और मुसलमान पात्र साम्प्रदायिक भेदभाव से मुक्त हैं। प्रेमचन्द यह दिखाते हैं कि साधारण हिन्दू और साधारण मुसलमान अपने-अपने धर्मों का पालन करने पर भी एक-दूसरे के साथ व्यापक मानवीय सम्बन्ध में जुड़ा रहता है। हिन्दू-मुसलमान के बीच साम्प्रदायिक द्वेष मुल्ला-मौलवी, पंडित-पुरोहित और सेठ-साहूकार फैलाते हैं जिनका इससे स्वार्थ सधता है। 'कायाकल्प' में मुल्लाओं और आर्यसमाजी पंडितों के कारण ही साम्प्रदायिक दंगा

होता है। 'सेवा सदन' में जब वेश्याओं को नगर से बाहर बसाने का प्रस्ताव नगरपालिका के सामने आता है तो हिन्दू सेठ और मुसलमान व्यापारी दोनों इसे साम्प्रदायिक रूप देने की कोशिश करते हैं। हाजी-हाशिम और अबुलबफा वेश्याओं का समर्थन इस आधार पर करने की सलाह अन्य मुसलमान सदस्यों को देते हैं कि 'तवायफें'' नब्बे फीसदी मुसलमान हैं, जो रोजे रखती हैं, इजादारी करती हैं, मौलूद और उर्स करती हैं। हमको उनके जाती फैलों से कोई बहस नहीं है।...हमको तो सिर्फ उनकी तादाद से गरज है। वे मुसलमानों में हिन्दुओं के प्रति द्वेषभाव उभार कर वेश्याओं के पक्ष का समर्थन करते हैं। उसका कारण यह है कि चौक में, जहां वेश्याओं का मुहल्ला है, इनकी दुकानें हैं और इन्हें डर है कि वहां से वेश्याओं के चले जाने से उनकी दुकानों की बिक्री कम हो जाएगी। इसी प्रकार हिन्दू सेठ भी अपने हितों की रक्षा के लिए इस समस्या को साम्प्रदायिक रंग देना चाहते हैं। सेठ चिम्मन लाल कहते हैं : ''चावल मंडी और चौक के अधिकांश मकान हिन्दुओं के हैं, यदि बोर्ड ने यह स्वीकार कर लिया तो हिन्दुओं का मटियामेट हो जायेगा। छिपे-छिपे चोट करना कोई मुसलमानों से सीख ले।''[32]

पर प्रेमचन्द, इसके साथ ही, साम्प्रदायिकता विरोधी दृष्टिकोण भी प्रस्तुत करना नहीं भूलते। नगरपालिका के कई मुसलमान सदस्य, तेग अली, सैयद अली, हकीम शोहरत खां आदि साम्प्रदायिक दृष्टिकोण पर बहुत ही तीखा व्यंग्य करते हैं। ''...आजकल पोलिटिक्स मफाद का जोश है, हक और इन्साफ का नाम न लीजिए। अगर आप मुदर्रिस हैं तो हिन्दू लड़कों को फेल कीजिए। तहसीलदार हैं तो हिन्दुओं पर टैक्स लगाइए, मजिस्ट्रेट हैं तो हिन्दुओं को सजाएं दीजिए। सब-इन्स्पेक्टर पुलिस हैं तो हिन्दुओं के बयान गलत लिखिए, अगर आप चोर हैं तो किसी हिन्दू के घर डाका डालिए, अगर आपको हुस्न या इश्क का खब्त हो तो किसी हिन्दू नाजनीना का उड़ाइए, तब आप कौम के खादिम, कौम के मुहसिन, कौमी रिश्तों के नाखुदा सब कुछ हैं।''[33] साम्प्रदायिक भावनाओं पर तेग अली का (या प्रेमचन्द का) यह व्यंग्य बड़ा ही पैना है। हिन्दू पात्रों में भी प्रभाकर राव, रुस्तम भाई, कुंवर अनिरुद्ध सिंह आदि साम्प्रदायिक दृष्टिकोण का विरोध करते हैं। रुस्तम भाई कहते हैं : ''आप लोग एक सामाजिक प्रश्न को हिन्दू-मुसलमानों के विवाद का स्वरूप दे रहे हैं। सूद के प्रश्न को भी यही रूप देने की चेष्टा की गयी थी। ऐसे राष्ट्रीय विषयों को विवादग्रस्त बनाने से कुछ हिन्दू साहूकारों का भला हो जाता है, किन्तु इससे राष्ट्रीयता को जो चोट लगती है, उसका अनुमान करना कठिन है।''[34]

इस प्रकार प्रेमचन्द ने अपने उपन्यासों तथा कहानियों में हिन्दू-मुस्लिम सम्बन्धों की समस्या को वैज्ञानिक दृष्टि से परखने, उसका विश्लेषण करने तथा कलात्मक रूप में प्रस्तुत करने का प्रयास किया है। इस समस्या का तटस्थ विश्लेषण और प्रस्तुतीकरण प्रेमचन्द को महान् मानवतावादी लेखक के रूप में प्रस्तुत करता है।

संदर्भ

1. द्रष्टव्य 'जमाना' (फरवरी, 1924) में प्रकाशित, 'मनुष्यता का अकाल' नवम्बर, 1931 में प्रकाशित तथा 'हिन्दू-मुस्लिम एकता' शीर्षक लेख, 'विविध प्रसंग'-2 (सं. अमृत राय), प्र. सं. 1962, पृ. 351 तथा 374.
2. 'उर्दू में फिरओनियमत' ('जमाना', दिसम्बर, 1930), 'साम्प्रदायिकता का जहर महिलाओं में (26 मार्च, 1934) आदि लेख; 'विविध प्रसंग', पृ. 349 तथा 431.
3. 'विविध प्रसंग'-2, पृ. 356.
4. वही, पृ. 366.
5. वही, पृ. 366.
6. वही, पृ. 374.
7. वही, पृ. 420.
8. वही, पृ. 433.
9. 'कायाकल्प' (प्रेमचन्द), संस्करण 1973, पृ. 225.
10. वही, पृ. 31.
11. कायाकल्प, पृ. 32.
12. उपरिवत, पृ. 209.
13. उपरिवत, पृ. 212-213.
14. यहां एक असंगति की ओर हमारा ध्यान गये बिना नहीं रहता। प्रथम तो फतवा देने का अधिकार...को ही होता है, जो ख्वाजा महमूद नहीं है। दूसरे ख्वाजा महमूद के चरित्र के साथ उनके फतवे का मेल नहीं बैठता। प्रेमचन्द ने 'ख्वाजा' के स्थान पर 'मौलवी' शब्द का प्रयोग किया होता तो ज्यादा संगत होता।
15. प्रेमाश्रम (प्रेमोपहार), प्रकाशन वर्ष 1963, पृ. 24.
16. प्रेमाश्रम, पृ. 41.
17. मानसरोवर भाग-3.
18. उपरिवत.
19. मानसरोवर भाग-7.
20. उपरिवत.
21. 'कर्मभूमि', संस्करण 1968, पृ. 364.
22. कर्मभूमि, पृ. 364.
23. उपरिवत पृ. 366-67.
24. उपरिवत पृ. 96.
25. उपरिवत पृ. 98.
26. उपरिवत पृ. 312.
27. उपरिवत पृ. 32.
28. उपरिवत पृ. 42.
29. उपरिवत पृ. 344.
30. उपरिवत पृ. 359.
31. सेवासदन पृ. 164.
32. उपरिवत पृ. 170.
33. उपरिवत पृ. 167.
34. उपरिवत पृ. 167.

प्रेमचन्द के संघर्षशील पात्र

शम्भुनाथ

कथा-रचना के लिए हम किस तरह के चरित्र चुनते हैं तथा इन चरित्रों को उभारने के लिए कैसे परिवेश की रचना करते हैं—यह बहुत कुछ इस पर निर्भर करता है कि कथाकार की दृष्टि और संवेदना का आधार क्या है। जब प्रेमचन्द अपने समाज और राष्ट्रीय जीवन की पहचान कर रहे थे, तो उनकी कलम मूल रूप से राजनीतिकार्थिक समस्याओं पर तनी हुई थी। उनकी आंखों के सामने परिवार, व्यक्ति, सामाजिक परिवेश, राजव्यवस्था की कई चीजें किन्हीं तथ्यों के रूप में नहीं, बल्कि चुनौतीमूलक समस्याओं के रूप में उभर रही थीं। जन-जीवन का राजनैतिक और सामाजिक यथार्थ उन्हें उद्वेलित कर रहा था। आम आदमी का शोषण और अपमान उनकी आंखों के सामने नाच रहा था। अपने महान् राष्ट्रीय जीवन का जो सुन्दर लक्ष्य वे देख रहे थे, इसमें साम्राज्यवादी, सामन्तवादी तथा महाजनी शक्तियों ने भयंकर बाधाएं उपस्थित कर रखी थीं। इन बाधाओं से जूझने की समस्या प्रेमचन्द के सामने थी। प्रेमचन्द ने जूझने के इन्हीं भावों को कलात्मक रूप देकर अपने उन पात्रों की रचना की, जिनका अपना एक वर्गगत आधार भी था।

वर्गसंघर्ष की दृष्टि होने के कारण ही प्रेमचन्द ऐसे चरित्रों की रचना कर सके, जो अपने राजनैतिक और आर्थिक हकों के लिए मुखर होते हैं। मौजूदावादी स्थितियों से विक्षुब्ध होकर ये संघर्षशील जीवन जीते हैं। सबसे बड़ी बात यह है कि प्रेमचन्द ने वर्गसंघर्ष के किसी कृत्रिम आधार को स्थापित न करके, भारत की समाज-व्यवस्था में इसके यथार्थ स्वरूप को प्रकट किया है। इसकी चेतना को जनोन्मुख वाणी प्रदान की है। तभी ये पात्र आत्मीय और विश्वसनीय बन सके है। बींसवी शताब्दी के लगभग आधे हिस्से का भारतीय जनसंघर्ष प्रेमचन्द के माध्यम से व्यापक साहित्यिक फलक प्राप्त करता है। यथार्थवादी वर्गदृष्टि के कारण प्रेमचन्द के संघर्षशील पात्रों की प्रासंगिकता आज बनी हुई है तथा आज भी ये प्रेरणादायक हैं। संघर्षशील कथानायकों का चरित्र मन के इस विश्वास को मजबूत करता है कि परिवर्तन की राजनीति को

आधार बनाये बिना साहित्य कभी भी व्यापक जनता तक नहीं पहुंच सकता। इसीलिए उन्होंने परिवर्तन के मुख्य केन्द्र—गांवों के जीवन पर ध्यान दिया। जिस वक्त छायावाद की भाषा छायी हुई थी, उस समय राजनैतिक और आर्थिक जनमुक्ति का इतना स्पष्ट सपना देखना प्रेमचन्द के साहित्य को महान् बना देता है। अगर प्रेमचन्द ऐसे संघर्षशील पात्रों की रचना कर सके, जो पाठकों के लिए अविस्मरणीय बन गये, तो इसके तीन मुख्य कारण थे :

1. वे खुद गांव, भूख और गरीबी के बीच से आये कथाकार थे। निजी जीवन में भी उन्होंने काफी संघर्ष किया था, जिसमें सरकारी नौकरी से त्यागपत्र देना भी शामिल है। उन्होंने अलवर के महाराज के यहां व्यक्तिगत सचिव के रूप में नौकरी करना अस्वीकार कर दिया था तथा रायसाहबी की उपाधि भी स्वीकार नहीं की। क्योंकि वे कहते थे—"जनता की रायसाहबी मिलेगी, तो सिर आंखों पर। गवर्मेन्ट की रायसाहबी नहीं।" ('प्रेमचन्द घर में' पृष्ठ 118) उनके बोलने और करने में बहुत कम दूरी थी।

2. तत्कालीन ब्रिटिश साम्राज्यवाद और इससे संयुक्त सामन्तवादी शक्तियों का नग्न दमनकारी रूप उभर आया था। कानून-व्यवस्था सूदखोर महाजनों के अनुकूल थी। जमींदार किसानों से जमकर लगान वसूलते थे। इससे किसान फटेहाली और भुखमरी की जिन्दगी जीते थे। सरकारी अत्याचार और भ्रष्टाचार तो ऊपर से था ही। नतीजतन शोषित शीर्षक कृषक वर्ग के प्रति उनके मन में अथाह मानवीय संवेदना पैदा हो चुकी थी। साथ ही साम्राज्यवाद के मूल विरोध में वे इसी कृषक वर्ग को स्थापित करना चाहते थे, जबकि उस युग में बहुतों का ध्यान मजदूर वर्ग के नेतृत्व की ओर अटका हुआ था या पूंजीपति वर्ग के नेतृत्व की ओर। भारत में यह पूंजीपति वर्ग स्वदेशी आन्दोलन की उपज था।

3. भारतेन्दु की जातीय वेदना तथा इससे प्रस्फुटित राष्ट्रीय यथार्थवाद की पृष्ठभूमि में ज़िस प्रकार 1857 का विद्रोह था, प्रेमचन्द के सामाजिक यथार्थवाद की पृष्ठभूमि में भारतीय जनता का स्वाधीनता-संघर्ष था। प्रेमचन्द की निगाहों में स्वाधीनता-आन्दोलन का नक्शा न तो वैसा था जैसा महात्मा गांधी देखते थे और न तो यह वैसा था जैसा मजदूर वर्ग के नेतृत्व में विश्वास करने वाले अपरिपक्व प्रगतिवादी सोचते थे। वे स्वदेशी आन्दोलन तथा लगानबन्दी आन्दोलन दोनों को सम्मिलित रूप से तीव्र कर अंग्रेजी साम्राज्यवाद के आर्थिक हितों पर चोट पहुंचाना चाहते थे और इसी प्रक्रिया में राजनैतिक मुक्ति का स्वप्न देखते थे। वे रूसी क्रान्ति से वैचारिक स्तर पर अत्यधिक प्रभावित थे, लेकिन इस क्रान्ति से प्रभावित होने का कारण यह था कि उन्हें स्वयं अपने भारतीय समाज में जनसंघर्ष की प्रक्रिया पर अटूट विश्वास हो चला था। एक रचनाकार के रूप में अपने विचारों का विकास उन्होंने अपने देश की जनता के अभूतपूर्व संघर्षों के माध्यम से किया और गंवार

जनता से शिक्षा लेने में कभी हिचकिचाहट नहीं दिखाई।

प्रेमचन्द किसान-संघर्ष के प्रति सजग थे, तभी वे जनभाषा में रचना कर सके। एक ही साहित्यिक कालखण्ड में जैनेन्द्र के 'सुनीता' (1934) तथा प्रसाद की 'कामायनी' (1936) से प्रेमचन्द के 'गोदान' (1936) की भाषा का फर्क हम बखूबी परख सकते हैं। एक ही काल की हिन्दी में इतना फर्क कुछ तो अभिव्यक्ति-माध्यम के संस्कारों की वजह से है, पर यह फर्क जीवनदृष्टियों तथा रचनावस्तु में अन्तर से भी उपजा है। 'गोदान' और 'कामायनी' के बीच जितनी दूरी है, उससे अधिक दूरी 'गोदान' और 'सुनीता' के बीच है। कथा-साहित्य के क्षेत्र में यह दो जीवनधाराओं की सूचना है। वस्तुतः जनभाषा के कारण ही प्रेमचन्द अपने कथा-साहित्य में संघर्षशील पात्रों की सुन्दर अवतारणा कर सके। इनके उपन्यासों और कहानियों की भाषा इसलिए साफ है कि इनमें वैचारिक उलझाव नहीं मिलता, वैचारिक संवेदना का विकास भले मिले। क्योंकि प्रेमचन्द के मन में जनवाद को लेकर कोई सन्देह या भ्रम नहीं था। जनता की सामाजिक लड़ाई तभी अपनी प्रासंगिकता प्राप्त कर सकती थी, जब यह धरती की माटी से उभरे तथा धरतीपुत्रों की भाषा में फैले। बिना आंचलिक शब्दों की मिथ्या प्रदर्शनी के उन्होंने अंचल-जीवन की गझिन धाराओं की अभिव्यक्ति दी। संघर्ष के साथ भाषा का रिश्ता गहरा होता है, क्योंकि शब्द-रचना में वर्गीय संस्कार काम करते हैं। प्रेमचन्द ने अपने समय की घटाटोपी भाषा के बारे में लिखा था—"मैं वह जबान नहीं लिख सकता, जिसका आजकल रिसालों में नमूना नजर आता है। इस रंग का उनसुर है, सीधी सी बात को तशबीहात (उपमाओं) और इस्तआरात (रूपकों) में बयान करना।" प्रेमचन्द के संघर्षशील पात्र जनभाषा में बात करते हैं। यही कारण है कि इनके कथा साहित्य ने पूर्ववर्ती परम्परा के तिलस्मी, ऐयारी, जासूसी, साहसिक या रोमांस प्रधान उपन्यासों के एक व्यापक पाठकवर्ग को अपनी ओर आकर्षित कर लिया। इससे पाठकीय रुचि में साहित्यिक संस्कार मजबूत हुआ।

करीब 1919 के आसपास प्रेमचन्द ने निगम साहब को लिखे गये एक खत में कहा था—"अब मैं करीब-करीब बोल्शेविक उसूलों का कायल हो चुका हूं।" रूसी क्रान्ति का प्रभाव पूरी दुनिया पर पड़ा था। ऐसे सभी लोगों ने इसकी प्रशंसा की थी, जिनके मन में गरीबों से लगाव था। क्योंकि इस क्रान्ति से एक भरोसा मिलता था। जो कम्युनिस्ट नहीं थे, उन्होंने भी इस रूसी क्रान्ति का स्वागत किया था, क्योंकि इसके पीछे जनता का संघर्ष था। रूसी जनता ने अपने बल पर यह क्रान्ति की थी, कहीं से सैनिक मदद लेकर नहीं। लेकिन प्रेमचन्द भावनात्मक स्तर पर ही इस क्रान्ति से जुड़ सके, जैसा कि 'कायल' शब्द से स्पष्ट है। इसका सबसे बड़ा प्रमाण है कि 'सेवासदन', 'प्रेमाश्रम', 'वरदान', 'रंगभूमि' जैसे उपन्यास तथा उन्हीं दिनों की ढेरों कहानियां बोल्शेविक उसूलों के कायल प्रेमचन्द की कलम से लिखी जाकर भी

बोल्शेविक आदर्शों से रहित हैं। क्या प्रेमचन्द का कोई भी साहित्यिक मूल्यांकन इन रचनाओं को काटकर हो सकता है? बाद के उपन्यासों तथा कहानियों में भी देश की अपनी राजनैतिक-सामाजिक हलचलों की ही प्रतिध्वनि मिलती है, भले ये रूसी क्रान्ति इतनी व्यापक न हों। लेकिन क्या व्यापकता के लोभ में अपने समय की महान् सच्चाइयों को खो देना चाहिए?

अव्वल तो प्रेमचन्द बोल्शेविक विचारों से प्रारम्भिक परिचय के पूर्व ही किसानों या शोषित जनता की समस्याओं से जुड़ गये थे। इसी प्रकार भारतीय राजनीति में गांधी के राष्ट्रीय स्तर पर प्रवेश (1921) तथा कांग्रेस द्वारा 'पूर्ण स्वराज्य' की घोषणा (1929) के पूर्व ही वे अंग्रेजी साम्राज्यवाद की ईंट से ईंट बजा चुके थे। उर्दू में लिखी उनकी प्रारम्भिक कहानियों—'दुनिया का सबसे अनमोल रतन' तथा 'सांसारिक प्रेम और देशप्रेम' में उनकी अद्वितीय राष्ट्रीय भावना मिलती है। बीसवीं सदी के प्रथम दशक में जिस राजनैतिक चेतना को लेकर प्रेमचन्द उभरे, उसकी परिणति 'सोज़े वतन' में हुई। 1921 में, जब कांग्रेस औपनिवेशिक स्वराज्य की ही मांग कर रही थी, प्रेमचन्द ने लिखा—''भारत के उद्धार का कोई उपाय है, तो वह स्वराज्य है, जिसका आशय है—मन और वचन की पूर्ण स्वाधीनता (आदर्श विरोध)।'' प्रेमचन्द के इस राष्ट्रीयतावादी स्वरूप को इधर उपेक्षित किया जा रहा है। राजनैतिक चेतना से सम्पन्न प्रेमचन्द का ही कथन है—''साहित्यकार का लक्ष्य केवल महफिल सजाना और मनोरंजन का सामान जुटाना नहीं है—उसका दरजा इतना न गिराइये। वह देशभक्ति और राजनीति के पीछे चलने वाली सचाई है ('साहित्य का उद्देश्य')।'' प्रेमचन्द का एक भ्रम नहीं था, क्योंकि वे राष्ट्रीय-सामाजिक चेतना के एक समर्थ कलाकार थे। प्रेमचन्द ने राष्ट्रीय स्वाधीनता की चेतना से भरे हुए कई पात्रों की रचना की है। 'लालफीता' में हरिबिलास प्रारम्भ में सरकार की न्यायपरायणता पर विश्वास करता है, लेकिन बाद में जब असहयोग के सत्याग्रहियों का दमन करने के लिए गुप्त निर्देशपत्र मिलता है, तो उसकी आत्मा विद्रोह कर उठती है। वह बीस वर्ष पुरानी सरकारी नौकरी छोड़कर असहयोग में शामिल हो जाता है। उसका पुत्र शिबबिलास भी कॉलेज से अपना नाम कटवा लेता है, ताकि अपनी आत्मा को दबाने वाली व्यवस्था से मुक्त होकर वह जातीय स्वाधीनता के लिए लड़ सके। 'जुलूस' कहानी में स्वराज का जुलूस निकलता है। इसके एक वयोवृद्ध सत्याग्रही इब्राहिम को दरोगा बीरबलसिंह अपने घोड़े के टापों से कुचल देता है। इसका असर यह पड़ता है कि जिन लोगों ने पहले सत्याग्रहियों की उपेक्षा की थी, वे भी आन्दोलन में उमड़ पड़ते हैं। 'पत्नी से पति' कहानी में गोदावरी अपने पति की आज्ञा का उल्लंघन करके स्वाधीनता आन्दोलन की सभा में शरीक हो जाती है। 'जेल' कहानी की मृदुला गिरफ्तारी भी देती है। 'समरयात्रा' कहानी में आन्दोलन की चेतना गांवों तक पहुंचती है। प्रेमचन्द ने इसकी ओर भी संकेत किया है कि किस प्रकार ये ग्रामवासी सत्याग्रहियों से अपनी

मुक्ति की उम्मीदें लगा बैठते हैं। इसी प्रकार एक अड़ियल घोड़े की कहानी है–'स्वत्वरक्षा।' रविवार को इसकी छुट्टी रहती है। पर जब इस दिन भी इसे जबर्दस्ती काम पर लगाने की चेष्टा की जाती है तो यह अपने बुनियादी हक तथा स्वत्व की रक्षा के लिए चलने-दौड़ने से इनकार कर देता है। डण्डे पड़ते हैं। दाना खिलाया जाता है। यहां तक कि तसले में शराब उंड़ेलकर दी जाती है, ताकि नशे में ही चौकड़ी भरने के लिए यह तैयार हो जाय। पर यह घोड़ा होकर भी अपने बुनियादी अधिकारों को बेचना नहीं चाहता। जबकि मामूली शराब और डिनर पर तथाकथित क्रान्तिकारियों के ईमान बदलते देखे जाते हैं। कहानी प्रतीकात्मक है। यह अवसरवाद से विरोध की कहानी है। 'अधिकार-चिन्ता' शीर्षक कहानी में कथाकार ने 'बुलडाग' के प्रतीक के द्वारा अंग्रेजी साम्राज्य के कौशलपूर्ण विस्तार की कथा बुनी है। लेकिन अन्ततः यह एक दिन परलोक सिधार गया, अर्थात् प्रेमचन्द ने प्रारम्भ में ही अंग्रेजी राज के अन्त का सपना देख लिया था।

'कर्मभूमि' की भोली ग्रामीण बाला मुन्नी पर जब गोरे सैनिक बलात्कार करते हैं तो अन्ततः उनकी हत्या करके मुन्नी प्रतिशोध लेती है। जनता की नजर में वह देवी के पद पर प्रतिष्ठित हो जाती है और सभी नगरवासी उसे मुकदमे से बरी कराने के लिए संगठित हो जाते हैं। 'रंगभूमि' में भी भारतीय जनता और अंग्रेज अधिकारियों के बीच संघर्ष चित्रित है। 'गबन' में पुलिस नवयुवकों पर जो मुकदमा चलाती है, उस पर मेरठ षड्यन्त्र के श्रमिक नेताओं के प्रति अंग्रेजी सरकार की कठोरता की स्पष्ट छाया है। 1922 में प्रेमचन्द ने 'संग्राम' शीर्षक से जो नाटक लिखा था, उसमें पूंजीवादी अदालत का स्पष्ट चित्र सबलसिंह के शब्दों में व्यक्त किया गया है–"जहां रुपयों के द्वारा फरियाद की जाती है, वहां गरीबों की कहां पैठ। यह अदालत नहीं, न्याय की बलिवेदी है।" राजव्यवस्था की कुरूपताएं अदालत में भी प्रवेश कर जाती हैं, इसलिए यह सबलों के हितों की पोषक बन जाती है। साम्राज्यवाद विरोधी दृष्टिकोण को लेकर चलने वाले प्रेमचन्द ने अपनी एक कहानी 'मुफ्त का यश' में कथा-संग्रह 'सोजे वतन' पर प्रतिबन्ध के सन्दर्भ लिखा था–"अगर तुम विद्रोहात्मक गल्प या लेख लिखोगे, तो फौरन गिरफ्तार कर लिये जाओगे। हाकिम जिला जरा मुरव्वत न करेंगे।" एक साहित्यकार के लिए इतने कठोर शासन के खिलाफ कलम उठाना मामूली बात नहीं थी। लेकिन उन्होंने मात्र सत्ता का विरोध नहीं किया, व्यवस्था का भी विरोध किया। 'गोदान' की धनिया निडर होकर दरोगा पर कटु वचन बरसाती है। अंग्रेज शासन के भ्रष्टाचार में लिपटी पुलिस भोली जनता पर जुल्म करती थी। इसी कारण होरी डरा हुआ था, पर धनिया इस शोषण को जरा भी बर्दाश्त नहीं कर पाती।

अपने युग में प्रेमचन्द ने अंग्रेजी शासन-व्यवस्था के खिलाफ स्वाधीनता-संग्राम का चित्र खींचा, लेकिन इसमें शरीक विभिन्न वर्गों के हितों की भी पहचान की।

अपने कथा-साहित्य में स्पष्ट किया कि कमलानन्द राय, जान सेवक, अमरपाल सिंह, खन्ना, सेठ खूबचन्द जैसे व्यक्ति अपने किन वर्गीय स्वार्थों से प्रेरित होकर राष्ट्रीय आन्दोलन के समर्थक थे, कौंसिलों में जाने के लिए रुपये पानी की तरह बहाते थे और जब इनके हितों पर चोट पड़ती थी, तो किस प्रकार स्वाधीनता संग्राम से विश्वासघात की भूमिका भी बनाते थे। कथाकार ने यह भी विश्लेषित किया कि मध्यवर्ग, किसान और मजदूर वर्ग अपने किन व्यापक हितों के लिए इस राष्ट्रीय आन्दोलन में उम्मीदें लगाकर काम कर रहा था।

प्रेमचन्द ने कहा था–"असहयोग स्वराज्य के लिए है। स्वराज्य अर्थात् किसान-मजदूर जनता का राज।" वे एक ऐसे मानव समाज का स्वप्न देख रहे थे, जिसमें सब बराबर हों, जहां विषमता को आश्रय न मिले और कोई किसी का खून नहीं चूस सके। वे मानते थे कि इस स्वप्न को किसी भी नाम से पुकारा जा सकता है। उनका कहना था–"वह नाम शायद सब ठीक होंगे और सब उतने ही गलत। नाम के फेर में क्यों पड़ते हो, वह तो छिलका है। उसे छीलकर देखो, अन्दर क्या है। हां, अगर नाम के बिना तुम्हारा काम नहीं चलता हो, तो लो मैं दो नाम देता हूं–जनतावाद, लोकवाद। जनतन्त्र नहीं, उसमें तो धोखा है। सभी अपने को जनतंत्र कहते हैं, लेकिन जनता उसमें कहां है। लेकिन चीज को नाम दे देना ही काफी नहीं है, उसका बिरवा लोगों के दिल में रोपना होगा।" (कलम का सिपाही' : अमृतराय, पृ. 291) आज के युग में नाम का इतना अधिक महत्त्व है, लेबेल का इतना लोभ है, जनवादी, वामपंथी, क्रान्तिकारी वेश धारण का इतना आकर्षण है कि प्रेमचन्द की उपर्युक्त उक्ति बहुत काम की साबित हो सकती है। आज तो प्रतिक्रियावादी-पूंजीवादी शक्तियां भी क्रान्तिकारी नाम धारण करके, प्रगतिशीलता का ओवरकोट पहनकर सच्चे दिल से काम करने वालों पर अपना तानाशाही रोब गांठ रही हैं। जबकि प्रेमचन्द के पात्र वास्तविक जीवन से सच्चे रूपों में उभरे थे और उनके दिलों में जो आग थी, वह शासन व्यवस्था के भयंकर शोषण-दमन से उपजी थी।

'नशा' में कथानायक अपने जमींदार दोस्त ईश्वरी से गरीबों के अधिकार को लेकर बढ़-चढ़कर बातें करता था। ईश्वरी स्पष्टतया जमींदार वर्ग का पक्ष लेता था। कथानायक का छद्म उभर कर आ गया, जब वह दशहरे की छुट्टियों पर जमींदार दोस्त के घर गया। यहां रहने के लिए उसे नकली कुंवरसाहब बनना पड़ा। लेकिन चन्द दिनों में ही हालत यह हो गयी कि क्रान्तिकारी खयालातों के इस कथानायक में असली कुंवरसाहब दिखाई पड़ने लगे। बिस्तरा ठीक करने या टेबुल लैम्प तक जलाने में अगर नौकर जरा भी देर कर दे, तो कथानायक को सचमुच गुस्सा आने लगता। यहां तक कि लौटते समय ट्रेन में उसने एक आदमी को बिना किसी बात के पीटकर अपना रोब दिखाया। अमीरों के खिलाफ बोलना अगर सिर्फ एक नशा हो, तो यह किस तरह अपना रूप बदलता है, प्रेमचन्द ने 'नशा' कहानी में दिखाया

है। वैसे कथानायक कभी-कभी आत्मविश्लेषण भी करता है तथा उसे बीच-बीच में शर्म भी महसूस होती है। पर आज के आधुनिक समाज में पूंजीवाद के खिलाफ संघर्ष की बातें कर बुद्धिजीवी लोग इस तरह जरा-जरा सी सुविधाओं के लिए पदाधिकारियों के तलवे सहलाते हैं कि लज्जा भी नहीं आती।

प्रेमचन्द की कहानी 'हार की जीत' मे प्रो. भाटिया की बेटी लज्जा सिर्फ सिद्धान्तों की ही भक्त नहीं थी। इन्हें वह व्यवहार में भी लाना चाहती थी। उसका झुकाव एक गरीब व्यक्ति केशव की ओर होता है। यह उसके संघर्षशील व्यक्तित्व का सकर्मक पक्ष है। सम्पन्न शारदाचरण उससे प्रेम करता है, पर लज्जा उसे जवाब देती है—"मैं जानती हूं कि इस समय तुम्हें कुल-प्रतिष्ठा और रियासत का लेशमात्र अभिमान नहीं है। लेकिन यह भी जानती हूं कि तुम्हारा कॉलेज की शीतल छाया में पला हुआ साम्यवाद सांसारिक जीवन की लू-लपट को सह नहीं सकेगा। "शारदाचरण एक अमीर लड़की के चक्कर में भटककर अन्ततः त्याग और सेवा की मूर्ति लज्जा के पास वापस आ जाता है। प्रेमचन्द देखते हैं कि सामन्तवादी संस्कारों से पीड़ित भारतीय समाज में प्रेम करना संघर्ष के पथ पर चलना है और यह बहुत कठिन है। फिर भी यह एक ऐसा पथ है, जो चलने के लिए चुने जाने योग्य है। सुन्दरी विधवा पूर्णा को धार्मिक संस्कारों के कारण ही कृष्ण की मूर्ति से सन्तोष करना पड़ता है। विधवा वृजरानी प्रेम करने के बावजूद अपने प्रेमी से विवाह नहीं कर पाती। सामन्तवर्ग की गायत्री भी यौन अतृप्ति की शिकार एक ऐसी ही विधवा है। वहीं झुनिया भी विधवा है, पर वह गोबर को अपनाने में संकोच नहीं करती। संघर्ष का जो तेज प्रेमचन्द के कुछ पात्रों में था, वह शरतचन्द्र के पात्रों में न था। इनमें एक गहरा और सूक्ष्म अन्तर्द्वन्द्व मिलता था, एक भावात्मक आलोड़न भी। इनकी भावुकता से परिचित होकर ही प्रेमचन्द ने टिप्पणी की थी कि 'बंगला साहित्य में स्त्रीगुण अधिक है।'

प्रसन्न या तृप्त व्यक्ति कभी भी विचारादर्श और परिवर्तनकारी जीवनमूल्यों की निरन्तर तलाश जारी नहीं रख पाता। जर्जर-पीड़ित और अविकसित समाज व्यवस्था में कुछ अच्छे दिवास्वप्न ही मनुष्य को ऊर्जा प्रदान करते हैं। सामाजिक शोषण-व्यवस्था से जूझते हुए प्रेमचन्द के पात्रों ने अपने जनाधिकारों की प्राप्ति के लिए कुछ ऐसे दिवास्वप्न देखे हैं, जिनका तत्कालीन समाज में यथार्थवादी अस्तित्व व्यापक नहीं था। फिर भी ये सामाजिक यथार्थ की ही आन्तरिक घटनाएं थीं। वेश्या को सामाजिक स्वतन्त्रता देने के लिए उन्होंने 'सेवासदन' का स्वप्न देखा था। एक आर्थिक मसला जानकर ही वे वेश्यावृत्ति को उनके स्थान से निर्मूल करने के विरोधी थे। इसका अर्थ यह नहीं है कि वे वेश्यावृत्ति चाहते थे। अपितु वे इसे सामाजिक विषमता का अभिशाप मानते थे। सुमन इस विषमता से टकराती है। वह अपने पति से लड़कर घर से निकल पड़ती है। वहीं दूसरी ओर सुधा अपने लंपट पति का तिरस्कार

करती है। परन्तु निर्मला के चरित्र में वह तेजी नहीं है। इसी प्रकार सुमित्रा भी यौन और अहं के बीच द्वन्द्व की शिकार रहती है। वह अपने लंपट पति कमलाप्रसाद से विद्रोह नहीं करती और भारतीय नारी जीवन की दासता नहीं तोड़ पाती।

प्रेमचन्द के स्त्रीपात्र सामन्त वर्ग, मध्य वर्ग तथा कृषक वर्ग के रूप में भिन्न संस्कारों के आधार पर बंटे हुए थे। गरीब अथवा निम्नवर्ग की मेहनतकश औरतें निर्णय लेने में बहुओं से अपेक्षाकृत अधिक स्वतन्त्र थीं। धनिया, विलासी, झुनिया, मुन्नी, सलोनी, सिलिया, नोहरी इत्यादि ऐसी ही स्त्रियां हैं। जबकि मध्यवर्गीय नारियों की कामभावना तथा आर्थिक अधिकारों को उनके वर्ग की सामन्ती परम्पराएं बुरी तरह जकड़े हुई थीं। प्रेमचन्द ने कुछ स्त्री-चरित्रों में संस्कार परिवर्तन होता भी दिखाया है, जैसे जालपा और जोहरा के चरित्र में। शहर की रंगीन तितली मालती ग्रामीण जनता की पीड़ा को देखकर सेवाभाव से भर जाती है। चारित्रिक परिवर्तन का यह भी एक रूप है। हमारा समाज बदल रहा है और इस बदलाव का असर कथा-साहित्य के नारी पात्रों पर भी पड़ना स्वाभाविक है।

अपने प्रिय पात्रों की संघर्षचेतना तथा संवेदनशीलता के माध्यम से समाज में क्रान्तिकारी परिवर्तन की आवश्यकता की ओर संकेत कर प्रेमचन्द ने अपने सामाजिक यथार्थ को आत्मीय बना दिया है। उन्होंने युगों के पददलित सर्ववंचित मनुष्यों में यह आस्था भरने की कोशिश की है कि अब वे सारे कारण इकट्ठे होते जा रहे हैं, जिनसे व्यक्ति के विद्रोह सामाजिक स्तर पर संगठित होकर किसी सांस्कृतिक क्रान्ति का रूप ग्रहण कर लें। ऐसा होने पर ही क्रूर सामाजिक विडम्बनाओं का अन्त हो पायेगा और किसानों का जीवन सुखी होगा। आर्थिक अभावों तथा सामाजिक अतृप्ति के फलस्वरूप कथाकार के रचनात्मक अर्धचेतन में संघर्ष के कुछ सच्चे आदर्श निर्मित हो रहे थे। सेवासदनों, प्रेमाश्रमों तथा विभिन्न निकेतनों की स्थापना इसी के परिणाम हैं। आज ये भ्रष्टाचार के अड्डे बन गये हो सकते हैं, पर इन सुधारों के पीछे प्रेमचन्द के मन में परिवर्तन की भी भावना काम कर रही थी, भले यह अर्द्ध-विकसित हो। गांधीवादी प्रभाव या हृदय-परिवर्तन का आरोप लगाकर उनकी उपर्युक्त वैचारिक संवेदना को खारिज नहीं किया जा सकता। वस्तुतः प्रेमचन्द में आदर्शोन्मुख यथार्थवाद नहीं, बल्कि यथार्थ और मूल्यगत आदर्श का तनाव मिलता है। यह तनाव हमेशा एक जैसा नहीं है। इसकी शक्ल हर कहानी-उपन्यास में बदलती रही है। इसका प्रमाण है कि वे किसी एक आदर्श पर रुके नहीं। नये उपायों और रास्तों की ओर बढ़ते गये। इस तलाश की चेष्टा का महत्त्व है। सबसे बड़ी बात है कि यह ऊपर से थोपी हुई या आयातित नहीं थी, बल्कि यह सीधे जनसमस्याओं के भीतर प्रवेश करती हुई चल रही थी। वे किसी विशिष्ट आदर्शवादिता के शिकार होकर बैठ नहीं गये, बल्कि अपने संघर्षशील पात्रों के माध्यम से नयी मूल्यपद्धति और क्रान्तिकारी जीवन-व्यवस्था की खोज करते रहे। एक लेखक का सबसे महत्त्वपूर्ण

काम यही है।

'प्रेमाश्रम' के बलराज में आर्थिक व्यवस्था से असन्तोष, 'रंगभूमि' में सूरदास का एक कर्मठ संघर्षशील व्यक्तित्व के रूप में आत्मोत्सर्ग कर देना, 'कर्मभूमि' का जनआन्दोलन, हिन्दू-मुस्लिम एकता, जातिप्रथा-विरोध, 'गोदान' में मनुष्य-मनुष्य में बराबरी तथा शोषणमूलक महाजनी व्यवस्था के उन्मूलन का कृषक-स्वप्न, 'मंगलसूत्र' में सामाजिकार्थिक स्वतन्त्रता की आवाज–ये वे संदर्भ हैं, जो प्रेमचन्द की रचनाओं में सामन्तवादी मूल्यों के विघटन तथा जनसत्तावादी व्यवस्था के निर्माण की चेष्टाओं के उभर पड़ने का संकेत देते हैं। इन संघर्षशील पात्रों ने युग के यथार्थ के साथ-साथ और साधारण जनता के स्वप्नों का तनाव भी व्यक्त किया है। प्रेमचन्द परम्परागत आदर्शों और मूल्यों के भंजक एक साम्राज्यवाद-सामंतवाद विरोधी कथाकार हैं। उनके रचनाकार व्यक्तित्व में विद्रोह का गतिशील आदर्श मिलता है। 'सेवासदन' के चैतू से लेकर, 'प्रेमाश्रम' के बलराज और मनोहर, 'रंगभूमि' के सूरदास या फिर 'गोदान' में गोबर तक। ये सभी एक ही पात्र हैं। इनमें फर्क कथाकार की वैचारिक मानसिकता के विकास और संघर्ष-पथ की निरन्तर खोज की जटिलताओं के कारण हैं।

प्रेमचन्द की एक कहानी है–'विध्वंस'। इसमें गांवों की बेगारप्रथा के विरुद्ध आवाज है। वीरा नामक गांव की एक विधवा, वृद्धा और संतानहीन गोंडिन की कथा उठाई गई है। नाम है भुनगी। उसके भाड़ पर गांव के लोग चना-चबैना भूनते थे। वह पंडितजी के गांव में रहती थी, अतः बेगार करना पड़ता था। यह धार्मिक आदेश भी था कि एकादशी या पूर्णमासी के दिन भाड़ जलाने नहीं दिया जायेगा। फलस्वरूप उसे फाका करना पड़ता था। पंडितजी का तर्क था कि एक-दो दिन भूखी रहने पर वह मर थोड़े ही जायेगी। जब यह सब असाध्य हो गया, तो भुनगी ने स्वर ऊंचा किया–"पंडितजी कौन मेरी रोटियां चला देते हैं। कौन मेरे आंसू पोंछ देते हैं। अपना रक्त जलाती हूं, तब कहीं दाना मिलता है। लेकिन जब देखो खोपड़ी पर सवार रहते हैं। इसीलिए न कि उनकी चार अंगुल जमीन से मेरा निस्तार हो रहा है।" 'गोदान' में ऐसी ही बातें लेकर धनिया अपने पति होरी से लड़ पड़ती है। खैर, भुनगी ने अपने बुरे दिन के पचास वर्ष इस जमीन पर काटे थे। यहां के एक-एक पेड़-पत्ते से उसे प्रेम हो गया था। इसलिए जब पंडितजी उसे झोंपड़ी छोड़कर निकल जाने के लिए कहते हैं, तो वृद्धा भुनगी प्रतिरोध करती है–"क्यों छोड़कर निकल जाऊं? बारह साल खेत जोतने से आसामी काश्तकार हो जाता है। मैं तो इस झोंपड़ी में बूढ़ी हो गई। मेरे सास-ससुर, उनके बाप-दादे इसी झोंपड़ी में रहे। अब इसे यमराज को छोड़कर और कोई मुझसे नहीं ले जा सकता।" 'एक दिन जमींदार के आदमी आकर भाड़ खोद डालते हैं। अपने जीने की प्रबल इच्छा के कारण बुढ़िया भाड़ पुनः तैयार करती है। इसे पुनः खोद दिया जाता है। अब पंडितजी से सीधा संघर्ष ठन जाता है। वे पत्तियों की ढेर में आग लगवा देते हैं। भुनगी चुपचाप यह आग देखती

है। फिर इसमें कूदकर आत्महत्या कर लेती है।

संघर्ष में अटूट आस्था रखते हुए भी एक काल के सामंती वातावरण में प्रेमचन्द यथार्थवादी आधार पर यह नहीं समझ पा रहे थे कि इस संघर्ष का कैसे विकास किया जाय। लोग समकालीन जीवन में पराजित होकर टूट जा रहे थे। व्यवस्था की मार बहुत तगड़ी थी। प्रेमचन्द ने कई स्थलों पर वर्ग-संघर्ष को भारतीय भूमि पर वास्तविक बनाने के लिए जातिगत विषमता को ध्यान में रखा। नहीं तो एक वर्ग में पंडितजी और दूसरे वर्ग में दलित गोंडिन क्यों होती? भुनगी का आत्मदाह जहां एक समकालीन यथार्थ था, वहीं यह प्रेमचन्द की निरुपायता भी थी कि ऐसे संघर्षशील चरित्रों का विकास वे किस आधार पर करें। इसका अर्थ यह नहीं है कि वे दृष्टिहीन थे, बल्कि वे एक ऐसे जीवन-दर्शन के लिए बेचैन थे, जिसे वे रचना की राह से उपलब्ध करना चाहते थे।

समाज में वर्ग-संघर्ष को चलानेवाली शक्तियां जिस प्रकार रहती हैं, इसे तोड़ने तथा भटकानेवाली राजनैतिक शक्तियां भी काम करती हैं। मिल मालिक खन्ना ने इसी कारण हड़ताली मजदूरों पर विजय पा ली। अतः एक सवाल यह भी है कि हम समाज में किन-किन को साथ लेकर किन-किन के खिलाफ जेहाद बोलेंगे। वर्ग-संघर्ष की प्रक्रिया को तेज करने में निम्न-वर्ग और दलित वर्ग की भूमिका कितनी है! साहित्य में इसका प्रतिबिम्ब किस रूप में पड़ रहा है? इस पर विचार करना होगा।

'कफन' कहानी के दलित पात्र घीसू और माधव क्या स्तब्ध और विजड़ित संवेदना के कामचोर पात्र हैं, जैसा कि राजेन्द्र यादव, गिरिराज किशोर आदि ने कहा है? क्या इनमें यथार्थ की कुरूपताएं भरी हुई हैं? घीसू और माधव पर सामाजिक संदर्भ और गरीबों की अस्तित्व-चेतना के संदर्भ में विचार किया जाय तो मिलेगा कि इनके अवचेतन में गहरी विद्रोह भावना छुपी हुई है। कफन का पैसा लेकर शराबखाने में उनका घुस पड़ना धार्मिक पाखंडों को मुंह चिढ़ाना है। दूसरी ओर संपूर्ण सामाजिक व्यवस्था का प्रतिकार भी है। ये मोटे-मोटे लोग गरीबों को दोनों हाथों से लूटते हैं और अपने पाप को ढोने के लिए गंगा नहाते हैं। 'ठगिनी क्यों नैना झमकावै' गाते हुए जब वे गिर पड़ते हैं, तो ऐसा नहीं लगता कि उन्हें अपनी बहू-बीवी बुधिया से मतलब नहीं था। उनके पीने-नाचने-उछलने में अंततः यही उभरता है कि दोनों बुधिया को कितना प्यार करते थे। उनमें जीने की बड़ी भूख थी, पर वे सामाजिक विषमता की चपेट में फंसे हुए थे। व्यवस्था की क्रूरताओं ने उनका अमानवीयकरण कर दिया था। 'कफ़न' भारतीय निम्न वर्ग का औपन्यासिक महाकाव्य है। इसका एक-एक शब्द कविता के समान गहरे संवेदनों, व्यंग्यार्थ तथा कलात्मक सौन्दर्य लेकर चलता है।

'कफन' को घीसू-माधव की कामचोरी और इनकी संवेदनशीलता को समझने के लिए प्रेमचन्द की ही कहानी—'अग्निसमाधि' पढ़नी चाहिए। धार्मिक और सामंती

शोषण के मिले-जुले रूप को यह कहानी बहुत मार्मिक ढंग से अभिव्यक्त करती है। घीसू-माधव की कामचोरी का तर्क पयाग के चरित्र में है, जो नशा करता है और कबीर का पद 'ठगिनी क्या नैना झमकावै' पूरा गाता है।

श्रमजीवी पयाग साधु-संतों के दुष्प्रभाव में आकर गांजे, चरस और भांग का नशा पकड़ लेता है। वह जाति का भर था। काम था सप्ताह में एक दिन थाने जाना, वहां अफसरों के द्वार पर झाड़ू लगाना, अस्तबल साफ करना, लकड़ी चीरना और कभी-कभी निरपराध मार खाना। काम का पक्का था, लेकिन नशे की आदतों के कारण आलस्य आ जाता था। दम लगाने के लिए अपनी पत्नी रुक्मिणी से पैसे मांगता। लेकिन यहां से उसे ठीक पैसे नहीं मिलते। एक दिन गुस्से में कहीं से एक दूसरी बीवी कर ली। उसे घर ले आया। पहले तो रुक्मिणी को बड़ा क्रोध आया। लेकिन बाद में वह उसकी देखभाल करने लगी। अब पयाग को भी दम लगाने के लिए ठीक पैसे मिल जाते। जब पयाग की दूसरी बीवी कौसल्या ने देखा कि बाहर मजदूरी करने और पैसा कमाने के कारण वही मालकिन बनी हुई है तथा पयाग पर अधिक अधिकार भी जताती है, तो उसने स्वयं बाहर निकलकर मेहनत करने की ठानी। घास काटकर बेचना प्रारंभ किया। पयाग को दम लगाने के लिए अधिक पैसे भी दिए। बदले में उसे अधिक आकर्षित करने का प्रयास किया। रुक्मिणी उपेक्षित रहने लगी। प्रेमचन्द ने यहां दिखाने का प्रयास किया कि एक अत्यंत निर्धन परिवार में नशा और पैसा किस प्रकार सारे व्यक्तियों के अन्तर्मन को खोखला कर देता है। इससे संबंधों का एक अमानवीय धरातल विकसित होने लगता है। नजीजतन एक दिन कौसल्या (जिसका नाम बदलकर सिलिया हो गया था) की शिकायत पर पयाग रुक्मिणी को बुरी तरह पीटता है। रुक्मिणी बदले में अत्यंत खराब-खराब गंवई गालियां देती है। उत्तेजित होकर पयाग पुनः बुरी तरह पीटता है। उस दिन पयाग को भी थाने पर निरपराध मार पड़ी थी और मन में एक दबा हुआ गुस्सा था।

अंधेरा होने पर रुक्मिणी क्रोध में आकर घर से निकल जाती है। कोई कुछ नहीं बोलता, लेकिन पयाग के मन में एक पछतावा था। वह खुद भी दूसरे के खेतों की पकी फसलों की रखवाली पर निकल गया। डेढ़-दो महीने के लिए उसे यह काम मिल जाता था तथा किसानों से मजदूरी के रूप में कुछ अनाज मिल जाता था। वहां उसने देखा कि मड़ैया आग से धू-धू जल रही है। उसे रुक्मिणी पर संदेह हुआ। पर पयाग के पास सोचने का मौका नहीं था। पास के खेतों में यह आग क्षण भर में फैल जायेगी। फसल जल जायेगी, तो गांव भर में कोहराम मच जाएगा। अभी 'पूस की रात' के हल्कू जैसी मानसिक स्थिति उसकी नहीं बनी थी। उसने ज्यादा नहीं सोचा—'गंवारों को सोचना नहीं आता।' उसने जलती हुई मड़ैया को अपनी लाठी पर उठाया और सिर पर लिये वह सबसे चौड़ी मेंड़ पर गांव की ओर भागा। ऐसा जान पड़ता मानो कोई अग्नियान हवा में उड़ता चला जा रहा है। हाथों का हिलना

खेती का तबाह होना था। चार फर्लांग का रास्ता था। तीसरे फर्लांग पर मड़ैया नीचे खिसकने लगती है और स्थान-स्थान पर देह के जल जाने से उसके पांव लड़खड़ाने लगते हैं। वह सोच लेता है कि अब उसके जिन्दा बचने की उम्मीद नहीं है। तभी रुक्मिणी आकर मड़ैया अपने हाथों पर लेकर खेत के बाहर कर देती है पर खुद उसके नीचे दबकर अग्निसमाधि ले लेती है। पयाग उसके करीब जाकर और उसकी अधजली लाश देख रोने लगता है और स्वयं भी इलाज होते रहने के बावजूद कुछ तो आग से और कुछ शोकाग्नि से जलने के कारण दम तोड़ देता है। इस मार्मिक कहानी में गांव के एक अस्थायी मजदूर के शोषण की कथा है। बहुत थोड़ी मजदूरी में वह जिस-तिसके यहां काम करते हुए जिन्दगी बिता रहा था। जान देकर काम करता था। सिर्फ इसीलिए गांव में उसकी इज्जत थी। यही सोचकर उसने जान पर खेलकर खेत की रक्षा की और पीटे जाने के बावजूद रुक्मिणी ने भी न केवल पति की रक्षा की चेष्टा में, बल्कि खेत की फसल बचाने की कोशिश में अग्निसमाधि ले ली। इन दोनों पर यह सुलगती हुई व्यवस्था का ही हमला था। मानो वे मालिकों की खातिर सिर्फ अपनी जानें न्योछावर करने के लिए पैदा हुए थे। कहानी में है–''पयाग को प्रत्यक्ष का क्रूर अनुभव होता, संसार उसे कांटों से भरा जंगल दीखता, विशेषतः जब घर आने पर मालूम होता कि अभी चूल्हा नहीं जला और चने-चबैने की कुछ फिक्र करनी है। प्रेमचन्द ने इन भूमिहीन मजदूरों के आर्थिक और धार्मिक शोषण का चित्र खींचा है। साथ ही गरीबी से जर्जरित, परिवार के भीतर रुक्मिणी और पयाग के बीच कहा-सुनी के बावजूद एक दूसरे के प्रति कितना सच्चा प्रेम और सहानुभूति है–इसे भी अपनी कथात्मक संवेदनशीलता के साथ उभारा है। 'कफन', 'अग्नि-समाधि' की ही संवेदना का विकास है। दोनों ही भूमिहीन मजदूरों की कहानी है। इस कहानी को पढ़ने के बाद पता चलता है कि घीसू और माधव क्यों कामचोर थे तथा उनमें बुधिया के प्रति कितना गहरा लगाव था।

'मंत्र' कहानी में शुद्धि कार्य के लिए हिन्दुओं का एक जत्था विद्वान् पंडित लीलाधर के नेतृत्व में मद्रास प्रांत की भीलों-चांडालों की एक बस्ती में गया हुआ था, ताकि मुसलमानों द्वारा धर्मान्तर रोका जा सके। तमाम लंबी-चौड़ी बात करने के बाद हजारों पिछड़े लोगों के बीच पंडितजी वर्णभेद का औचित्य बतलाने लगे। दलित और पिछले वर्ग के लोगों का आक्रोश बूढ़े चौधरी के स्वर में फूट पड़ा–''हिन्दू समाज में रहकर हमारे माथें से नीचता का कलंक नहीं मिटेगा। हम कितने विद्वान्, कितने ही आचारवान हो जायें, आप हमें यों ही नीच समझते रहेंगे। 'प्रेमचन्द समझते थे कि भारत की समाजव्यवस्था धार्मिक संस्कारों से जकड़ी हुई है तथा इससे सहज मुक्ति संभव नहीं है। ऊंचे वर्ण के हिन्दू धन और ज्ञान के बल पर गरीब-पिछड़ों को हीन दृष्टि से देखते हैं। उधर साम्प्रदायिक कत्लेआम भी निहित स्वार्थी तत्त्वों द्वारा होते रहते थे। पंडितजी पर भी हमला हुआ तथा इनका पूरा शिविर उजड़ गया।

पंडितजी को लहूलुहान पाकर अछूत बूढ़ा चौधरी उनकी सेवा-सुश्रूषा करने लगा। पंडित ठीक हो गये। न केवल शरीर से, मन से भी बदल गये। उन्हें बड़ी ग्लानि हुई कि जिन्हें वे नीच समझते थे तथा जिनकी वे शुद्धि करने के लिए निकले थे, उनमें उच्च हिन्दुओं से कहीं अधिक मनुष्यता है। इतने में गांव में प्लेग का आक्रमण होता है। अंधविश्वास के कारण रोगियों को छोड़कर गांववासी ही नहीं, इनके परिवार के लोग भी भाग कर जाने लगे। इस गांव के तीन आदमी भी बीमार पड़े, जिनमें बूढ़ा चौधरी भी था। पंडितजी ने उनकी सेवा की। शहर से दवा लाने गये। डॉक्टर के आगे गिड़गिड़ाहट का कोई असर नहीं पड़ा। क्योंकि उनके पास पैसे नहीं थे। अपने पांडित्य तथा लज्जाशील स्वभाव पर वे खीझ गये। अंततः एक स्थान से दान प्राप्त कर तथा उन पैसों से दवा खरीद कर वे गांव लौटे। प्लेग से पीड़ित लोगों को ठीक करके ही दम लिया। अपने को वर्ग और वर्णच्युत कर पंडितजी ने पिछड़े गांव की जनता का मन जीत लिया। ''यह मंत्र था, जो उन्होंने चांडालों से सीखा था।'' पंडितजी का व्यक्तित्वांतर हो गया था तथा उनका अपना परिवार लाकर उन्हीं भीलों के साथ रह जाना एक अद्‌भुत बात थी। प्रेमचन्द की सामाजिक दृष्टि स्पष्ट है। धर्मान्तर की समस्याएं आज भी समाज में हैं, क्योंकि धर्म की समस्या है, जिसे अर्थ की समस्या से बदलना होगा। इसी शीर्षक से एक अन्य कहानी में प्रेमचन्द ने गरीब आदमी की सज्जनता, निःस्वार्थ सेवाभाव तथा मानवीयता की ओर संकेत किया है। बूढ़ा भगत यह जानते हुए भी कि पोलो खेलने के नशे में इसी डॉ. चड्ढा ने उसके बेटे को देखने से इनकार कर दिया था और उसकी मृत्यु हो गयी थी। उसी के बेटे को सांप काट लेने पर वह अपने मन के द्वन्द्व से निकलकर इलाज करने के लिए जाता है और उसे ठीक भी कर देता है। गांववासी का हृदय कितना मधुर है।

प्रेमचन्द के संघर्षशील पात्र समाज के सामंती-महाजनी परंपराओं को चुनौती देते हैं तथा जनवादी जीवन-मूल्यों के पक्षधर होते हैं। कोई न कोई चैतू अथवा गोबर, सुमन या मुन्नी, बलराज, मनोहर अथवा सूरदास जैसे पात्र अर्थव्यवस्था के ठेकेदारों, धार्मिक पाखंडों, राजनैतिक गुलामी या सामाजिक परंपराओं का प्रतिरोध करते हैं। होरी अपनी पीड़ा की कठोर अभिव्यक्ति करता है—''कोई राज नहीं मांगते। मोटा-झोटा पहनने को मांगते हैं। मोटा-झोटा खाने को मांगते हैं। वह भी नहीं होता।'' दुख और कष्टों की डोर से बने झूले पर खुशियों की मामूली पेंग भरने की कोशिश अंततः इस कृषक को सड़क पर मजदूरी करने के लिए पटक देती है। बाहर से व्यवस्था की जितनी मारें अधिक पड़ रही थीं, भीतर ध्वस्त हो रहे अपने जीवन-संसार को किसी भी प्रकार खड़ा करने की इच्छा उसमें उतनी ही बलवती हो जाती थी। जिन्दगी से जूझने की इतनी ताकत कृषकों में ही रह सकती है, प्रेमचन्द इसे बखूबी समझते थे। लेकिन महाजनी सभ्यता के शिकंजे इतने कठोर होते जा रहे थे कि बहुत

थोड़ी खुशियों तथा बहुत थोड़े सम्मान के साथ जीने की इच्छा अन्ततः थक-हार कर दम तोड़ देती है। महाजनी सभ्यता की लू में होरी की हत्या हो जाती है। तालस्ताय की कथाओं में मिलनेवाली आध्यात्मिकता की भांति प्रेमचन्द के कथानायकों के मन में एक यूतोपिया या सुखी जिन्दगी का स्वप्न दिखाई पड़ सकता है। लेकिन इस बात से क्या हम इनकार कर सकते हैं कि गरीबी या सामाजिक विषमता की चक्की में पिसते हुए भी ये पात्र संघर्ष के किसी न किसी पथ की तलाश में लगे दिखते हैं। इनके भीतर से मानो एक युग अपना रास्ता खोज रहा था। राजनीति और संवेदना का रिश्ता यहीं गहरा हो जाता है। यह तलाश यथार्थवादी आधार पर जारी रहती है, क्योंकि इसमें एक कथाकार की चेष्टा लगी हुई है। फलतः एक कृषक-पीढ़ी के रूप में होरी के अवसान के बाद भी यह संघर्ष रुकता नहीं। गोबर की पीढ़ी का उभरना, तैयारियां करना, जीने की कोशिशों के क्रम में प्रयोग करना और अंततः लड़ाई जारी रखना इसका प्रमाण है। गोबर भी होरी की नहीं, अपनी लड़ाई लड़ता है। उसकी अपनी सार्थकता इसी में है कि गलत या सही कदम उठाते हुए वह अपनी नजरों से जीवन-संसार की क्रूरताओं को देखे और इनका सामना करे। होरी के संघर्ष को गोबर कितना आगे बढ़ा पाता है? प्रेमचन्द की लड़ाई को उनके बेटे या नाती-पोते आगे नहीं बढ़ा सके। जहां तक गोबर का सवाल है, प्रेमचन्द ने इसे एक कन्फ़्यूज्ड पात्र बनाकर छोड़ दिया, क्योंकि प्रेमचन्द इसे लेकर स्वयं दिग्भ्रमित थे। गोबर को लेकर कोई वर्गीय अवधारणा उनके मन में उस तरह स्पष्ट नहीं थी, जिस तरह होरी को लेकर थी। होरी की मृत्यु एक त्रासद यथार्थ है। लेकिन जिस होरी ने प्रौढ़ रामसेवक से रूपा की शादी करके अपने जीवन को जबर्दस्त हार-स्वीकार की थी, वही अपने भाई हीरा के घर लौट आने पर अपनी मृत्यु के कुछ पूर्व ही कहता है—कौन कहता है, जीवन-संग्राम में वह हारा है। यह उल्लास, यह गर्व, यह पुलक क्या हार के लक्षण हैं। इन्हीं हारों में उसकी विजय है। उसके टूटे-फूटे अस्त्र उसकी विजय पताकाएं हैं। होरी की छाती फूल उठती है और मुख पर तेज आ जाता है। सिर्फ अपने एक भाई के लौटने मात्र से नहीं, बल्कि एक भूले-भटके किसान के कृषि-जीवन में लौट आने पर। वहीं गोबर के वापस शहर जाने से वह दुखी हो गया था। गोबर शहर से जो बोध लेकर रूपा के विवाह में आया था, उसका एक नमूना देखें—"वह गुलामी करता है, लेकिन भरपेट खाता तो है। केवल एक ही मालिक का तो नौकर है। यहां तो जिसे देखो, वही रोब जमाता है। गुलामी है, पर सूखी।" गोबर एक अच्छी महिला मालती के यहां नौकर बनकर संतुष्ट हो गया है। क्या संघर्षशील नयी पीढ़ी का यही भविष्य है?

गोबर में प्रेमचन्द ने मजदूर वर्ग के चरित्र को भी ठीक से उभारने की चेष्टा नहीं की। अंततः उसे कुसंगति में डालकर मतलबी बना दिया। श्रमिक-विद्रोह के फलस्वरूप खन्ना के शक्कर मिल को मालिक वर्ग के स्वार्थों के खिलाफ भस्मीभूत

कर दिया जाता है। यह कार्य प्रेमचन्द की उद्योग विरोधी दृष्टि पर तो मोहर लगाता है। लेकिन कथाकार ने गोबर को कृषि-क्रांति के लिए कितना तैयार किया? वे गोबर के भटकाव को आधुनिकतावादी आधार भी नहीं प्रदान कर सके, क्योंकि यह उनकी कथा-सीमा के बाहर की बात थी। वस्तुतः होरी के पास ही प्रेमचन्द अपनी समस्त कला और यथार्थवादी दृष्टि के साथ क्यों ठहर जाते हैं? गोबर एक ओर खेत से भागता है। वहां बदलाव की राजनीति के लिए सक्रिय मन नहीं रखता। दूसरी ओर मजदूर आन्दोलन की कमजोरियों को अवश्य चित्रित करना चाहिए था पर इसका अत्यंत सतही रूप ही उपस्थित किया गया है। गोबर मालिक वर्ग के हृदय-परिवर्तन में थोड़ा-बहुत विश्वास करने लगता है और शहर की पूंजीवादी व्यवस्था के खिलाफ निरन्तर संघर्ष की ओर नहीं बढ़ता। प्रेमचन्द की यह असफलता तत्कालीन राजनीति की गलती का परिणाम थी। भारतीय अर्थव्यवस्था के प्रधान अंतर्विरोधों को समझने में जड़ से ही गलती हुई। कृषि क्रांति का आधार तैयार करने के स्थान पर औद्योगीकरण की प्रक्रिया पर अधिक निर्भरता दिखायी गयी। चीन की भांति सामंतवादी शोषण से मुक्ति के लिए गांवों को संघर्ष का प्रधान क्षेत्र नहीं चुना गया। प्रेमचन्द यही चाहते थे। वे मिलों को खोदकर खेत बनाना चाहते थे। वे यह भी देख रहे थे कि जो उद्योगपति हैं, उनके बड़े कृषि-फार्म या जमीनें भी हैं। मान लेना चाहिए कि होरी की सीमा ही प्रेमचन्द की भी सीमा है। वैसे बोध के एक भिन्न स्तर पर गोबर भी सोचता है–अपना भाग्य खुद बनाना होगा, अपनी बुद्धि और साहस से इन आफतों पर विजय पानी होगी। कोई देवता, कोई गुप्त शक्ति उनकी मदद करने नहीं आयेगी। लेकिन इस सोच से उसमें सिर्फ यह फर्क आता है कि वह अब नम्र और उद्योगशील हो गया है।

प्रेमचन्द की दो-पांच रचनाओं अथवा आठ-दस वाक्यों के आधार पर क्या उनका सही मूल्यांकन किया जा सकता है? आज प्रेमचन्द की ही दो रचनाओं को एक-दूसरे से लड़ाकर देखा जा रहा है, जबकि इनमें विकास खोजना चाहिए। एक अन्य विडम्बना भी है कि प्रेमचन्द को तो मान्यता दी जा रही है, लेकिन उनकी रचनाओं को नहीं। उनकी अपनी ही रचनाओं से काटकर उनकी महानता मापी-तौली जा रही है। मजे की बात तो यह है कि आज के कई छद्म लेखक प्रेमचन्द से समग्रतया नहीं, बल्कि उनके किसी छोटे से मनपसन्द टुकड़े से जुड़ना चाहते हैं। वे उन्हें मार्क्सवादी या अमार्क्सवादी सिद्ध करने में ज्यादा व्यस्त हैं। अगर वे मार्क्सवादी थे, जैसे कि आज के कई लेखक हैं और अपने को मार्क्सवादी कहते रहते हैं।

हमें विचार करना होगा कि आज प्रेमचन्द के किस रूप को जनता के सामने रखा जाय, ताकि उनके साहित्य की एक वास्तविक और प्रासंगिक तस्वीर उभरे, साथ ही जनवादी आन्दोलन को मदद पहुंचे। प्रेमचन्द का आज जो भी व्यक्तित्व हमारे सामने है, इसका निर्माण उनके संघर्षशील सामाजिक पात्रों ने किया है। इनमें से

कुछ की ही ऊपर विवेचना की गई है, फिर भी इससे यह संकेत मिल सकता है कि उनका हर अगला संघर्षशील पात्र पिछले पात्र की लड़ाई को आगे बढ़ाता है और इसके माध्यम से भारतीय समाज में वर्ग-संघर्ष के राजनैतिक, धार्मिक, नैतिक और आर्थिक आधार भी खुलासा होते हैं। अपने देश की आत्मा में झांककर प्रेमचन्द ने भारतीय जनता की संघर्षशील शक्ति की थाह ली थी और देखा था कि इसमें समझ की कहीं कमी नहीं है। कमी है तो राजनैतिक शिक्षण और ऐसे सही संगठन की, जो इनके जीवन-संघर्षों को जोड़कर व्यापक क्रांति का रूप दे सके। जनता कितनी समझदार है, इसकी एक झलक गोदान में मिलती है, जब गांव के युवक महाजनी शोषण पर एक प्रहसन खेलते हैं। एक दृश्य में एक किसान झिंगुरी सिंह का पैर पकड़ कर रोने लगता है। बड़ी मिन्नत के बाद जब उसे कर्ज में दस के स्थान पर सिर्फ पांच रुपये ही मिलते हैं, तो वह चकरा कर पूछता है—"यह तो पांच ही हैं मालिक।" "पांच नहीं, दस हैं, घर जाकर गिनना"—झिगुरी सिंह कहता है और बतलाता है कि इनमें एक-एक रुपया नजराना, तहरीर, कागद, दस्तूरी और सूद का है और ये नगद पांच हैं।" हां सरकार अब यह पांचों भी मेरी ओर से रख लीजिए।"
"कैसा पागल है?"

"नहीं सरकार एक रुपया छोटी ठकुराइन का नजराना है। एक रुपया बड़ी ठकुराइन का। एक रुपया छोटी ठकुराइन के पान खाने का। एक बड़ी ठकुराइन के पान खाने का। बाकी बचा एक, वह आपके क्रिया-करम के लिए।"

जो आलोचक अपनी राजनैतिक गलतियों के कारण असफलता का सारा दोष जनता पर डालते हैं अथवा इसे गंवार और मूर्ख मानते हैं, उन्हें ऊपर की पंक्तियों में जनता की प्रगट हुई समझदारी से सबक लेना चाहिए और अपनी ही राजनीति का आत्मविश्लेषण करना चाहिए।

प्रेमचन्द के बाद के कथाकारों ने प्रेमचन्द के यथार्थ और संघर्षशील पात्रों के संघर्ष को कितना और किस रूप में आगे बढ़ाया है? यह एक जरूरी सवाल है, पर यहां के लिए नहीं। वस्तुतः एक ग्रामीण परिवेश गढ़ना और एक संघर्षशील कथानायक की रचना करना—ये दो भिन्न बातें हैं। क्या प्रेमचन्द की संवेदना और दृष्टि का विकास उनके द्वारा संकेतिक अंचलों के परिवेश तथा रचित पात्रों के चरित्र में विकास के बिना सम्भव है? जनजीवन से आये प्रेमचन्द के पात्रों ने सामाजिक संघर्ष को जिस बिन्दु तक पहुंचाया था, उसका विकास किये बिना उनकी संवेदना और दृष्टि से सरोकार नहीं बन सकता। गांव के जीवन में कम गति, नहीं 'गहरी गति' होती है। शहर के पूंजीवादी जीवन में 'गति का पागलपन' भले हो, पर अंचल या गांव की भांति इसमें गति की गहरी मानवीयता और संघर्षशीलता नहीं होती। हमें 'गति के चित्र' के साथ कथा-साहित्य में उपस्थित जीवन-चित्र की गति भी देखनी होगी। प्रेमचन्द के बाद के कथा-साहित्य में वर्गचेतना से प्रेरित संघर्षशील पात्रों के स्थान

पर पूंजीवाद की विकृतियों से उत्पन्न परिवेश ही प्रधान होने लगा था। परिवेश से अधिक परिवेश का आतंक। पात्र में जब संघर्ष का यथार्थवादी आधार प्रस्फुटित होता है, तो यह आतंक टूटता है। लेकिन जब पात्र अपने भीतर ही लगातार भागता रहता है, तो यह आतंक और विकराल रूप ले लेता है। इसीलिए पिछले दिनों की नयी कहानियां अपने भीतर भागते रहने की प्रक्रिया में परिवेश की 'निरन्तर विकरालता' की कहानियां हैं। इसका नतीजा यह हुआ कि कथा-साहित्य में परिवेश रह गया, लेकिन चरित्रों का लोप होने लगा। इसके साथ मनुष्य की चेष्टाओं का लोप होने लगा। मनुष्य लघु होते-होते परिवेश में विलीन होता गया। इसके सामने डटा नहीं रह सका। आखिरकार साहित्य में कला की कोई भी कोशिश मनुष्य की आकांक्षाओं और संघर्षों को पहचान कर इन्हें खड़ा करने की होती है, इन्हें समाप्त करने की नहीं।

प्रेमचन्द के पात्र अभी भी यह अहसास कराते हैं कि उन्होंने अपने परिवेश के आतंक को किस प्रकार खण्डित किया था और जीने की लड़ाई तेज की थी। ये मूक भोक्ता नहीं थे। इन्हीं आधारों पर आज प्रेमचन्द और उनके संघर्षशील पात्रों की प्रासंगिकता बनी हुई है। ये पुराने पड़ चुके हैं, जिस प्रकार स्थितियों की क्रूरता का नया विकास हो चुका है। फिर भी उन पात्रों की जीवन्तता, सफाई, मानवीय संवेदना और जनवादी दृष्टि का महत्त्व आज हमारे सामने अधिक है। इसके समक्ष पात्रों की अस्तित्वहीनता का तर्क फीका पड़ता जा रहा है।

एक संघर्षशील लेखक का विश्वसनीय लेखन

विश्वनाथप्रसाद तिवारी

हिन्दी कथाकारों में प्रेमचन्द को सबसे अधिक लोकप्रियता प्राप्त हुई है। हिन्दी में तो उनके प्रेमी पाठक सबसे अधिक हैं ही, अन्य भारतीय भाषाओं तथा विदेशी भाषाओं में भी उनकी कृतियों के सबसे अधिक अनुवाद प्रकाशित हुए हैं। प्रेमचन्द की इस लोकप्रियता के कारणों की खोज में ही उनकी रचना की बुनियादी विशेषताएं स्पष्ट होती हैं। प्रेमचन्द की रचना की सबसे बड़ी शक्ति है उसकी प्रामाणिकता और विश्वसनीयता। भारत की आत्मा की सच्ची तस्वीर यदि किसी एक हिन्दी कथाकार में मिल सकती है तो वह कथाकार प्रेमचन्द ही हैं। पं. हजारीप्रसाद द्विवेदी ने सही लिखा है, "अगर आप उत्तर भारत की समस्त जनता के आचार-विचार, भाषा-भाव, रहन-सहन, आशा-आकांक्षा, दुख-सुख और सूझ-बूझ को जानना चाहते हैं तो प्रेमचन्द से उत्तम परिचायक आपको नहीं मिल सकता।"[1] यही कारण है कि प्रेमचन्द भारतीय और विदेशी दोनों पाठक वर्ग के लिए अपना महत्त्व रखते हैं। एक उनमें अपनी तस्वीर देखता है तो दूसरा उनमें भारतीय आत्मा का साक्षात्कार करता है। प्रेमचन्द जिस कालखण्ड में जी रहे थे और जिस भू-भाग में अपनी जीविका के लिए संघर्षशील थे, वह देशकाल अपने पूरे शरीर और प्राण के साथ उनकी रचनाओं में उपस्थित है।

प्रेमचन्द पर अपने समय में कैद होने का, समसामयिकता का आरोप लगाया जा चुका है, लगाया जा सकता है। कहा जा सकता है कि प्रेमचन्द ने जीवन के चिरंतन प्रश्नों का साक्षात्कार नहीं किया। लेकिन यही तो प्रेमचन्द की शक्ति है। उन्होंने अपने देशकाल को कभी नहीं छोड़ा। अपने वास्तविक अनुभवों से अपनी लेखनी को कभी अलग नहीं किया। वे पात्रों को वास्तविक जिन्दगी से सीधे उठाते हैं। इन्द्रनाथ मदान को लिखे गए पत्र में वे कहते हैं : "मेरे अधिकांश चरित्र वास्तविक जीवन से लिये गए हैं, जो उन्हें काफी अच्छी तरह पर्दे में ढंक दिया गया है। जब तक किसी चरित्र का कुछ आधार वास्तविकता में न हो तब तक वह छाया सा

अनिश्चित सा रहता है और उसमें विश्वास पैदा करने की ताकत नहीं आती।''[2] अपने एक युवक मित्र और संबंधी राजेश्वर प्रसाद सिंह को यही सुझाव देते हुए वे लिखते हैं : ''मेरा मतलब यह नहीं था कि कल्पना से काम न लो। कल्पना निश्चय ही सबसे ज्यादा महत्त्व रखती है लेकिन मैं जो बात कहना चाहता था वह यह थी कि अगर निरीक्षण कल्पना का साक्षी हो तो इससे तुम्हारी रचना में और भी जान आ जायेगी। तुम खुद देखोगे कि जीवन से लिये गए चरित्र अधिक वास्तविक होते हैं।''[3] मुंशीजी खुद भी यही करते थे। 'कलम का सिपाही' में अमृतराय ने 'कायाकल्प' उपन्यास की पाण्डुलिपि के पहले पन्ने पर लिखे गए कुछ नोट्स उद्धृत किए हैं जिनसे पता चलता है कि प्रेमचन्द अपने जीवन के वास्तविक चरित्रों को ही अपनी कथा-कृतियों का आधार बनाते थे।[4] उनकी अधिकांश कहानियां जिन्दगी से ली गई सच्ची कहानियां हैं। प्रेमचन्द की एक कहानी 'मोटेराम शास्त्री' जो जनवरी 1928 की 'माधुरी' में छपी थी, पर तो बाकायदा मानहानि का मुकदमा भी चला था। पं. शालिग्राम शास्त्री नाम के एक वैद्यजी ने इस कहानी को अपने ऊपर लिखी गयी कहानी मानकर फौजदारी अदालत में मुकदमा दायर कर दिया था और 'माधुरी' के सम्पादकों को समझौता करके मामले को रफा-दफा करना पड़ा था।[5]

प्रेमचन्द की रचना की प्रामाणिकता और विश्वसनीयता के पीछे उनके अनुभव की यही वास्तविक जमीन है। प्रेमचन्द ने जो कुछ पाया था खुद मर कर पाया था। एक विपन्न परिवार में जन्म, बचपन के अभाव, नौकरी के लिए संघर्ष, आर्थिक तंगी, घर-गृहस्थी की तकलीफें, चाची-पत्नी के झगड़े, शारीरिक अस्वस्थता–यह प्रेमचन्द के लेखकीय संघर्ष का एक पक्ष है। यह वह व्यक्तिगत संघर्ष है जिसमें छटपटाते हुए प्रेमचन्द सारी ज़िन्दगी यह सपना देखते रहे कि घर बैठे इतना मिल जायेगा कि दाल-रोटी की चिन्ता से मुक्त होकर अपना लिखना-पढ़ना कर सकेंगे।[6] ज्ञातव्य है कि लिखने के लिए जो तड़प प्रेमचन्द में है वह कम लेखकों में मिलती है। अपने अनेक पत्रों में बार-बार वे इस बात की चर्चा करते हैं लेकिन इसके लिए उन्हें पर्याप्त फुर्सत और सुविधा नहीं मिलती। इन्द्रनाथ मदान के ही नाम अपने खत में वे लिखते हैं, ''जिन्दगी मेरे लिए हमेशा काम रही है। काम, काम, काम। मैं जब सरकारी नौकरी में था तब भी अपना सारा समय साहित्य को देता था। मुझे काम करने में मजा आता है। पस्ती के क्षण आते हैं जब पैसे की समस्या आ खड़ी होती है वरना मैं अपने भाग्य से बहुत संतुष्ट हूं। अपने प्राप्य से अधिक मुझे मिला।''[7] तो यह है प्रेमचन्द का व्यक्तिगत संघर्ष। इसके साथ ही उनके संघर्ष की एक दूसरी जमीन है जिसमें वे चीजों के साथ अपने को इन्वाल्ब करते हैं। प्रेमचन्द की एक बहुत बड़ी विशेषता यह है कि वे अपने चारों ओर की दुनिया के प्रति पूरी तरह चौकन्ने रहते हैं। बल्कि लिखने की प्रेरणा भी उनको अपने चारों ओर दुनिया से ही मिलती है, अपने निजी एकान्त से नहीं। 13 अक्तूबर, 1915 को वे श्री दयानारायण निगम

को लिखते हैं, "जब तक करेण्ट अफेयर्स से लगाव न रहे किसी मजमून पर लिखने की तहरीक नहीं होती और मजमून भी मुश्किल से सूझता है।"[8] प्रेमचन्द जिस समय में लिख रहे थे वह समय भारतीय आजादी के लिए संघर्ष का शिखर-काल था। भारतीय राष्ट्रीय कांग्रेस के माध्यम से स्वतंत्रता की गूंज प्रत्येक व्यक्ति में ध्वनित हो रही थी। कभी मन्द होती थी, कभी तेज पर आग सुलग रही थी। स्वदेशी आन्दोलन, विदेशी बहिष्कार और असहयोग आन्दोलन ने भारतीय जनता में उत्साह की एक नयी चेतना भर दी थी। विदेशी सत्ता गुस्से में बड़े पैमाने पर गिरफ्तारियां कर रही थी। प्रेमचन्द ने सक्रिय राजनीति में कभी कोई हिस्सा नहीं लिया लेकिन स्वतन्त्रता आन्दोलन में उनका योगदान किसी राजनेता से कम नहीं है। उनकी अधिकांश कथाकृतियों में राजनीतिक हलचलों का चित्रण देखा जा सकता है। प्रेमचन्द के तो लेखन की शुरुआत ही इसी से हुई थी। उनकी पहली कहानी है 'दुनिया का सबसे अनमोल रतन' जो 1907 में प्रकाशित हुई थी और जिसमें प्रेमचन्द ने खून की उस आखिरी बूंद को जो देश की आजादी के लिए गिरता है, दुनिया का सबसे अनमोल रतन माना है। उनकी कहानियों का प्रथम संग्रह 'सोजे वतन' नाम से 1909 प्रकाशित हुआ था जो सरकार द्वारा खतरनाक समझकर जब्त कर लिया गया था। तब से लेकर अन्त तक प्रेमचन्द के भीतर आजादी की आग ठण्डी नहीं हुई, 3 जून, 1932 को बनारसीदास चतुर्वेदी के नाम अपने खत में वे लिखते हैं, "मेरी आकांक्षाएं कुछ नहीं हैं। इस समय तो सबसे बड़ी आकांक्षा यही है कि हम स्वराज्य-संग्राम में विजयी हों। धन या यश की लालसा मुझे नहीं रही। खाने भर को मिल ही जाता है। मोटर और बंगले की मुझे हविश नहीं। हां, यह जरूर चाहता हूं कि दो-चार ऊंची कोटि की पुस्तकें लिखूं पर उनका उद्देश्य भी स्वराज्य विजय ही है।"[9] तात्पर्य यह है कि प्रेमचन्द के मन में अंग्रेजी सरकार के खिलाफ विद्रोह की भावना शुरू से है और अंत तक वे अपने ढंग से इसको अभिव्यक्ति भी देते रहते हैं। लेकिन इसके बावजूद यह बात ध्यान देने की है कि उनकी कथा-कृतियों में राजनीतिक स्वतन्त्रता के लिए संघर्ष प्रमुख नहीं है। वे इसको बहुत ज्यादा महत्त्व देकर कहीं चित्रित नहीं करते। वे सबसे अधिक महत्त्व देते हैं आर्थिक सामाजिक-नैतिक मुक्ति को। उनके उपन्यासों के चरित्र इसी आर्थिक-सामाजिक नैतिक मुक्ति के लिए संघर्षशील हैं। चाहे वह सूरदास हो या अमरकान्त या होरी। 'प्रेमचन्द जानते हैं कि 'स्वराज्य' केवल सत्ता का हस्तानान्तरण मात्र नहीं है। उनके 'गबन' का एक पात्र देवीदीन कहता है, "एक बार यहां एक बड़ा भारी जलसा हुआ। एक साहब बहादुर खड़े होकर खूब उछले-कूदे। जब वह नीचे आये, तब मैंने उनसे पूछा—साहब, सच बताओ, जब तुम सुराज का नाम लेते हो, तो उसका कौन सा रूप तुम्हारी आंखों के सामने आता है। तुम भी बड़ी-बड़ी तलब लोगे; तुम भी अंग्रेजों की तरह बंगलों में रहोगे, पहाड़ों की हवा खाओगे, अंग्रेजी ठाठ बनाये घूमोगे; इस सुराज से देश का क्या कल्याण

होगा। तुम्हारी और तुम्हारे भाई-बन्दों की जिन्दगी भले आराम और ठाट से गुजरे, पर देश का तो कोई भला न होगा।"[10] 1921 में प्रेमचन्द ने 'स्वराज्य के फायदे' नाम से एक पैम्पलेट प्रकाशित किया। बीस पन्नों के इस पैम्फलेट में स्वराज्य के स्वरूप, उसके साधन और उसके फायदों को सरल ढंग से समझाया गया है। इससे प्रेमचन्द के स्वराज्य की अवधारणा स्पष्ट होती है। वे लिखते हैं, "अपने देश का पूरा-पूरा इन्तजाम जब प्रजा के हाथों में हो तो उसे स्वराज कहते हैं।

जिन देशों में स्वराज है वहां की प्रजा अपने ही चुने हुए पंचों द्वारा अपने ऊपर राज करती है। वहां यह नहीं हो सकता कि प्रजा लगान और करों के बोझ से दबी रहे और अधिकारी लोग दिनों-दिन सेना बढ़ाते जायें।—स्वराज्य का मुख्य साधन स्वावलम्बन है अर्थात् अपने देश की सब जरूरतों का आप पूरा कर लेना। जो प्राणी अपने खेत का अनाज खाता है, अपने काते हुए सूत का कपड़ा पहनता है और अपने झगड़े-बखेड़े अपनी पंचायतों में चुका लेता है उसे हम स्वाधीन कह सकते हैं।—स्वराज्य-प्राप्ति का दूसरा साधन उन व्यवस्थाओं का त्याग करना है जो हमारी आत्मा को दबाती है और उसे पराधीन, परावलम्वी बनाती है। अदालतें, सरकारी नौकरियां, सरकारी शिक्षा आदि हमारी आत्मा को कुचलने वाली, हमारे मन के पवित्र भावों का दमन करने वाली, हमें कौड़ी का गुलाम बनाने वाली, हमारी वासनाओं को भड़काने वाली संस्थाएं हैं।"[11] तात्पर्य यह है कि प्रेमचन्द स्वतन्त्रता और स्वराज्य को साध्य नहीं मानते। साध्य है जनता और उसकी खुशहाली। इसीलिए प्रेमचन्द की कृतियों में जनता अपने विविध रूपों में उपस्थित है। भारतीय जनता का इतना विविध और विराट दर्शन शायद ही किसी कथाकार में मिले। छोटे-छोटे चरित्र और छोटी-छोटी घटनाएं सरिताओं की तरह दीखती हैं और उनके मिलने से एक विराट समुद्र बनता है—एक विराट मानव समुद्र। इसी समुद्र की गहराइयों में वह आत्मा जिसे भारतीय आत्मा कह सकते हैं, लहराती है, फुफकारती है, आंदोलित होती है, कांपती है और पछाड़ खाकर गिर पड़ती है। होरी के लगभग अंतिम समय का चित्र है। प्रेमचन्द लिखते हैं, "आज तीस साल तक जीवन से लड़ते रहने के बाद वह परास्त हुआ है और ऐसा परास्त हुआ है कि मानो उसको नगर के द्वार पर खड़ा कर दिया गया हो और जो आता है, उसके मुंह पर थूक देता है। वह चिल्ला-चिल्ला कर कह रहा है, भाइयो! मैं दया का पात्र हूं। मैंने नहीं जाना जेठ की लू कैसी होती है और माघ की वर्षा कैसी होती है। इस देह को चीरकर देखो, इसमें कितना प्राण रह गया है, कितना जख्मों से चूर, कितनी ठोकरों से कुचला हुआ। उससे पूछो कभी तूने विश्राम के दर्शन किए, कभी तू छांह में बैठा।"[12] कहना न होगा कि यह होरी की आत्मा नहीं है, यह भारत की आहत, अपमानित आत्मा है। यही वह सच्ची भारतीय आत्मा है जिसका साक्षात्कार प्रेमचन्द कराते हैं और जिसके लिए देशी-विदेशी पाठकों के बीच उन्हें इतनी लोकप्रियता हासिल हुई है।

प्रेमचन्द छोटी से छोटी तफसील में जाते हैं। अपने चारों ओर की हर स्थिति से वाकिफ हैं। जमींदार, उसके अहलकार, पटवारी, महाजन, किसान सबकी मानसिकता से, सबके स्वभाव से वे परिचित हैं। शोषण कहां हो रहा है और कौन कर रहा है यह सब वे जानते हैं। जाति, धर्म और रूढ़ियों-पाखण्डों की चक्की में किस तरह सच्चाई पिस रही है इसका उन्हें पूरा पता है। यह प्रेमचन्द का प्रत्यक्ष अनुभव-संसार है। वे अपनी कथाकृतियों में इन सभी स्थितियों का प्रभावशाली चित्र अंकित करते हैं। यदि किसी को स्त्री जाति पर होने वाले जुल्म और औरत की जिन्दगी का दर्द देखना हो तो 'बाजारे हुश्न' और 'निर्मला' पढ़ सकता है। यदि किसी को हिन्दू-मुस्लिम समस्या पर कोई रचना पढ़नी है तो वह 'रंगभूमि' और 'कर्बला' पढ़ सकता है। 'गोदान' तो ग्रामीण जीवन का महाकाव्य है ही। भारतीय किसान के जीवन और उसके मनोविज्ञान को समझने के लिए इससे अधिक प्रामाणिक दस्तावेज शायद सम्पूर्ण भारतीय साहित्य में न मिले।

प्रेमचन्द का सम्पूर्ण लेखन एक लेखक के संवेदनशील मन का प्रमाण है। प्रेमचन्द में जो मानवीय संवेदना है उसी के कारण वे अपने चरित्रों को इतनी सहानुभूति दे सके हैं और स्थितियों को इतनी मार्मिकता के साथ अंकित कर सके हैं। हमारे मार्क्सवादी आलोचक प्रेमचन्द को अपने खेमे में खींचने का आग्रहपूर्ण प्रयत्न करते हैं और इसी प्रयत्न में वे प्रेमचन्द के वास्तविक व्यक्तित्व को थोड़ा सीमित कर देते हैं। प्रेमचन्द ने कभी किसी राजनीतिक प्रतिबद्धता की बात नहीं की है। यदि कभी की है तो गांधी के साथ अपने को जोड़ा है। लेकिन गांधीवाद के साथ भी उनके मन का शत-प्रतिशत मेल नहीं खाता। वस्तुतः उनका साहित्य प्रगतिशील और मानव का पक्षधर है। उनकी मूल चिंता मनुष्य की बेहतर जिन्दगी की चिंता है। वे दलित, शोषित, पीड़ित मनुष्यता की वकालत करते हैं। लेकिन यह सब वे किसी 'वाद' के तहत नहीं करते, अपनी सहज संवेदना के वशीभूत होकर करते हैं। प्रेमचन्द ने जो कुछ सीखा था सीधे जिन्दगी से सीखा था। कबीर ने कहा है न—"मैं कहता आंखिन की देखी, तू कहता कागद की लेखी।" प्रेमचन्द ने किताबों से नहीं सीखा था। जिन्दगी से ही प्रेरणा मिली थी उन्हें। हमारे आज के अधिकांश मार्क्सवादी लेखक किताबों से सीखते हैं और अपनी संवेदनशीलता के अभाव रचनाकार-लेखक न होकर प्रचारक और गुट निर्माता बनकर रह जाते हैं। प्रेमचन्द ने कहीं भी वैज्ञानिक समाजवाद या मार्क्सवाद या जनवाद का नारा नहीं लगाया लेकिन कभी भी वे जनता से दूर भी नहीं हुए। यह उनके सच्चे संवेदनशील मन का प्रमाण है। मानवीय संवेदना महान् है, जहां पहुंच कर 'वाद' और खेमे बहुत छोटे हो जाते हैं। एक कलाकार अपने अनुभव और अपने सहज संवेदनशील मन से जहां पहुंच जाता है वहां कोई चिंतक और वैज्ञानिक अपनी किताबों और प्रयोगों के द्वारा भी नहीं पहुंच पाता।

जैसा कि कहा जा चुका है प्रेमचन्द के सामने कोई राजनीतिक वाद नहीं

था, जनता थी। कोई आधार ग्रंथ नहीं था, खुली हुई जिन्दगी थी। इसलिए प्रेमचन्द गांधी के व्यक्तित्व और उनके विचारों से प्रभावित हुए। गांधी के सामने भी भारत की जनता थी, भारत की परिस्थितियां थीं। गांधी का व्यक्तित्व पदलोलुप कुर्सीवाद नेताओं से बिलकुल अलग था। वे सच्चे दिल से भारत की जनता की सेवा करना चाहते थे। उनकी राजनीति धर्मप्रधान राजनीति थी। वे व्यक्तिगत पवित्रता को सर्वोपरि महत्त्व देते थे। वे अपने निष्कर्षों में गलत हो सकते हैं, उनके विरोधी उनकी आलोचना कर सकते हैं पर सच्चाई में, उनकी निष्ठा में, उनकी सेवा भावना में किसी प्रकार के संदेह की गुंजाइश नहीं है। प्रेमचन्द ने उनके आचरण और उनके कार्यक्रमों के द्वारा उन्हें पूरी तरह समझ लिया था। प्रेमचन्द को वे अपने सबसे अधिक निकट जान पड़े। इसीलिए प्रेमचन्द उनसे प्रभावित हुए और बहुत गहरे प्रभावित हुए। इतना अधिक प्रभाव प्रेमचन्द पर किसी एक व्यक्ति का नहीं है जितना गांधी का। गांधी के प्रभाव से उन्होंने 1921 में नौकरी भी छोड़ी। 8 फरवरी को गोरखपुर में गांधी का भाषण सुना और 12 फरवरी को नौकरी से इस्तीफा दे दिया। प्रेमचन्द की न जाने कितनी रचनाओं में गांधी की प्रेरणा लक्षित की जा सकती है। उन्होंने न जाने कितने लेख लिखे, कितनी सम्पादकीय टिप्पणियां लिखीं, कितने पेम्फेलेट लिखे, कितनी कहानियां लिखीं। 'प्रेमाश्रम' और 'रंगभूमि' जैसे उपन्यास, 'संग्राम' और 'कर्बला' जैसे नाटक लिखे तथा 'पंच परमेश्वर और 'शंखनाद' जैसी कहानियां लिखीं। सत्य एवं अहिंसा गांधी के दो महत्त्वपूर्ण अस्त्र थे। प्रेमचन्द के कुछ अमर चरित्र भी इन्हीं दो हथियारों से लड़ते हैं। प्रेमशंकर का रास्ता अहिंसा का रास्ता है। जैसे गांधीजी अफ्रीका से लौटकर सत्य और अहिंसा के प्रयोग करते हैं वैसे ही प्रेमशंकर भी अमेरिका से लौटकर अपना प्रेमाश्रम स्थापित करते हैं। 'रंगभूमि' का सूरदास कहीं-कहीं तो साक्षात् गांधी लगता है। वह एक आदर्श सत्याग्रही है। सिगरेट का कारखाना स्थापित करने के लिए वह अपनी भूमि नहीं देता। उसके लिए अन्त तक संघर्ष करता है। पुलिस आती है। वह अपने झोंपड़े के द्वार पर अविचल बैठा है, शान्त, तेज की सजीव मूर्ति की तरह। उसके समर्थक हिंसा पर उतारू होते हैं लेकिन वह उन्हें डांटता है। कहता है, "मैं हाकिमों को दिखा देता कि एक दीन, अंधा आदमी एक फौज को कैसे पीछे हटा देता है, तोप का मुंह कैसे बन्द कर देता है, तलवार की धार कैसे मोड़ देता है। मैं धरम के बल से लड़ना चाहता था।" यही गांधी की धर्मप्रधान राजनीति है। यही गांधी का सत्याग्रह है। यही उनकी व्यक्तिगत पवित्रता है। सूरदास इसी को प्रमाणित करता है। वह प्रेम, क्षमा, करुणा, त्याग और सेवा जैसे उच्चतर नैतिक मूल्यों से युक्त है और इन मूल्यों के लिए इन मूल्यों के साथ ही लड़ता है। गांधी की लड़ाई भी ऐसी ही थी। वे साध्य की पवित्रता के साथ साधन की पवित्रता पर भी उतना ही बल देते थे। वे अपने जन-आंदोलनों के लिए अपने नैतिक मूल्यों से शक्ति और प्रेरणा लेते थे। अपने राजनीतिक संघर्षों के लिए

आत्मशुद्धि को ज़रूरी मानते थे। प्रेमचन्द के भी यही विचार थे। टालस्टाय के साहित्य ने उन्हें बहुत प्रभावित किया था। प्रेमचन्द ने टालस्टाय की तमाम कहानियों का अनुवाद भी किया था। गांधी के रूप में उनको टालस्टाय के और अपने विचारों का उदात्त मानव मिल गया। एक ऐसा मानव जो सच्चा है, नैतिक है, जनता की सेवा करने वाला है, कर्मयोगी है और सबसे बड़ी बात यह कि जो अन्याय से लड़ सकता है। अमृतराय लिखते हैं–"गांधीजी के लिए प्रेमचन्द के मन में गहरी भक्ति है, अचल निष्ठा कर्म-पथ पर उनके नेतृत्व में। इतनी कि मुंशीजी कभी-कभी संशय में पड़ जाते हैं–प्रमाण किसे मानें, जीवन के अपने अनुभव और ज्ञान को या गांधी को।"[13] लेकिन नहीं, प्रेमचन्द अपने अनुभव और ज्ञान को ही प्रमाण मानते हैं। कोई सिद्धान्त ग्रन्थ उनका संचालक नहीं है, कोई व्यक्ति भी नहीं है। है तो केवल चारों ओर फैला संसार जिसे प्रकृति और मनुष्य का संसार कहते हैं। इसीलिए प्रेमचन्द गांधी से भी थोड़ा बगल होकर गुजर जाते हैं। अमृतराय लिखते हैं, "धरती से सवाल उठता है और धरती से ही विचार का अंकुर फूटता है। गांधी ने भी राजनीति को धरती से उठाया। वही दोनों के साम्य का आधार है। वही उनके संवंध की राशि है। जितनीं दूर तक साथ चल सके, चल लिये–और फिर राहें अलग हो गयीं।"[14] 'कफन' और 'पूस की रात' जैसी कहानियों में तथा 'योगदान' और 'मंगलसूत्र' जैसे उपन्यासों में प्रेमचन्द की राह अलग हो गयी है। घीसू और माधव प्रचलित तथा स्वीकृति नैतिकता के मानों से बहुत अलग हो चुके हैं। उनके आपसी पारिवारिक रिश्तों की दुनिया टूटकर बिखर चुकी है। कहानी को पहली बार पढ़नेवाले पाठक को तो एक झटका लगता है। उसे विश्वास ही नहीं होता कि ऐसे चरित्र भी हो सकते हैं। उसे घीसू और माधव घृणित ही नहीं अविश्वसनीय भी लगते हैं। लेकिन सत्य कल्पना से भी अधिक अजनबी होता है। घीसू और माधव जैसे चरित्रों का विश्लेषण करते हुए पाठक जब उनकी सामाजिक-आर्थिक स्थितियों में घुसता है तो उसके चरित्र निहायत सहज और सामान्य लगने लगते हैं। सच से भी ज्यादा सच। वे मूर्ख हैं, जाहिल हैं, कामचोर हैं लेकिन उनकी तर्क-शक्ति प्रबल है। वे दो टूक प्रश्न करते हैं। समाज की समूची नैतिकता, धर्म और रूढ़ियों पर प्रश्नचिह्न लगाते हैं, उनका मखौल उड़ाते हैं और अन्त में कफन के पैसे का शराब पीकर मानो वे कठघरे में खड़े समाज और उसके अभिजात्य के मुख पर थूक देते हैं। 'गोदान' में भी यही होता है। होरी जीवन भर एक गाय का सपना देखता रहता है। जीवन भर अपने को संघर्षों की आग में तपाता रहता है लेकिन अन्त में गोदान के लिए भी उसके दरवाजे पर न कोई गाय होती है न बछिया। धनिया यन्त्र की भांति उठती है, सुतली बेचकर जो बीस आने पैसे उसने जुटाये हैं उसे वह होरी के ठंडे हाथ पर रख देती है और पं. दातादीन से कहती है, "महराज, घर में गाय है, न बछिया, न पैसा। यही पैसे हैं, यही इनका गोदान है।"[15] और पछाड़ खाकर गिर पड़ती है।

इन्द्रनाथ मदान ने सही लिखा—"होरी का गोदान केवल एक किसान का गोदान नहीं है पूरे किसानी समाज का गोदान है, प्रेमचन्द की गांधीवाद आस्था का गोदान है। प्रेमचन्द महात्मा गांधी से पहले गांधीवादी थे, परंतु इनका गांधीवादी आधुनिकता से टकराकर चूर-चूर हो जाता है, इनकी आस्था डगमगाने लगती है।"[16] अपनी इस डगमगाती आस्था के बारे में मदान को ही लिखे गए अपने पत्र में प्रेमचन्द स्वीकार करते हैं, "पहले मैं एक परमसत्ता में विश्वास करता था, विचारों के निष्कर्ष के रूप में नहीं, केवल एक चले आते हुए रूढ़िवादी विश्वास के नाते। वह विश्वास खंडित हो रहा है। निस्संदेह विश्व के पीछे कोई हाथ है लेकिन मैं नहीं समझता कि उसको मानव व्यापारों से कुछ लेना-देना है।"[17] यह पत्र 1934 का है। यह, प्रेमचन्द के लेखन का आखिरी दौर है। इसी समय गोदान लिखा जा रहा था। 'मंगलसूत्र' में प्रेमचन्द इसी आत्ममंथन से गुजर रहे हैं, "पं. देवकुमार को धमकियों से झुकाना तो असम्भव था मगर तर्क के सामने उनकी गर्दन आप ही आप झुक जाती थी। इन दिनों वह यही पहेली सोचते रहते थे कि संसार की कुव्यवस्था क्यों है? कर्म और संस्कार लेकर वह कहीं न पहुंच पाते थे। सर्वात्मवाद से भी उनकी गुत्थी न सुलझती थी। अगर सारा विश्व एकात्म है तो फिर यह भेद क्यों है? क्यों एक आदमी जिन्दगी भर बड़ी से बड़ी मेहनत करके भी भूखों मरता है, और दूसरा आदमी हाथ-पांव न हिलाने पर भी फूलों की सेज पर सोता है। यह सर्वात्म है या घोर अनात्म? बुद्धि जवाब देती यहां सभी स्वाधीन हैं, सभी को अपनी शक्ति और साधना के हिसाब से उन्नति करने का अवसर है। मगर शंका पूछती—सबको समान अवसर कहां है। बाजार लगा हुआ है। जो चाहे वहां से अपनी इच्छा की चीज खरीद सकता है। मगर खरीदेगा तो वही जिसके पास पैसे हैं। और जब सबके पास पैसे नहीं हैं तो सबका बराबर का अधिकार कैसे माना जाय? इस तरह का आत्ममंथन उनके जीवन में कभी न हुआ था।...कहीं है न्याय? कहां? एक गरीब आदमी किसी खेत से बालें नोच कर खा लेता है, कानून उसे सज़ा देता है। दूसरा अमीर आदमी दिन-दहाड़े दूसरों को लूटता है और उसे पदवी मिलती है, सम्मान मिलता है। कुछ आदमी तरह-तरह के हथियार बांध कर आते हैं और निरीह, दुर्बल मजदूरों पर आतंक जमा कर अपना गुलाम बना लेते हैं। लगान और टैक्स और महसूल और कितने ही नामों से उसे लूटना शुरू करते हैं, और आप लंबा-लंबा वेतन उड़ाते हैं, शिकार खेलते हैं, नाचते हैं, रंग-रेलियां मनाते हैं। यही है ईश्वर का रचा हुआ संसार? यही न्याय है?"[18]

यह प्रेमचन्द के विचारों का विकास है। मैं पहले ही कह चुका हूं कि प्रेमचन्द ने जो कुछ भी सीखा था खुद मर कर सीखा था। निराला ने लिखा है—'मरा हूं हजार मरण'। यह प्रेमचन्द के लिए भी सच है। उनका निरन्तर विकास हुआ है। उनके विचार इस विकास-प्रक्रिया के अर्जित विचार हैं। इसीलिए वे इतने प्रामाणिक और विश्वसनीय हैं। प्रेमचन्द की अनुभव यात्रा कल्पना की नहीं प्रत्यक्ष जीवन की अनुभव

यात्रा है। उनके प्रश्न वर्तमान के प्रश्न हैं। वे उनसे भागे नहीं, उनकी चुनौतियों का सामना करते हैं। कहीं उन्हें समाधान मिल जाता है, कहीं नहीं मिलता। जहां समाधान नहीं मिलता वहां से वे कुछ अधिक ही सच्चे लगते हैं। होरी और सूरदास दोनों हारते हैं लेकिन हारकर भी जिन्दगी की बाजी वे ही जीतते हैं क्योंकि पाठक अपने को उनके साथ रखता है। यही प्रेमचन्द की कला है। पाठक को अपने साथ, अपने निकट रखने की कला। प्रेमचन्द कोई कलावादी नहीं हैं। जैसे उनकी जिन्दगी सहज है वैसे ही सहज है उनका लेखन। उनकी सहजता ही उनकी विशिष्टता है। यही उनकी कलात्मक प्रौढ़ता भी है।

संदर्भ

1. हिन्दी साहित्य : हजारी प्रसाद द्विवेदी, पृ. 435.
2. चिट्ठी-पत्री, भाग-2 पृ. 235.
3. कलम का सिपाही, पृ. 350.
4. वही, पृ. 350-352.
5. वही, पृ. 375-376.
6. वही, पृ. 272.
7. चिट्ठी-पत्री, पृ. 235.
8. कलम का सिपाही, अमृतराय, पृ. 115.
9. चिट्ठी-पत्री, भाग-2, पृ. 77.
10. गबन, पृ. 172.
11. कलम का सिपाही, पृ. 244-246.
12. गोदान, पृ. 359.
13. कलम का सिपाही, पृ. 213.
14. वही, पृ. 218.
15. गोदान, पृ. 365.
16. आज का हिन्दी उपन्यास, पृ. 20.
17. चिट्ठी-पत्री, भाग-2, पृ. 238.
18. 'मंगलसूत्र' एवं अन्य रचनाएं, पृ. 390.

प्रेमचन्द : कृति-व्यक्तित्व और कथा-संसार

नरेन्द्र मोहन

प्रेमचन्द ने अपने अधूरे उपन्यास 'मंगलसूत्र' में देवकुमार का आत्ममंथन दिखाते हुए अपनी बदली हुई मानसिकता को इस प्रकार खोला है, "देवता वह है जो न्याय की रक्षा करे और उसके लिए प्राण दे दे। अगर वह जान कर अनजान बनता है तो धर्म से गिरता है और अगर उसकी आंखों में यह कुव्यवस्था खटकती ही नहीं तो वह अंधा भी है और मूर्ख भी। देवता किसी तरह नहीं। देवताओं ने ही भाग्य और ईश्वर और भक्ति की मिथ्या-धारणाएं फैलाकर इस अनीति को अमर बनाया है। मनुष्य ने अब तक इसका अन्त कर दिया होता या समाज का ही अंत कर दिया होता जो इस दशा में जिन्दा रहने से कहीं अच्छा होता। नहीं, मनुष्यों में मनुष्य बनना पड़ेगा।"[1] ये पंक्तियां उनकी रचनात्मक मानसिकता में घटित हो रहे बदलाव की सूचक हैं। यह 'गोदान' के बाद की मानसिकता है। इससे लगता है कि अपने लेखन के आखिरी दौर में आकर प्रेमचन्द सुधार, समझौते और हृदय-परिवर्तन जैसे नुस्खों से ऊब गये थे। गांधीवादी सिद्धांतों और नीतियों में उनकी आस्था हिल गयी थी। सबसे पहले इसकी सूचना 'गोदान' में मिली थी—यथार्थ के ठेठ और बेबाक चित्रण में, समाधानमूलकता के निषेध में, ऐतिहासिक चेतना और सामाजिक चेतना के अन्तर्संयोजन में, मनुष्य की स्थिति और नियति को निरावेग होकर ग्रहण करने में। इस मानसिकता का अधिक व्यवस्थित और उग्र रूप 'मंगलसूत्र' में मौजूद है। प्रेमचन्द इस उपन्यास को यदि पूरा कर पाते तो इसका क्या रूप होता, कहना कठिन है पर अपने मौजूदा रूप में यह उनकी परिवर्तित मानसिकता की गवाही देता ही है। सामाजिक कुव्यवस्था उनकी निगाह में खटकने लगी थी और वे उन शक्तियों का जमकर सामना करने का पक्ष ले रहे थे जो इस कुव्यवस्था के लिए उत्तरदायी हैं। उन्हें लगने लगा था : "उनके पंजों का शिकार बनना देवतापन नहीं, जड़ता है। दरिन्दों के बीच में, उनसे लड़ने के लिए हथियार बांधना पड़ेगा। उनके पंजों का शिकार बनना देवतापन नहीं जड़ता है।"[2] इन पंक्तियों को ध्यान में रखने पर हंसराज रहबर का यह कहना सही लगता है कि 'गोदान' की रचना के बाद उनका सुधारवाद

क्रान्ति का रूप धारण कर चुका था। उन्हें हृदय-परिवर्तन की नीति, अहिंसा और ऊंचे वर्ग के नेतृत्व में कोई विश्वास नहीं रह गया था।...वे समझते थे कि केवल लड़कर ही अन्याय और विषमता का अन्त हो सकता है।[3] इसमें सन्देह नहीं कि वे धीरे-धीरे लेकिन निश्चित तौर पर गांधीवादी विचारों के प्रभामंडल और प्रभाववृत्त से बाहर आ रहे थे और अपनी ऐतिहासिक सामाजिक स्थिति के तक़ाजों के फलस्वरूप साम्यवादी विचारों को आत्मसात् करने की दिशा में निरन्तर आगे बढ़ रहे थे। यह बात 'मंगलसूत्र' में ही नहीं, उनके लेख 'महाजनी सभ्यता' में भी (जो 'हंस' के अन्तिम अंक में छपा था और जिसे उनका अंतिम लेख माना जा सकता है) प्रमाणित होती है। इस लेख में उन्होंने साम्यवादी व्यवस्था का पक्ष लेते हुए महाजनवाद या पूंजीवाद पर जमकर प्रहार किया है : "निस्संदेह इस नयी सभ्यता ने व्यक्ति स्वातंत्र्य के पंजे, नाखून और दांत तोड़ दिये हैं। उसके राज्य में अब एक पूंजीपति लाखों मजदूरों का खून पीकर मोटा नहीं हो सकता।"[4] जीवन और लेखन के अंतिम पड़ाव में पहुंचकर उनका जैनेन्द्रजी से यह कहना—आदर्श से काम नहीं चलेगा'[5] इस बात को पुष्ट करता है कि उनका मोहभंग कितने गहरे स्तरों पर हुआ था और वे सामाजिक यथार्थ की ठोस जलती हुई जमीन पर आकर खड़े हो गये थे।

उपर्युक्त बातें प्रेमचन्द के कृति व्यक्तित्व की गतिमयता और उनके रचनात्मक विकास की निरन्तर सक्रियता को सूचित करती हैं। दृष्टिकोण की बद्धमूलता और रूढ़िवादिता उनमें नहीं थी। उनके अंतिम दौर की मानसिकता को अलग से नहीं, उनके पूर्ववर्ती दौरों की मानसिकता के सिलसिले में रखकर ही समझा जा सकता है। अंतिम दौर की उनकी मानसिकता को अलग से एक इकाई मानकर उनकी रचनात्मक और वैचारिक प्रकृति के बारे में चालू ढंग से फतवे देना—यह कि वे गांधीवादी हैं या साम्यवादी, आशावादी हैं या निराशावादी, संशयवादी हैं या संशोधनवादी या समझौतावादी, ठीक नहीं है। अगर यह तथ्य है कि वे गांधी और गांधीवादी विचारों से एक लम्बे समय तक प्रभावित रहे और उन्होंने ऐसी कहानियां और ऐसे औपन्यासिक पात्रों की सृष्टि की जो कोरमकोर गांधीवादी हैं, तो यह भी तथ्य है कि उनके लेखन का एक महत्त्वपूर्ण दौर ऐसा भी है जिस पर प्रगतिशील विचारधारा की छाप बड़ी स्पष्ट है। दोनों विचारधाराओं की असंगतियां और अन्तर्विरोध भी, जो एक बड़ी हद तक उस युग की असंगतियां और अन्तर्विरोध हैं, उनकी रचनाओं में सरक आए हैं। दरअसल, प्रेमचन्द ने अपनी हालीक और रचना-रूढ़ियों को लगातार तोड़ते रहने की अद्भुत क्षमता का प्रमाण अपने कथा-साहित्य द्वारा दिया है।

प्रेमचन्द के कथाकार की संवेदना, बोध और दृष्टि सुधार, स्वाधीनता तथा स्वराज्य आन्दोलनों में से गुजरते हुए, उनमें से छनकर बनी थी। ये आन्दोलन उस युग की जन-चेतना के वाहक ऐसे आन्दोलन थे जो एक ओर ऐतिहासिक परिस्थिति

की उपज थे, दूसरी ओर सामाजिक स्थिति का भी बोध जगाते थे। प्रेमचन्द का इन आन्दोलनों से प्रभावित होना स्वाभाविक था। अन्य वैचारिक प्रक्रियाओं को उन्होंने इन आन्दोलनों के संदर्भ में ही ग्रहण किया था। उनके वैचारिक दृष्टिकोण के निर्माण में इन आन्दोलनों और प्रक्रियाओं का विशेष योगदान है। प्रेमचन्द ने अपनी रचनाओं में दिखाया है कि ये प्रक्रियाएं और आन्दोलन आम हिन्दुस्तानी के सामाजिक, सांस्कृतिक और राजनीतिक मानस का, उनके दैनिक जीवन व्यापारों का किस गहराई तक हिस्सा बन चुके थे। इसीलिए हम पाते हैं कि दृष्टि या विचारधारा का, रचना से इतर कोई अलग-थलग विकास प्रेमचन्द में नहीं था। रचना और विचार या दृष्टि का ऐसा समन्वित विधान बहुत कम साहित्यकारों में उपलब्ध होता है।

प्रेमचन्द साहित्य, समाज और राजनीति को एक कड़ी के रूप में देखते थे। वे साहित्य की तरक्की पर समाज और राजनीति को निर्भर मानते थे। वे इन तीनों को साथ-साथ चलने वाली चीजें मानते थे। शिवरानी देवी के यह पूछने पर "तो क्या यह जरूरी है कि तीनों को साथ लेकर ही चला जाए?" प्रेमचन्द प्रत्युत्तर में कहते हैं कि "इन तीनों का उद्देश्य जब एक ही है तो साहित्य, समाज और राजनीति का संबंध अटूट है। समाज आदमियों के गिरोह को ही कहते हैं। समाज में जो हानि-लाभ और सुख-दुख होता है, वह भी व्यक्तियों पर पड़ता है। साहित्य से लोगों का विकास होता है, साहित्य से मनुष्य के विचार अच्छे या बुरे बनते हैं, इन्हीं विचारों को लेकर मनुष्य जीता है। इन तीनों चीजों की पैदावार का कारण मनुष्य है।"[6] जाहिर है मनुष्य उनकी साहित्य-सृष्टि के केन्द्र में स्थित है। वही उनका मुख्य सरोकार है। वह मनुष्य समाज और राजनीति का भी नाभिक केन्द्र है। इसीलिए वे साहित्य को समाज और राजनीति से गहरे वैचारिक स्तरों पर सम्बद्ध मानते थे।

प्रेमचन्द सामाजिक और ऐतिहासिक कारणों पर अपनी पकड़ को कहीं भी ढीला नहीं होने देते। उनके कथा-साहित्य की बनावट का यह एक जरूरी फ्रेमवर्क है। वे अपने कथा-साहित्य में ऐतिहासिक स्थिति को सामाजिक स्थिति में और सामाजिक स्थिति को ऐतिहासिक स्थिति में अन्तर्संयोजित करते हैं, उनके अर्थ और आशय को गहराते हैं और उनसे हमारा भरपूर सामना कराते हैं। उनके कथा-साहित्य में सामाजिक चेतना और ऐतिहासिक चेतना का अद्भुत मेल हुआ है और इसमें से वे अपने समय के आदमी की हालत की पहचान कराने का प्रयत्न करते हैं। इस अर्थ में प्रेमचन्द के उपन्यास और कहानियां शुद्ध साहित्यिक सक्रियता के नहीं, सामाजिक, सांस्कृतिक और राजनीतिक सक्रियता के वाहक हैं। उनका कथा-साहित्य सामाजिक-सांस्कृतिक कार्यवाही का सा आभास देता है। उनके साहित्य में नैतिक अवधारणाओं और आदर्शमूलक समाधानों की चाहे कितनी भरमार हो, उसमें रूढ़ियों, अन्याय पद्धतियों और सत्ताओं का विरोध करने की क्षमता उत्तरोत्तर बढ़ती गयी है, इससे इनकार नहीं किया जा सकता।

प्रेमचन्द का कथा-साहित्य नयी सौंदर्य दृष्टि और मान की मांग करता है। उन्होंने हमें सुन्दरता की नयी कसौटी ही नहीं दी, उस संबंध की नयी धारणा भी अपने साहित्य द्वारा जगायी। उन्होंने अमीरी और विलासिता पर निर्भर परम्परानुमोदित सुन्दरता की कसौटी का अस्वीकार ही नहीं किया, शृंगार, नफासत, कोमलता और प्रदर्शन तक सीमित रह जाने वाली सौंदर्यदृष्टि का विरोध भी किया। 'प्रगतिशील लेखक संघ' के लखनऊ अधिवेशन में सभापति के आसन से बोलते हुए सन् 1936 में उन्होंने कहा था : "अगर उसकी सौंदर्य देखने वाली दृष्टि में विस्तृति आ जाए तो वह देखेगा कि रंगे होठों और कपोलों की आड़ में अगर रूप गर्व और निष्ठुरता छिपी है तो इन मुरझाये हुए होठों और कुम्हलाये हुए गालों के आंसुओं में त्याग, श्रद्धा और कष्ट-सहिष्णुता है। हां, उसमें नफासत नहीं, दिखावा नहीं, सुकुमारता नहीं।"[7] प्रेमचन्द ने इसीलिए अपने साहित्य में किसानों, मजदूरों, अछूतों, मुरझाये हुए होठों और कुम्हलाये हुए गालों को अपने साहित्य की केन्द्रवर्ती धुरी बनाया। सुन्दरता की भ्रांत और संकीर्ण धारणा के कारण जिन साधारण लोगों को सौंदर्य-जगत् और कला की दुनिया से बाहर रखा जाता था, उन लोगों को प्रेमचन्द ने, मानवीय आधारों पर, कला और सौंदर्य की दुनिया का अनिवार्य हिस्सा बना दिया। उन्होंने उन झोंपड़ों और खंडहरों को अपने साहित्य में प्रतिष्ठित किया जिन्हें मनुष्यता की परिधि से बाहर समझा जाता था। प्रेमचन्द ने जीवन-संग्राम में सौंदर्य का चरमोत्कर्ष देखा था।

प्रेमचन्द सौंदर्य को किसी विशेष वर्ग की बपौती नहीं मानते थे। वे उसे व्यापक परिधि में ग्रहण करने के हिमायती थे। उनके लिए सौंदर्य का अर्थ था कुरुचि को सभी स्तरों पर नष्ट करना। उनका मत था कि सच्चे अर्थ में सौंदर्यप्रिय होने पर, "कुरुचि हमारे लिए सह्य न होगी। तब हम उसकी जड़ खोदने के लिए कमर कस कर तैयार हो जायेंगे।"[8] जिस कुरुचि की जड़ खोदने की तत्परता हम प्रेमचन्द में पाते हैं, उस कुरुचि से उनका आशय सामाजिक विषमता, सामाजिक अत्याचार और अन्याय से ही था। वे लिखते है : "हम जब ऐसी व्यवस्था को सहन न कर सकेंगे कि हजारों आदमी कुछ अत्याचारियों की गुलामी करें। तभी हम केवल कागज के पृष्ठों पर सृष्टि करके ही संतुष्ट न हो जायेंगे, किन्तु उस विधान की भी सृष्टि करेंगे जो सौंदर्य, सुरुचि, आत्मसम्मान और मनुष्यता का विरोधी न हो।"[9]

प्रेमचन्द ने महाजनी सभ्यता पर आधृत पूंजीवादी सौंदर्य धारणा को अपने वक्तव्यों में ही नहीं, अपने साहित्य में भी अमान्य ठहराया है। उसका सारा साहित्य इस बात का प्रमाण है। इसीलिए उनकी रचनाओं को व्यक्तिवादी सौंदर्य कसौटियों और कला प्रतिमानों के आधार पर आंकना उनके साथ ज्यादती होगी।

प्रेमचन्द की सौंदर्य संबंधी धारणा उनके कथात्मक अनुभव की बनावट पर भी प्रकाश डालती है। अनुभव की आत्यंतिक सत्ता में उनका विश्वास नहीं है। वे अनुभव के दर्जे को कहीं भी गिराते नहीं हैं, पर व्यक्तिवाद पर निर्भर अनुभववादी

रुझानों का वे जमकर विरोध करते हैं। वे अनुभव को परिस्थिति और समय में से ग्रहण करते हैं। वे उसे समाजशास्त्र, मनोविज्ञान, दर्शन, राजनीति के साथ टकराहटों में से निष्पन्न होता हुआ दिखाते हैं। उनके साहित्य में अपने समय के अनुकूल दिखने का भाव ही नहीं है, वे उसके अतिक्रमण का विचार भी देते हैं : ''साहित्य देशभक्ति और राजनीति के पीछे चलने वाली सच्चाई ही नहीं, बल्कि उसके आगे मशाल दिखाती हुई चलने वाली सच्चाई है।''[10]

प्रेमचन्द के कथा-संसार को जानना-समझना सरल नहीं है। उनका कृति व्यक्तित्व और कृतियां परस्पर इतनी गहराई से जुड़ी हुई हैं कि उन्हें अलगाया नहीं जा सकता। दोनों को एक दूसरे के संदर्भ में रखकर ही उनके कथा-संसार की पहचान में जुटा जा सकता है। उनके कथा-संसार को उनके व्यक्तित्व के तमाम पहलुओं से काटकर समझा ही नहीं जा सकता। उन्होंने समय और अपनी परिस्थिति को, उनसे सक्रिय और गत्यात्मक रिश्ता स्थापित करते हुए, अपने अन्तर्बाह्य व्यक्तित्व का हिस्सा बनाया था। उनके व्यक्तित्व के मूल में नैतिक और आदर्शमूलक संस्कार थे जिन्हें उन्होंने लगातार समय और परिस्थिति की टकराहट में रखा। प्रेमचन्द ने जिस प्रकार की परिस्थितियों को झेला और उनसे संघर्ष किया, उसकी छाप उनकी कृतियों पर अमिट है। एक तरह से देखा जाए तो उनकी कृतियां उनके व्यक्तित्व और समय की टकराहटों का ऐतिहासिक साक्ष्य उपस्थित करती हैं।

प्रेमचन्द का कथा-साहित्य कितना अलग और विशिष्ट है, इसे पूर्ववर्ती कथा-परम्परा के संदर्भ में रखकर बेहतर समझा जा सकता है। प्रेमचन्द के पूर्व का कथा-संसार अपने में अनन्य, एकान्तिक, अतीन्द्रिय और अद्भुत था—जीवन और वास्तविकता से कटा हुआ। प्रत्यक्ष दृश्य और ऐन्द्रिय जगत् यहां लगभग अनुपस्थित था। एक काल्पनिक, अवास्तविक दुनिया में पात्र विचरते थे और असंभव घटनाएं आकस्मिक और चमत्कारी ढंग से घटती हुई दिखायी जाती थीं। प्रेमचन्द ने इस क्रम को उलट दिया। उन्होंने तिलस्मी और ऐयारी के चमत्कारिक अययार्थ से हिन्दी कथा-साहित्य को निजात दिलायी। उन्होंने अपने कथा-साहित्य को जीवन-जगत् की वास्तविकता की नींव पर खड़ा किया, उसे प्रत्यक्ष वस्तु-जगत् तथा ऐन्द्रिय जीवन व्यापारों और समस्याओं के बीचोंबीच रखकर परिकल्पित किया, उसे 'मानवेतर' के बजाय मानवीय बनाया। वे पहले कथाकार थे जिन्होंने महान् के बजाय 'लघु' को, असाधारण के बजाय साधारण को अपने साहित्य में प्रतिष्ठित किया। असाधारणत्व के मुकाबले यह साधारणत्व की स्थापना का प्रयत्न था। प्रेमचन्द के उपन्यासों और कहानियों में साधारण और लघु को केन्द्रीय महत्त्व (नायकत्व) प्राप्त हुआ है। उनकी कृतियां नायक सम्बन्धी परम्परागत धारणा को अमान्य सिद्ध करती हैं। उनमें हीरो (परम्परागत नायक) की मृत्यु की शुरुआत देखी जा सकती है। इसी तरह चमत्कारी

वृत्ति भी (जो इनके पूर्ववर्ती कथा-साहित्य में बहुतायत में थी) उनके साहित्य में लगभग नहीं है। 'कायाकल्प' के सिवा उनके कथा-साहित्य में चमत्कारिक विन्यास नगण्य ही है। घटनाओं का इस ढंग का गठन करने में उनकी रुचि ही नहीं है।

प्रेमचन्द के कथा-संसार को परखते हुए उस युग के व्यापक राष्ट्रीय और राजनीतिक परिदृश्य को ओझल नहीं किया जा सकता। यह उनकी रचनाओं का अनिवार्य संदर्भ है। इस संदर्भ में ही वे अपने उपन्यासों और कहानियों के विषयों को चुनते हैं, घटनाओं को ग्रहण करते हैं, उनके द्वारा कथा-वस्तु के ढांचे को खड़ा करते हैं। इन्हीं के संश्लिष्ट सर्जनात्मक विधान द्वारा वे अनुभवों और विचारों को निष्पन्न होता हुआ दिखाते हैं। उनके उपन्यासों और कहानियों में अनुभवों और विचारों के 'पैटर्न' इन्हीं में से उभरते हैं।

इसमें सन्देह नहीं कि प्रेमचन्द की अपने समय के प्रति गहरी सम्बद्धता थी। वे अपने जमाने के दुःख-दर्द के प्रति जागरूक और संवेदनशील थे। कोई भी घटना और स्थिति उनके सृजनशील मन पर गहरी छाप छोड़ जाती थी। वे अपनी मानसिक चेतना पर युग-चेतना के दबाव को बड़ी गहराई से अनुभव करते थे। अपने समय की शायद ही ऐसी कोई घटना हो जिससे वे प्रभावित-आलोड़ित न हुए हों। रचना-कर्म को समय संदर्भ में रखकर देखने की प्रेमचन्द की प्रवृत्ति उनकी खास अपनी है।

प्रेमचन्द के कृति-व्यक्तित्व के निर्माण में युगीन परिस्थितियों का बहुत बड़ा हाथ है। परिस्थिति को जानने-समझने की ललक उनमें हमेशा रही। परिस्थिति में परिवर्तन हो जाने से उनके व्यक्तित्व में भी परिवर्तन होता गया। इस सन्दर्भ में वे अपनी प्रतिक्रियाओं, रुझानों और दृष्टिकोणों को निर्धारित करते रहे और बदलते रहे। अपने लेखन के प्रारम्भिक दिनों में ही वे बड़ी तीव्रता से राष्ट्रीय परिस्थितियों का अध्ययन और आकलन कर रहे थे और राष्ट्रीय-सामाजिक समस्याओं को समझने की कोशिश कर रहे थे। अमृतराय ने उनकी प्रारम्भिक मानसिक बनावट का इन शब्दों में अच्छा संकेत दिया है : "राष्ट्रीयता की चेतना में एक नया ज्वार आ रहा था और उस नये ज्वार को जिन लोगों ने अपने खून की गर्मी और रवानी में सबसे पहले महसूस किया, उन्हीं में एक मुंशीजी थे।"[11] दरअसल अपने समय की प्रत्येक धड़कन को प्रेमचन्द ने अपने खून में बजता हुआ महसूस किया था—महसूस ही नहीं किया था, समझा और पहचाना भी था। उनका कृति व्यक्तित्व (साहित्य और चिन्तन भी) परिस्थिति और समय की सापेक्षता में उभरा है। इन तीनों की टकराहटों को उनके कथा-साहित्य में देखा जा सकता है। यह बात उनकी युगबोध की पहचान को ही प्रमाणित नहीं करती, उनकी रचनात्मक क्षमता के विशिष्ट युग को भी उजागर करती है। पर इसका अर्थ यह न लिया जाए कि वे अपने समय में बन्द थे या परिस्थिति से परे देखने में अक्षम थे। जिन लोगों ने उनकी कृतियों का बारीकी से अध्ययन किया है, वे इस भ्रम के शिकार नहीं होंगे। उनकी कृतियां अपने युग की

परिस्थितियों का महज चित्रण नहीं करती हैं। उन्हें उस समय के माहौल की प्रतिध्वनियां या दृश्य विधान कहकर टाला भी नहीं जा सकता। यहां दृश्य के साथ दृष्टा भी है। यह सही है कि वे एक विचारवान कृतिकार के नाते समय और परिस्थिति के विशेष सन्दर्भों में अपनी रचनात्मक प्रतिक्रियाओं और दृष्टिकोणों को निर्धारित करते हैं, पर वे उसका अतिक्रमण भी करते हैं—कभी आदर्श के प्रति अपना लगाव जतलाते हुए, कभी यथार्थ की विभीषिका के तकाजों की वजह से। ध्यान देने की बात है कि अतिक्रमण करते हुए, वे अपने समय के अन्तर्विरोधों और परिस्थिति या चरित्र में निहित असंगतियों-विसंगतियों को अनदेखा नहीं करते, यद्यपि यह सही है कि ज्यादातर वे चरित्रों के आदर्शमूलक संयोजन और समाहारमूलक अन्त द्वारा अपनी सुधारवादी नैतिक मान्यताओं की पुष्टि करते हुए देखे जा सकते हैं। ''प्रेमचन्द की रचनाओं का संसार अतिवादी ध्रुवांतों का संसार भी है, उसमें 'कायाकल्प' की तर्कहीन अवैज्ञानिक फैंटेसी भी है और उसमें कार्य-कारण की शृंखला से बंधा हुआ सुमन ('सेवासदन') का जीवन भी है परन्तु उस रचना संसार की निष्क्रियता और क्रियता दोनों अपने समसामयिक विचार बिन्दु से अलग हट कर नहीं देखी जा सकती।''[12] यह सही है कि प्रेमचन्द की रचनात्मक मानसिकता में व्याप्त आदर्श यथार्थ का जो द्वंद्व तथा जो अन्य अन्तर्विरोध और ध्रुवांत उनके लेखन के आखिरी दौर तक रहे, वे उनके समय की ऐतिहासिक परिस्थिति की ही देन थे। पर इतना भर कहना सरलीकरण भी हो सकता है। इसलिए हमें यह ध्यान में रखना चाहिए कि परिस्थिति और समय की अलग कौंध प्रेमचन्द में नहीं है बल्कि वे उनके कृति व्यक्तित्व में उत्तरोत्तर घुलते गये हैं। यही कारण है कि समय और परिस्थिति को कृति व्यक्तित्व में आत्मसात् करने और झलकाने की प्रवृत्ति उनकी रचनाओं की आत्मीयता, विश्वसनीयता और व्यापक संवेदनीयता का आधार बनी है और इसीलिए उनके कथा संसार का मेरुदण्ड भी है।

प्रेमचन्द के कथा-साहित्य की संगति एक ओर तत्कालीन ऐतिहासिक सच्चाइयों से है, दूसरी ओर उनके निरन्तर विकासमान कृति व्यक्तित्व से। इन दोनों के द्वंद्व और टकराहट के सबूत भी उनके कथा-साहित्य में मौजूद हैं। परिस्थिति में घटित हो रहे बदलाव को उनका कृति व्यक्तित्व बड़ी तीव्रता और संवेदनशीलता से ग्रहण करता है। उनके उपन्यासों और कहानियों में जो विरोधी स्वर और रवैये दिखते हैं, वे असल में विरोधी नहीं हैं बल्कि उनके व्यक्तित्व के विभिन्न पड़ावों और विकास-चरणों के सूचक हैं। किसी रचनाकार के लिए अपनी बनाई लीक और जाने-अनजाने बन गयी रचना-रूढ़ि को तोड़ना एक मुश्किल काम है। प्रेमचन्द ने यह काम अपने से लगातार जूझते हुए और अपने समय और परिस्थिति की सही समझ हासिल करते हुए किया है। उनके उपन्यासों को यदि एक क्रम में रखकर देखें तो यह बात स्पष्ट हो जायेगी। 'प्रेमाश्रम' में दो पात्र हैं—बलराज और कादिर।

बलराज जागरूक है और दुनिया भर में हो रहे परिवर्तनों से परिचित है और किसानों की हालत में भी परिवर्तन चाहता है। दूसरी ओर कादिर हैं जो किसान की दुर्दशा को जानता है। इस दृष्टि से उपन्यास का यह अंश देखा जा सकता है :

बलराज : 'तुम लोग तो ऐसी हंसी उड़ाते हो मानो काश्तकार कुछ होता ही नहीं। वह जमींदार की बेगार ही भरने के लिए बनाया गया है, लेकिन मेरे पास जो पत्र आता है, उसमें लिखा है कि रूस देश में काश्तकारों का राज है, वह जो चाहते हैं, करते हैं। उसी के पास कोई और देश बलगारी है। वहां अभी हाल की बात है, काश्तकारों ने राजा को गद्दी से उतार दिया और अब किसानों और मजदूरों की पंचायत राज करती है।'

कादिर : 'लेकिन इस खेती में दिन-रात लगे रहते हैं, फिर भी किसी को भरपेट दाना नहीं मिलता।'

बलराज की जागरूकता का अपना मूल्य है—पर यह जागरूकता परिवर्तन की आकांक्षा से उपजी है, अपनी परिस्थिति की वास्तविक पहचान से नहीं। कादिर अपनी स्थिति के यथार्थ के ज्यादा करीब है। जमींदारों-साहूकारों द्वारा शोषित और प्रताड़ित किसान की दयनीय और दारुण दशा इतिहास की एक करुण सच्चाई के तौर पर उभरती हुई प्रेमचन्द ने देखी थी। परिवर्तन के इच्छुक वे जरूर थे, पर अपनी वास्तविक हालत पर लाद कर परिवर्तन लाना उन्हें पसन्द नहीं था। शोषक और आततायी शक्तियों और प्रवृत्तियों की पहचान उन्हें थी, पर अपने समय और समाज में उन्हें ऐसी कोई शक्ति उभरती हुई दिखाई नहीं दी जिसे वे आततायी शक्तियों के विरोध में खड़ा कर सकते। "वे समाज की प्रगति रोकने वाली शक्तियों को देख रहे थे, लेकिन पुरानी व्यवस्था को बदलने वाली शक्तियां उनके सामने तब मैदान में न आई थीं।"[13] उनके उपन्यासों में ('कफन' और 'पूस की रात' जैसी कहानियों में भी) किसान की निरन्तर बिगड़ती हुई हालत, उसके मजदूर बनते जाने की पीड़ा की अभिव्यक्ति लगातार तीव्र होती गयी है। 'प्रेमाश्रम', 'रंगभूमि' और 'कर्मभूमि' में से होती हुई यह ऐतिहासिक विकासयात्रा 'गोदान' में अपने चरमोत्कर्ष पर है। 'प्रेमाश्रम' का बलराज 'गोदान' में आकर गोबर में और कादिर व्यापक और वृहद् फलक पर होरी की त्रासदी में घुल गये हैं। काल्पनिक ढंग के समाधानों की शरण लेने की जो समापन वृत्ति ऐतिहासिक सीमाओं को स्वीकृति देने की वजह से 'सेवासदन', 'प्रेमाश्रम', 'रंगभूमि' और 'कर्मभूमि' में नजर आती है, उस समाधानमूलकता को (ऐतिहासिक सीमाओं को दरकिनार करके) वे 'गोदान' में आकर तिलांजलि दे देते हैं और यथार्थ की ठोस जमीन पर खड़े होकर, उसी में रास्ता खोजने के लिए नजर आगे दौड़ाते हैं। इस तरह समय और परिस्थिति को अपने कृति-व्यक्तित्व में ढालते हुए और उसे अपनी कहानियों और उपन्यासों में उतारते हुए प्रेमचन्द ने जो कथात्मक यात्रा पूरी की है, वह इतिहास को औपन्यासिक धरातल पर सृजित करने की एक अपूर्व कोशिश है।

प्रेमचन्द की पहली कहानी 'दुनिया का सबसे अनमोल रतन' से लेकर उनकी आखिरी दौर की कहानियों ('कफन', 'पूस की रात' और 'शतरंज के खिलाड़ी') तक, 'सेवासदन' से लेकर 'मंगलसूत्र' तक, वे निरन्तर विकास की प्रक्रियाओं में से गुजरते गये। यह विकास कलात्मक धरातलों से लेकर वैचारिक स्तरों और दृष्टिकोणों तक देखा जा सकता है। उदाहरण के लिए स्वाधीनता शुरू से ही प्रेमचन्द की रचनाओं का केन्द्रवर्ती तत्त्व ही नहीं रहा, उनकी जीवन पद्धति का भी अंग रहा। स्वाधीनता आन्दोलन को उन्होंने देखा और समझा ही नहीं था, उसमें सक्रिय भाग भी लिया था। इसे उन्होंने सामाजिक स्थिति और चेतना के साथ सम्बद्ध करके देखा था। इसीलिए स्वातन्त्र्य-चेतना उनकी रचनाओं की 'थीम' ही नहीं है, उनमें रसी-बसी हुई है। यह प्रेमचन्द की मूल्यगत और रचनागत प्राथमिकता और प्रतिबद्धता का सबूत है। सन् 1930, अप्रैल के 'हंस' में उन्होंने लिखा था, "स्वाधीन बनकर आधी खा लेना, गुलामी की पूरी से कहीं अच्छा है।" हम देखते हैं कि स्वाधीनता के प्रति उनकी इस बुनियादी प्रतिबद्धता में उत्तरोत्तर निखार और प्रौढ़ता आती गई। स्वतंत्रता के प्रति उनके रवैयों में, रचनात्मक और वैचारिक स्तरों पर जो परिवर्तन होते गये उन्हें हम सही परिप्रेक्ष्य में तभी समझ सकते हैं जब उनकी रचना-यात्रा को ऐतिहासिक दृष्टि से विश्लेषित करें। उनकी प्रारंभिक रचनाओं में ("सोजे वतन' की कहानियां) स्वतंत्रता के प्रति रोमांटिक और भावुक ढंग का रवैया मिलेगा। इन कहानियों में स्वतंत्रता को चरम मूल्य मानते हुए उसके लिए शहीद हो जाने वाला भाव व्यक्त हुआ है। उनके पहले कथा दौर में अधिकतर कहानियां ऐसी ही मिलेंगी। दूसरा रवैया है स्वतंत्रता के लिए निरन्तर युद्धरत रहने वाला, उसे जीवन से भी बड़ा मूल्य मानने वाला, उसके लिए सर्वस्व न्योछावर कर देने वाला। अपने दूसरे कथा दौर में उन्होंने ज्यादातर ऐसी ही कहानियां लिखी हैं। 'जुलूस' और 'समर-यात्रा' कहानियां इस दृष्टि से देखी जा सकती हैं। तीसरा रवैया स्वातंत्र्य बोध को सामाजिक बोध के रूप में और सामाजिक बोध को स्वातंत्र्य बोध के रूप में ग्रहण करने वाला रवैया है। इस दृष्टि से 'शतरंज के खिलाड़ी' कहानी देखी जा सकती है।

प्रेमचन्द का कथा संसार प्रत्यक्ष वस्तु जगत् का लगातार सामना करते रहने से उपजा संसार है। इस संसार की आत्यंतिक सत्ता नहीं है, बल्कि यह दृश्यजगत् के समानान्तर रचता गया है। इसीलिए यह अपने समाज की हालत और सामाजिकों के दुःख-दर्द से जुड़ा हुआ संसार है। सामाजिक शोषण और अन्याय के विरुद्ध एक निश्चित रवैया और विचार उनकी कृतियों में मिलेगा—किसी में कम मुखर, किसी में ज्यादा। सामाजिक विषमता के मूल कारणों को जानने-समझने की प्रवृत्ति उनमें शुरू से थी। यह सही है कि शुरू-शुरू में इस प्रवृत्ति पर रूढ़ नैतिक धारणाओं और गांधीवादी चिन्तन धारा का प्रभाव था। सामाजिक समस्या का विश्लेषण करते हुए कहानी की परिणति निष्कर्षात्मक बना देते थे जिससे विषमता के मूल कारणों की

पहचान धुंधला जाती थी। इस प्रारंभिक दौर में भी उन्हें मालूम है कि शोषक कौन है, अन्यायी और अत्याचारी कौन है पर वे अपने पुनरुत्थानवादी, सुधारवादी आशयों की गिरफ्त में शोषक, अन्यायी और अत्याचारी की सद्भावना को या उसके हृदय-परिवर्तन को आवश्यकता से अधिक महत्त्व दे बैठते हैं। इस दौर की कहानी 'नमक का दरोगा' देखी जा सकती है। वंशीधर अलोपदीन द्वारा दिये गये हर प्रलोभन को, एक लाख रुपये तक की रिश्वत को भी ठुकरा देता है। वह जानता है कि अलोपीदीन बड़ा प्रभावी व्यक्ति है, पर वह अपने कर्तव्य और सच्चे मार्ग से जरा भी विचलित नहीं होता। अलोपीदीन को हथकड़ियां लग जाती हैं और उसे अदालत में पेश किया जाता है, पर वे "इस अगाध वन के सिंह थे। अधिकारी वर्ग उनके भक्त, अमले उनके सेवक, वकील, मुख्तार उनके आज्ञापालक और अरदली, चपरासी तो उनके बिना मोल के गुलाम थे।" धन के प्रभाव से उन्हें अदालत में निरपराध घोषित कर दिया जाता है और वंशीधर को चेतावनी दी जाती है। बाद में वंशीधर मुअत्तिल कर दिये जाते हैं। अगर कहानी यहीं खत्म हो गयी होती तो यह प्रेमचन्द के लिए उनके नैतिक सिद्धान्तों और मूल्यों की पराजय होती। प्रेमचन्द को तब यह मंजूर नहीं था। तब उनका यह अटल विश्वास था कि नैतिक मूल्य और मान्यताएं ही अन्ततः विजयी होती हैं। इसी विश्वास को बनाये रखने के लिए उन्हें अलोपीदीन का हृदय परिवर्तन करना पड़ा। कहानी के अन्त में पं. अलोपीदीन मुंशी वंशीधर को "अभी सारी जायदाद का स्थायी मैनेजर नियत कर देते हैं और वंशीधर की स्थिति यह थी, वंशीधर की आंखें डबडबा आईं। हृदय के संकुचित पात्र में इतना एहसान न समा सका। एक बार फिर पंडितजी की ओर भक्ति और श्रद्धा की दृष्टि से देखा और कांपते हुए हाथ से मैनेजरी के कागज पर हस्ताक्षर कर दिये।" इस ढंग का अन्त यह सूचित करता है कि प्रेमचन्द को अपने नैतिक सिद्धांतों और मान्यताओं के प्रति इतना मोह था कि वे उन्हें हर स्थिति में विजयी दिखाना चाहते थे। इस मोह के कारण प्रेमचन्द तब स्थिति के यथार्थ का सामना नहीं कर पाये थे और उन्हें हृदय-परिवर्तन जैसे नुस्खों की शरण लेनी पड़ी थी। अलोपदीन के सद्भाव के पीछे छिपा काइयांपन और धूर्तता तब वे पहचान नहीं सके थे। सद्भावना की आड़ में अलोपीदीन वंशीधर के विद्रोह को भोथरा बनाकर उसे पूरी तरह अपने वश में कर लेता है। इस दौर में सामाजिक और वर्गीय चेतना के स्पष्ट बोध के अभाव में ही वे समझौते और समन्वय का रास्ता अपनाते हैं। समझौते और समन्वय का यह रास्ता, अक्सर शोषक के हित में ही परिणत होता है, इसे प्रेमचन्द तब नहीं समझ सके थे। इस ढंग की अनेक कहानियां प्रेमचन्द ने इस दौर में लिखी हैं। ऐसी कहानियां वे अंतिम दौर में कभी नहीं लिख सकते थे क्योंकि तब यथार्थ को देखने की और समस्या का निरूपण करने की उनकी दृष्टि और पद्धति बदल चुकी थी।

दूसरे कथा-दौर में वे अधिक जागरूकता का परिचय देते हैं, यद्यपि इस दौर की

उनकी मानसिकता संघर्ष की अपेक्षा सहयोग की ही है। इस दौर में वे यह हितकर नहीं समझते थे कि संघर्ष पर जीवन और समाज की नींव डाली जाए और संघर्ष को ही मूलतत्त्व समझा जाए, इस दृष्टिकोण के निर्माण में गांधीवाद का बहुत बड़ा हाथ था। इस दौर की कहानियों पर यह प्रभाव प्रत्यक्ष-अप्रत्यक्ष रूप से देखा जा सकता है। कहीं यह प्रभाव निहायत उथला है जैसे 'दुस्साहस' कहानी में, तो कहीं यह गहरा और सघन है जैसे 'समर-यात्रा' कहानी में। पहले ढंग की कहानियां गांधीजी की सामयिक कार्यवाहियों की पैरवी करने वाले ब्योरों से भरी पड़ी हैं। इनमें न संवेदना की गहराई है, न विचार की, पर दूसरे ढंग की कहानियों में स्वाधीनता और स्वराज्य की प्राप्ति के लिए सत्याग्रहियों द्वारा लड़े जा रहे अहिंसक आन्दोलनों का मार्मिक चित्रण हुआ है। 'समर-यात्रा' कहानी में सत्याग्रहियों का नायक एक स्थल पर कहता है : ''अपना काम करना और अपनी दशा पर संतोष रखना, यह आपका आदर्श है, लेकिन आपका यही देवत्व, आपका यही सीधापन आपके हक में घातक हो रहा है। स्वतंत्रता के लिए यह असंतोष और विरोध का सुझाव है जो जन-चेतना के व्यापक प्रसार के लिए जरूरी है। स्वातंत्र्य और स्वराज्य जैसे मूल्यों के लिए जीवन से भी बड़े मूल्य की कल्पना प्रेमचन्द ने ऐसी कहानियों द्वारा की थी और उन्हें उदात्त भावात्मक स्तरों पर परिकल्पित किया था। प्रेमचन्द के अंतिम कथा दौर की कहानियों से पहले की इन कहानियों में एक तरह का सद्भाव और आश्वासन झलकता है। समस्याओं का सरल ढंग का निपटारा और समन्वय करने की प्रवृत्ति भी यहां देखी जा सकती है। हो सकता है शुरू में उनके लिए यह एक तरीका रहा हो अपने पाठकों को विश्वास में लेने का। हो सकता है वे पाठकीय प्रत्याशाओं को पूरा करने के उपक्रम में अनेक नैतिक द्वंद्वों और तनावों का शमन कर रहे हों। इसमें सन्देह नहीं कि वे पाठकीय अभिरुचि और सामाजिक स्थिति को करीब ला रहे थे, उनमें गहरा तालमेल पैदा कर रहे थे। इस तरह वे कथात्मक-विधान और सौन्दर्य-विधान की रूढ़ और चालू धारणाओं को चुनौती दे रहे थे और अपनी ऐतिहासिक स्थिति का जिम्मेदारी से निर्वाह कर रहे थे। ये दोनों बातें अगले दौर में उनके लिए और भी सहायक सिद्ध हुईं।

अपने अंतिम कथा-दौर में प्रेमचन्द को सामाजिक विषमता के मूल कारणों की पहचान हो गयी थी। सामाजिक ढांचे के बारे में और वर्गों की वास्तविक स्थिति के बारे में जैसे-जैसे उनकी जानकारी बढ़ती गयी वैसे-वैसे उनकी कहानियों में सामाजिक चेतना का स्तर अपेक्षाकृत अधिक प्रौढ़ होता गया और वे शोषक और आततायी शक्तियों की सही पहचान की दिशा में अग्रसर हुए। सामाजिक चेतना या संघर्ष चेतना को नैतिक ढंग के निष्कर्षों और सुधार प्रवृत्तियों द्वारा अवरुद्ध करने का उपक्रम भी इस दौर की कहानियों में नहीं मिलेगा। सुधार और हृदय परिवर्तन में अब उनकी आस्था नहीं रही है। अब वे यथार्थ चित्रण का रास्ता अपनाते नजर आते हैं। उन्हें यह प्रश्न बुरी तरह कचोटने लगता है : ''क्यों एक आदमी जिन्दगी

भर बड़ी से बड़ी मेहनत करके भी भूखों मरता है और दूसरा आदमी हाथ-पांव न हिलाने पर भी फूलों की सेज पर सोता है।''[14]

प्रेमचन्द के तीसरे कथा-दौर की कहानियों—'कफन', 'पूस की रात' और 'शतरंज के खिलाड़ी' की खासियत यह है कि इनमें न यथार्थ की अतिरंजना है, न सरलीकरण। इनमें स्थितियों के आदर्शीकरण के बजाय उनका बेहद सटीक चित्रण हुआ है। इन कहानियों में स्थितियों के सहज प्रत्यक्षीकरण द्वारा सामाजिक यथार्थ को झलकाने की अद्भुत सामर्थ्य है। इनमें प्रेमचन्द ने पहली बार यथार्थ स्थितियों के निर्मम विधान को अर्जित करके आदर्श और नैतिकता के बिन्दुओं पर अवरुद्ध हुई अपनी ही कहानी की रूढ़ि को तोड़ा था और यथार्थ चित्रण और निरूपण का एक नया रास्ता सुझाया था। घटनाओं और स्थितियों के संयोजन द्वारा स्थितियों और संबंधों को दहला देने वाली लगभग अमानवीय सी तस्वीर जो उन्होंने इन कहानियों द्वारा पेश की, उससे उनका कथा-ढांचा तो टूटा ही, हिन्दी कहानी को भी एक नये प्रकार का विन्यास प्राप्त हुआ। इस विन्यास में न कोई नैतिक आग्रह था, न सिद्धांतवादिता, न आदर्श, केवल स्थितियों के यथार्थ चित्रण की शक्ति थी। 'कफन' और 'पूस की रात' कहानियों में जिस अमानवीयकरण का चित्रण हुआ है, वह समाज की वर्गीय व्यवस्था की ही देन है। इन कहानियों में समाज अपने भयावह और क्रूर यथार्थ सहित सामने जरूर है—अपनी तमाम असंगतियों-विसंगतियों के साथ। उसे बेहतर या बदलता हुआ दिखाना लेखकीय आशय नहीं है। पर इससे यह समझ लेना कि प्रेमचन्द इस निष्कर्ष पर पहुंच गये थे कि वर्तमान समाज-व्यवस्था को बदला नहीं जा सकता या ये कहानियां निराश और हताश मनःस्थितियों की कहानियां हैं, हमें ठीक नहीं लगता। सच यह है कि प्रेमचन्द ऐतिहासिक प्रक्रियाओं से भली-भांति परिचित थे। वे देख रहे थे कि किसान जमींदारों और साहूकारों द्वारा सताया जाता हुआ कैसे किसान से मजदूर बनने पर विवश हो रहा है। यहां किसान से मजदूर बनने की विवशता का स्वीकार यथार्थ की अनिवार्य परिणति के रूप में ही चित्रित हुआ है। ये दोनों कहानियां किसान के मजदूर बनते जाने की त्रासद स्थिति और परिणति की तल्ख चेतना जगाती हैं, भले ही 'कफन' में यथार्थ की विसंगति को एब्सर्ड ढंग से उभारा गया हो और 'पूस की रात' में मनोवैज्ञानिक तरीके से। 'कफन' कहानी में एक स्थल पर प्रेमचन्द ने लिखा है : ''जिस समाज में रात-दिन मेहनत करने वालों की हालत उनके हालत से कुछ बहुत अच्छी न थी, और किसानों के मुकाबले में वे लोग, जो किसानों की दुर्बलताओं से लाभ उठाना चाहते थे, कहीं ज्यादा सम्पन्न थे, वहां इस तरह की मनोवृत्ति का पैदा हो जाना कोई अचरज की बात न थी। हम तो कहेंगे, घीसू किसानों से कहीं ज्यादा विचारवान था और किसानों के विचारशून्य समूह में शामिल होने के बदले बैठकबाजों की कुत्सित मंडली में जा मिला था।...फिर भी उसे यह तसकीन तो थी ही कि अगर फटेहाल है, तो कम

से कम उसे किसानों की सी जी-तोड़ मेहनत तो नहीं करनी पड़ती, और उसकी सरलता और निरीहता से दूसरे लोग बेजा फायदा तो नहीं उठाते।'' इसी तरह 'पूस की रात' में किसान की दारुण आर्थिक स्थिति उसे मजूरी में सुख मानने के लिए प्रेरित करती है। कहानी के अंत का यह संवाद :

मुन्नी ने चिंतित होकर कहा, 'अब मजूरी करके माल गुजारी भरनी पड़ेगी।'

हल्कू ने प्रसन्न मुख से कहा, 'रात की ठंड में यहां सोना तो न पड़ेगा।'

किसान से मजूर बनने की ऐतिहासिक ही नहीं, मनोवैज्ञानिक यात्रा को उद्घाटित करता है। ये कहानियां इस बात का सबूत हैं कि अंतिम कथा-दौर में प्रेमचन्द यथार्थ जीवन-परिवेश में से अर्थपूर्ण चुनाव करने में पूरी तरह सक्षम हो गये थे और परिवेशगत घटनाओं और स्थितियों का खास दृष्टिकोण और ढंग से संयोजन करने लगे थे।

प्रेमचन्द का कथा-संसार किसी भी दृष्टि से बंधा हुआ संसार नहीं है। यह निरन्तर विकसित होता हुआ, सृजित होता हुआ संसार है। इसके किसी एक दौर को, एक पक्ष को भरा-पूरा—संपूर्ण समझने की भूल नहीं की जानी चाहिए। इसके किसी एक दौर या एक पहलू को उनके कृति-व्यक्तित्व और कृतियों के लिए अंतिम रूप से सत्य या प्रतिनिधित्वपूर्ण मान लेने वाली निगाह पर भरोसा नहीं किया जाना चाहिए। उनकी रचनात्मक विकास-यात्रा को देखते हुए कहा जा सकता है कि वे एक पेड़ की तरह हैं जो बाहर से हवा-पानी लेता हुआ लगातार फलता-फूलता है लेकिन जिसे केवल टहनियों या फूल-पत्तियों या तने के रूप में अलग-अलग करके नहीं, संपूर्ण रूप में ही पहचाना जा सकता है।

संदर्भ

1. मंगलसूत्र व अन्य रचनाएं, पृ. 390.
2. वही.
3. प्रेमचन्द : जीवन और कृतित्व : हंसराज रहबर.
4. मंगलसूत्र व अन्य रचनाएं, पृ. 267.
5. प्रेमचन्द : एक कृति व्यक्तित्व : जैनेन्द्र, पृ. 57.
6. प्रेमचन्द घर में : शिवरानी देवी.
7. मंगलसूत्र व अन्य रचनाएं, पृ. 358.
8. वही, पृ. 358.
9. वही, पृ. 358-59.
10. वही, पृ. 359.
11. प्रेमचन्द : कलम का सिपाही, पृ. 80.
12. प्रेमचन्द : गंगाप्रसाद विमल, पृ. 52.
13. प्रेमचन्द और उनका युग : रामविलास शर्मा, पृ. 34.
14. मंगलसूत्र व अन्य रचनाएं, पृ. 390.

प्रेमचन्द के उपन्यासों की संरचना

नित्यानन्द तिवारी

प्रेमचन्द के उपन्यासों की संरचना पर मैं एक विशेष प्रसंग में विचार करना चाहता हूं। आज साहित्यिक आलोचना में एक ऐसा विशिष्ट वर्ग है जो भाषा को आद्यवस्तु मानता है और संरचना को भाषिक आयोजन। इस प्रकार भाषिक आयोजना भी कमोबेश आद्यवस्तु हो जाती है और रचनाकार भाषा को ओझेती करके कलावस्तुओं और कला विधानों की सृष्टि कर सकता है। भाषा और संरचना को, आद्यवस्तु के रूप में स्वीकार करना, रचना को उसके व्रिशिष्ट ऐतिहासिक प्रसंग से अलग करना है।

प्रेमचन्द को अपने समय के साहित्यिकतावादियों के तमाम आक्षेप कि उनके उपन्यासों में सूक्ष्मता, गहराई और गंभीर कला-विवेक नहीं है, झेलने पड़े थे और वर्तमान युग के भी ऐसे रचनाकार हैं जो प्रेमचन्द को स्टोर रूम में रखने की सलाह दे चुके हैं या यह कि अब प्रेमचन्द को पढ़ना संभव नहीं रह गया है। लेकिन दूसरी ओर ऐसे लोग भी हैं जैसे रामचन्द्र शुक्ल, पं. हजारीप्रसाद द्विवेदी और डॉ. रामविलास शर्मा जो प्रेमचन्द के कला-विवेक के प्रति आश्वस्त हैं, द्विवेदीजी तो यहां तक कहते हैं कि रचनाकार के रूप में वे आधुनिक युग में सिर्फ प्रेमचन्द से प्रभावित हैं। और इधर वर्तमान कथाकारों में ऐसे बहुत हैं जो प्रेमचन्द से जुड़ना चाहते हैं।

इन परस्पर विरोधी बातों का क्या प्रसंग है? क्या इन्हें व्यक्तिगत रुझान कहकर टाला जा सकता है? ये बातें जीवन और कला के विषय में और उनके पारस्परिक संबंधों के बारे में गंभीर निर्णय हैं। तो क्या प्रेमचन्द एक ऐसे अनिवार्य और विवादास्पद बिन्दु पर खड़े हैं जिनके पक्ष या विपक्ष में हुए बिना आज का कथाकार भी अपनी रचनात्मक भूमिका तय नहीं कर सकता?

प्रेमचन्द ने उपन्यास, साहित्य और जीवन के पारस्परिक संबंधों पर इतनी बार और इतनी तरह से लिखा है कि औपन्यासिक विधान या संरचना संबंधी उनके विचारों पर बहुत अधिक विवाद नहीं हो सकता। वे कला और साहित्यिक नियमों को बड़ी

कड़ाई से जीवन-प्रसंगों से सम्बद्ध करते हैं। यानी किसी रचना के रूप बंधात्मक नियम सिर्फ जीवन की वास्तविक सामग्री से पैदा होते हैं। घटना, कार्य और चरित्र की आयोजना, अभिव्यक्ति के कलात्मक कौशल, जीवन में निहित गति-व्यवस्था के ही प्रतिरूप होते हैं। इसका स्पष्ट अर्थ है कि जीवन और दुनिया लोगों, चीजों, घटनाओं की गड्डमड्ड सत्ता मात्र नहीं हैं, बल्कि सौंदर्यात्मक प्रश्नों और विधानों का एकमात्र स्रोत है। प्रेमचन्द का समस्त साहित्य इस बात की गवाही देता है कि विचार और भाव उन परिस्थितियों के भीतर से पैदा होते हैं जिनके बीच जीवन जिया जाता है। इस प्रकार विचारों और भावों को ठोस, देशकाल बद्ध और तात्कालिक सत्ता होती है। यहां ध्यान दिया जा सकता है छायावादी कविता पर जिसमें कल्पना की बुनियादी भूमिका स्वीकार की गई है और भाव तथा अनुभूतियां सार्वभौम के प्रत्ययवादी ढांचे में आम तौर पर अंट जाती हैं। प्रेमचन्द के कथा-साहित्य में कल्पना की न तो बुनियादी भूमिका है और न तो उनकी अनुभूति प्रत्ययवादी ढांचे में आमतौर पर अंट जाती हैं। उन्होंने साहित्य को जीवन की सच्चाइयों का दर्पण कहा है। लेखक की सृष्टि में प्रत्यक्ष अनुभवों के आधार पर सर्वाधिक बल दिया है। उन्होंने लिखा है, "साहित्य केवल मनोरंजन और विलासिता की वस्तु नहीं। हमारी कसौटी पर वही साहित्य खरा उतरेगा—जो हममें गति, संघर्ष और बेचैनी पैदा करे, सुलाए नहीं क्योंकि अब और ज्यादा सोना मृत्यु का लक्षण है।" कहने की आवश्यकता नहीं कि गति, संघर्ष और बेचैनी पैदा करने वाले साहित्य को आज भी वैदुषिक कार्यों में संलग्न एक शक्तिशाली वर्ग साहित्य स्वीकार करने के पक्ष में नहीं है। साहित्य के खरेपन की जो कसौटी प्रेमचन्द ने बताई है वही उनके उपन्यासों की संरचना का मुख्य आधार है।

'सेवासदन' का पहला पैराग्राफ है—

"पश्चात्ताप के कड़वे फल कभी न कभी सभी को चखने पड़ते हैं, लेकिन और लोग बुराइयों पर पछताते हैं, दरोगा कृष्णचन्द्र अपनी भलाइयों पर पछता रहे थे। उन्हें थानेदारी करते हुए पचीस वर्ष हो गए, लेकिन उन्होंने अपनी नियत को कभी बिगड़ने न दिया था। यौवन काल में भी जब चित्त भोग-विलास के लिए व्याकुल रहता है उन्होंने निस्पृह भाव से अपना कर्तव्य पालन किया था। लेकिन इतने दिनों के बाद आज वह अपनी सरलता और विवेक पर हाथ मल रहे थे। उनकी पत्नी गंगाजली सती-साध्वी स्त्री थी। उसने सदैव अपने पति को कुमार्ग से बचाया था। पर इस समय वह चिन्ता में डूबी हुई थी। उसे स्वयं संदेह हो रहा था कि वह जीवन भर की सच्चरित्रता बिलकुल व्यर्थ तो नहीं हो गयी?"

थोड़ा ही आगे चलकर कृष्णचन्द के मन में यह बात बैठने लगती है कि—"धर्म का मजा चख लिया, सुनीति का हाल भी देख चुका। अब लोगों को खूब दबाऊंगा, खूब रिश्वतें लूंगा, यही अंतिम उपाय है। संसार यही चाहता है और कदाचित् ईश्वर भी यही चाहता है। यही सही। आज मैं भी वही करूंगा जो सब लोग करते हैं।"

कृष्णचन्द्र ईमानदार सच्चरित्र पात्र है। वह आदर्शवादी है लेकिन आदर्शवादी, ईमानदार और सच्चरित्र होते हुए भी वह प्रामाणिक व्यक्ति नहीं है क्योंकि उसे आमदनी और खर्च का सही अनुपात नहीं मालूम है। लाला श्रीनिवासदास ने 'परीक्षागुरु' में प्रामाणिकता पर एक पूरा परिच्छेद ही लिखा है जिसमें आमदनी और खर्च के उचित अनुपात को जानने और उसे बरतने वाले व्यक्ति को प्रामाणिक माना गया है। ईमानदार और निर्लोभ होकर भी कृष्णचन्द्र फिजूल खर्च हैं। यही फिजूलखर्ची उसे कमजोर बनाती है, उसकी ईमानदारी को खोखला करती है। पचीस वर्ष तक लगातार ईमानदारी बरतने पर भी उसकी ईमानदारी ठोस मानवीय आचरण नहीं है, वह प्रत्ययवादी है। क्योंकि बेटी के विवाह में दहेज की समस्या का सामना करते ही उसकी ईमानदारी भहरा कर गिर जाती है। यानी वह कोई भी आदर्श या भाव जिसका कोई ठोस परिस्थितिगत आधार नहीं है। विकृत होने के लिए अभिशप्त है। इसके अलावा एक दूसरा स्तर यह है कि प्रशासन और सामाजिक परंपराएं किसी भी व्यक्ति को आदर्शवादी और ईमानदार नहीं बना रहने दे सकतीं। कृष्णचन्द्र व्यक्तिगत स्तर पर कुसंस्कार, सामाजिक स्तर पर कुप्रथा और प्रशासनिक स्तर पर भ्रष्टाचार का शिकार है। और सारी कहानी का स्रोत वही है। कृष्णचन्द्र के 25 वर्षों के ईमानदार जीवन में कहीं कहानी नहीं है, कहानी तब शुरू होती है जब उसकी ईमानदारी को परिस्थितियां खा जाती हैं। जब कृष्णचन्द्र की आदर्शवादी और भाववादी पहचान खत्म हो जाती है तब उसकी कहानी यानी प्रेमचन्द की रचना आरंभ होती है। इसका अर्थ यह है कि प्रेमचन्द भाव और आदर्श के बीच नहीं परिस्थितियों के बीच अपनी कहानी अथवा कथा-विन्यासों को धारण करते हैं। कृष्णचन्द्र की लाचारी, बेईमानी और सजा और इसके बाद फिर घटनाओं का सिलसिला निकलता ही चला जाता है। ये सारी घटनाएं सामाजिक जीवन के उन पहलुओं को उघाड़ती चलती हैं जिनके लिए बेचैन होने की जरूरत है। प्रेमचन्द के उपन्यासों को घटना प्रधान कहा जाता है और कुछ इस लहजे में कहा जाता है मानो यही वह कारण हो जिससे जीवन की सूक्ष्मता और गहराई उनके उपन्यासों में नहीं है। देवकीनंदन खत्री के उपन्यास भी तो घटना-प्रधान हैं, क्या उसी तरह की घटनाएं, प्रेमचन्द के उपन्यासों में भी हैं? प्रेमचन्द जिन और जिस तरह की घटनाओं की सृष्टि करते हैं वे आधुनिक भारतीय जीवन में यथार्थ के विशिष्ट प्रसंग हैं। 'सेवासदन' की मुख्य समस्या पर विचार करते हुए डॉ. रामविलास शर्मा ने लिखा है, "हमारे साहित्य में कितने नाटक, कितने उपन्यास नारी के आत्मबलिदान, उसके पति-सेवा पर नहीं लिखे गये? लेकिन कितने लेखकों ने उसकी निस्सहायता, पराधीनता, उसके साथ पशुओं और दासों जैसे व्यवहार पर नजर डाली थी।" यानी इस तरह से जीवन के पहलुओं को पहचानना, विचार, भाव और अनुभव के रूपों में घटने वाले उत्पात को लक्षित करना था। प्रेमचन्द के उपन्यासों की घटनाएं जड़ सांस्कृतिक सामाजिक परंपराओं और भ्रष्ट प्रशासनिक

ढांचे को तानने और खोलने वाले प्रसंग हैं। प्रेमचन्द ने आधुनिक अर्थ में घटनाओं की पहचान चाहे सबसे पहले न कराई हो लेकिन जितने तीखे, सिलसिलेदार और गहराई से उनके उपन्यासों में घटनाओं की आधुनिकता प्रस्तावित है, उतनी उनके बाद के बहुत गहरी अनुभूतियों वाले कथाकारों में भी नहीं है।

उदाहरण के लिए 'सेवासदन' के साथ 'त्यागपत्र' को ले लिया जाय। दोनों उपन्यासों में अनमेल विवाह की घटना है। सुमन का अनमेल विवाह क्यों होता है? क्या परिस्थितियों की अनिवार्य विवशता में, नहीं? किन्तु मृणाल के अनमेल विवाह के प्रसंग स्पष्ट नहीं हैं। दोनों के विवाहों में परिस्थितियों और प्रसंगों की स्पष्टता, अस्पष्टता बहुत महत्त्वपूर्ण है। प्रेमचन्द के लिए सुमन का अनमेल विवाह वह दुःखद घटना है जो उन्हें बेचैन बना देती है, वह किसी भी तरह से उनके कथा-सृजन का बहाना नहीं है। वह घटना वास्तविक है। यानी प्रेमचन्द के उपन्यासों में घटनाएं कहानी का बहाना नहीं हैं, किस्से में सिर्फ सिलसिला नहीं है, बल्कि जीवन और समाज के दुखद प्रसंग हैं। जो लोग घटनाओं में इन प्रसंगों को नहीं देख पाते उनके लिए प्रेमचन्द द्वितीय क्या तृतीय श्रेणी के कलाकार भी हो सकते हैं प्रसंगहीन और निरर्थक भी हो सकते हैं। अब तनिक मृणाल के अनमेल विवाह पर विचार कर लिया जाय। पहले तो उसके अनमेल विवाह की परिस्थितियां उतनी अनिवार्य और स्पष्ट नहीं हैं जितनी सुमन की। इसलिए वह घटना जीवन का कोई प्रखर प्रसंग नहीं बन पाती। हम कह सकते हैं कि वह बहुत दूर तक प्रसंगहीन घटना है जो जीवन-प्रसंगों से हीन घटनाएं चाहे जासूसी उपन्यास में हों या दार्शनिक उपन्यास में, क्या फर्क पड़ता है। एक में यदि घटनाएं कहानी कहने का बहाना हैं तो दूसरे में विचार और चिन्तन का। मृणाल का जीवन भी कम घटना बहुल नहीं है। लेकिन घटनाएं अपने आप में प्रभावहीन हैं क्योंकि मृणाल परिस्थितियां और घटनाओं की निर्मिति नहीं विचार और चिन्तन की निर्मिति है। सुमन परिस्थितियों के भीतर से उपजने वाली पात्र है और मृणाल चिन्तनात्मक प्रणय से। घटना की अनिवार्य परिस्थिति निर्भरता ही उसे वास्तविक और आधुनिक बनाती है। इस प्रकार जैनेन्द्र की अपेक्षा प्रेमचन्द अधिक वास्तविक और आधुनिक हैं।

निबंध के शुरू में मैंने कहा था कि मैं प्रेमचन्द के उपन्यासों की संरचना पर एक विशेष प्रसंग में चर्चा करना चाहता हूं। वह प्रसंग है संरचनावादी आलोचकों द्वारा भाषा को आत्यंतिक महत्त्व देना। क्या 'त्यागपत्र' में भाषा का वैभव नहीं है? क्या इस उपन्यास का विन्यास भाषिक आयोजना मात्र नहीं है? 'त्यागपत्र' में न तो घटनाओं का महत्त्व है न मनोवैज्ञानिक परिस्थितियों का। यह उपन्यास शुद्ध भाषा की रचना है। इस उपन्यास की भाषा, घटना में निहित वास्तविकता का निषेध करती हुई एक अमूर्त प्रत्ययवादी दुनिया खड़ी कर देती है जिसे सूक्ष्म, गंभीर और गहरा मानने वालों की संख्या आज भी कम नहीं है।

यानी जिस स्तर और अर्थ में 'त्यागपत्र' का औपन्यासिक विधान भाषिक आयोजना है उस रूप में प्रेमचन्द की औपन्यासिक संरचना भाषिक आयोजना नहीं है। प्रेमचन्द की भाषा घटना से अर्थ पाती है जब कि जैनेन्द्र की भाषा घटना में निहित अर्थ का निषेध करती है। प्रेमचन्द की भाषा स्वायत्त नहीं है। जैनेन्द्र की भाषा स्वायत्त है। इसलिए प्रेमचन्द भाषा का खेल नहीं कर सकते, जैनेन्द्र करते हैं। प्रेमचन्द ने लिखा है : "उपन्यास की रचना-शैली सजीव और प्रभावोत्पादक होनी चाहिए, लेकिन इसका यह अर्थ नहीं है कि हम शब्दों का गोरखधंधा रचकर पाठकों को भ्रम में डाल दें, कि इसमें जरूर कोई न कोई गूढ़ आशय है....जनता उन्हीं उपन्यासों को आदर का स्थान देती है जिनकी विशेषता उनकी गूढ़ता नहीं उनकी सरलता होती है।" निश्चय ही यहां प्रेमचन्द की गूढ़ता का आशय छद्म, गंभीरता, और सरलता का तात्पर्य वास्तविकता है।

भाषा एक ऐसी वस्तु है जिसका वास्तविक और गैर-वास्तविक इस्तेमाल होता रहा है। कभी-कभी गैर-वास्तविक संदर्भों में भाषा का बड़ा प्रभावकारी इस्तेमाल होता है। और जो लोग साहित्यिक संरचना को स्वायत्त भाषिक विधान मानते हैं वे लोग प्रसंगहीन सौंदर्य-विधान की हिमायत करते हैं।" यह सौंदर्यवाद है जो "संसार को निहारता है परंतु उससे निर्विकार रहता है।"....वह कभी यह नहीं कहता, "मेरा सर्वस्व इस संसार में है, मैं ही यह संसार हूं।" (अलेक्सेई तोलस्तोय, कला और रचना कौसल, पृ. 208)। भाषा को आद्यवस्तु के रूप में इस्तेमाल करने वाला सौंदर्यवादी साहित्य मात्र आस्वाद की वस्तु होता है। क्या प्रेमचन्द की घटना, चरित्र और कार्य की आयोजना (यह संगठन ही तो संरचना है) आस्वाद की अपेक्षा गति, संघर्ष और बेचैनी नहीं पैदा करती? और जो इस बेचैन बनाने वाले साहित्यिक संगठन में रुचि नहीं ले सकता वह जीवन की गतिव्यवस्था के संदर्भ में अपनी रुचि की परिभाषा और उसका निर्माण कैसे कर सकता है? प्रेमचन्द का औपन्यासिक विधान साहित्यिक आस्वाद की क्रांतिकारी परिभाषा करता है। वह (आस्वाद) जीवन की परिस्थितियों में अन्तर्विरोधी टकराव और उसके फलस्वरूप गति में हेरफेर यानी यथार्थ जीवन की गति-व्यवस्था की ओर रुचि की अभिमुखता है। प्रेमचन्द के उपन्यासों में घटनाएं, सामाजिक अन्तर्विरोध परिपार्श्वों को उभारती हैं कथा वही रूप लेती है। ये अन्तर्विरोधी परिपार्श्व ही घटना के प्रसंग होते हैं। जैसे सुमन का वेश्या बन जाना पाखंडी समाज के अन्तर्विरोधों का पर्दाफाश करता है। यह विचित्र समाज है जिसमें वेश्या स्वतंत्र और विवाहिता नारी पराधीन है। "अन्त में वह इस परिणाम पर पहुंची कि वह स्वाधीन है और मेरे पैरों में बेड़ियां हैं।" अर्थात् वेश्या बन जाने की घटना पाखंडी समाज की विकृति का लक्षण ही नहीं वरन् स्वाधीनता के लिए नारी का विद्रोह भी है। मृणाल भी वेश्या जैसी ही बन जाती है लेकिन वह वैसी होकर भी विद्रोह की आग में कहीं नहीं जलती, समाज को तोड़ना नहीं चाहती बल्कि वह उस

समाज की जड़ों में सिंच जाना चाहती है जो नारियों के साथ वैसा आचरण करता है। इसका सीधा कारण यही है कि किसी अनिवार्य परिस्थितिगत विवशता से वह गन्दे मोहल्ले में नहीं जाती। उसका वेश्या बनना सामाजिक अन्तर्विरोधों को उभारने का नहीं बल्कि अपने को गलाकर आत्मोथान का अवसर पाना है। यहां भी घटना में आत्मोथान का प्रसंग तो है और कुछ-कुछ दार्शनिकता से जुड़कर वह प्रसंग बड़ा ऊंचा, सूक्ष्म और गहरा भी बन जाता है। लेकिन क्या सचमुच स्त्रियां आत्मोत्थान के लिए वेश्या बनती हैं? कहने की आवश्यकता नहीं कि जैनेन्द्र घटना में जो प्रसंग पैदा करते हैं वह आरोपित, अवसरवादी और पाखंड है। जैनेन्द्र ने एक बार अपने वक्तव्य में कहा था, "मैं नहीं जानता समाज क्या होता है, मैं तो मनुष्य को जानता हूं।" शायद उनके लिए मनुष्य सामाजिक सत्ता नहीं मात्र तात्त्विक सत्ता है जो निरपेक्ष और स्वयंभू है। इसी कारण उनके यहां घटना प्रसंगहीन और बेमानी है जबकि प्रेमचन्द में घटनाओं के वास्तविक सामाजिक प्रसंग हैं।

निस्संदेह प्रेमचन्द का औपन्यासिक विधान घटना प्रधान है। लेकिन मैं इस बात पर बल देना चाहता हूं कि घटना प्रधान कह कर विन्यास की साहित्यिकता को नकारना या कम करके आंकना सही नहीं है। यदि घटनाएं सामाजिक अन्तर्विरोधों के विभिन्न प्रसंगों की आयोजना नहीं करतीं तो निश्चय ही प्रेमचन्द के उपन्यासों की संरचना में साहित्यिकता का अभाव है।

जिन उपन्यासकारों के औपन्यासिक विधान की साहित्यिकता और अनुभूति की गहराई की चर्चा की जाती है आमतौर पर उनकी थीम बड़ी संकरी और वह भी कई बार दोहराई गई है। प्रेमचन्द की थीम की एक सामान्य विशेषता होते हुए भी न तो वह संकरी है और न सामान्यतः दोहराई गई है। उनके उपन्यासों में घटनाएं जहां अन्तर्विरोधी प्रसंगों का विधान निर्मित करती हैं वहीं विविधता को मात्र बदलाव नहीं बल्कि एक रचनात्मक आशय प्रदान करती हैं। जीवन और परिस्थितियों के कोई निश्चित पैटर्न नहीं होते। उसके व्यापार और गति में अन्तहीन विविधता होती है। इसलिए जब किसी रचना या रचनाकार में विविधता मिलती है तो वह जीवन-व्यवस्था और अन्ततः विश्व-व्यवस्था को प्रतिबिंबित करती है। विविधता अलगाव नहीं है, परिस्थितियों, कार्यों और चरित्रों की गड्डमड्ड दुनिया नहीं है, वह संबंध धारणा है। वह अनेकता के बीच पारस्परिकता है। जमींदार-किसान, साहूकार-मालिक-मजदूर, अफसर-मातहत, बाम्हन-चमार, धर्म-पाखंड यानी जीवन और समाज में फैले बहुत से रूपों को प्रेमचन्द अपने उपन्यासों का विषय बनाते हैं और ये सभी घटनाओं के रूप में आते हैं। घटनाएं विभिन्न सामाजिक संबंधों को व्यक्त करती हैं। प्रेमचन्द घटनाओं को कलात्मक सामग्री के रूप में इस्तेमाल करते हैं क्योंकि घटनापरक कथा-विकास उनके उपन्यासों में प्रतिफलित है। क्या 'त्यागपत्र' में भी घटना विकास में वैसा ही रचनात्मक आशय है जैसा 'सेवासदन' या प्रेमचन्द के किसी भी दूसरे

उपन्यास में? यही नहीं क्या 'मैला आंचल' में घटनाएं कलात्मक सामग्री हैं? यदि हैं तो उसके कथानक में घटनात्मक आवयविकता और विकास मिलना चाहिए। असल में प्रेमचन्द जिस जमाने में लिख रहे थे उस जमाने में घटनाओं को उनके यथार्थ प्रसंगों में और समाज के विविध संबंधों में पहचान लेना बहुत बड़ी क्रांतिकारी घटना थी। उनमें विकासमान रचनात्मक विन्यास और आशय निहित थे।

प्रेमचन्द के उपन्यासों की बनावट में आदर्शवादी ढांचे की भी भूमिका है। लेकिन वह हस्तक्षेप ही है क्योंकि धीरे-धीरे उनकी ताकत आदर्शवादी ढांचे को तोड़ डालती है। उसे आदर्श और यथार्थ का समन्वय नहीं मानना चाहिए उनके कथा-साहित्य को जीवन में आदर्शवादी और यथार्थवादी शक्तियों का तनाव या अन्तर्विरोध मानना चाहिए। यद्यपि प्रेमचन्द ने इन दोनों के समन्वय की बात की है लेकिन उनकी रचना का प्रभाव समन्वय में से नहीं तनाव और विरोध में से उभरता है। इस प्रकार उनके रचनात्मक विन्यास का स्वरूप विद्रोही अधिक है। समन्वयवादी अपनी शक्ति का इस्तेमाल विरुद्धों की एक सौम्य बिन्दु पर संगठित करके करता है और विद्रोही किसी संगठन के जीवन विरोधी किन्तु शक्तिशाली संस्थानों पर निरन्तर प्रहार करके अपनी शक्ति की सार्थकता सिद्ध करता है। क्या प्रेमचन्द के उपन्यासों में घटनाओं की आयोजना या विन्यास सामाजिक, प्रशासनिक और आर्थिक संगठनों के जीवन विरोधी किन्तु शक्तिशाली संस्थानों पर आघात करते हुए नहीं निर्मित हुआ है?

प्रेमचन्द को पढ़ते हुए लगता है कि जीवन की विविधता, विस्तार और महानता के सामने लेखक बहुत छोटा है जबकि कई ऐसे गहरे लेखक हैं जिनकी महानता के सामने जीवन बहुत छोटा और मामूली लगता है। प्रेमचन्द के उपन्यासों की संरचना की सबसे बड़ी विशेषता यही है कि जीवन की विविधता और महानता की हमारी पहचान प्रखरतर बनती है।

रंगभूमि

अरुणेश नीरन

मैं सामाजिक विकास में विश्वास रखता हूं। हमारा उद्देश्य जनता को शिक्षित करना है। **क्रांति ज्यादा समझदार उपायों की असफलता का नाम है।** मेरा आदर्श समाज वह है जिसमें सबको समान अवसर मिले।...लोगों का चरित्र ही निर्णायक तत्त्व है। कोई समाज-व्यवस्था नहीं पनप सकती जब तक कि हम व्यक्तिशः उन्नत न हों। कहना सन्देहास्पद है कि क्रांति से हम कहां पहुंचेंगे। यह हो सकता है कि हम उसके जरिये और भी बुरी डिक्टेटरशिप पर पहुंचें जिसमें रंचमात्र व्यक्तिगत-स्वाधीनता न हो। **मैं रंग-ढंग सब बदल देना चाहता हूं पर ध्वंस नहीं करना चाहता।**[1]

लोगों का चरित्र ही निर्णायक तत्त्व है—प्रेमचन्द इसीलिए रंग-ढंग बदल देने की कोशिश में, ऐसे चरित्रों का सृजन कर रहे थे, जिनका एक पैर दलदल में फंसा हुआ था लेकिन हाथों में आदर्श की मजबूत डाल थी। उन्होंने स्वयं इसे स्वीकार किया—'मेरे हर उपन्यास में एक आदर्श चरित्र है जिनमें मानव दुर्बलताएं भी हैं और गुण भी पर मूलतः आदर्श 'प्रेमाश्रम' में ज्ञान शंकर है, 'रंगभूमि' में सूरदास है। उसी तरह 'कायाकल्प' में चक्रधर, 'कर्मभूमि' में अमरकांत है।'[2] व्यावहारिक संदर्भों की आधार-भित्ति पर उगा उनका एक-एक पात्र सामाजिक अदालत के सामने अपना इस्तगासा पेश करता है तथा न्यायवृत्ति और सौन्दर्यवृत्ति को जागृत करके अपना यश सफल करता है। जो दलित है, पीड़ित है, वंचित है, चाहे वह व्यक्ति हो या समूह, उसकी हिमायत और वकालत करना प्रेमचन्द अपना फर्ज मानते हैं। यह फर्ज उनकी रची एक घटना, एक-एक पात्र में प्रतिध्वनित होता है। तमगेदार प्रगतिवादियों की तरह उनके पात्र मार्क्स और लेनिन की फंकी मारते हुए घूरे को देखकर गुर्राते नहीं, बल्कि घूरे में ही पनपते, उलझते और महकते हैं। इसीलिए वे क्रांति नहीं करते, एक पूरी स्वाभाविक प्रतिक्रिया के तहत उठते-गिरते, चमकते और अन्त में टूट जाते

हैं। राजेनीति की बारीक अन्तर्दृष्टि उनमें नहीं है। वे लोक नीति के कायल और पक्षधर हैं। 'सादी जिन्दगी के साथ ऊंची निगाह' उनके जीवन का लक्ष्य है। समाज का झण्डा लेकर चलने वाले वे सिपाही हैं। इसलिए वे भ्रम की सृष्टि नहीं करते, न ही समाजवादी रस्सी पर नट की तरह नाचते हैं। उनसे 'निज मरजादा' नहीं छूटती, उन्हें न हार की चिन्ता है, न जीत की। फिर भी 'क्यों रन से मुंह मोड़ें'—का संकल्प है और यही प्रेमचन्द का सात्विक संघर्ष है।

'धरम-नीति' की जड़ में रहते हुए, 'रंगभूमि' का सूरदास, 'धरम के बल पर' लड़ता है। पूरी तरह से तनहा। उसे किसी की मदद की जरूरत भी नहीं है क्योंकि 'जिधर न्याय है, उधर किसी की मदद की इतनी जरूरत भी नहीं है।' दिन भर भीख मांगना, मिठुआ का पालन-पोषण करना और रात में ठाकुरजी मंदिर के चबूतरे पर किरतनियों के साथ कीर्तन गाना, बस जीवन के इसी आरोह-अवरोह की धुन पर उसकी जिन्दगी बीत रही है। न ऊधो का लेना, न माधो का देना। सीधी-सपाट-निश्छल और धर्म के गत्ते पर टिकी जिन्दगी। वह जिसे सत्य समझता है उसकी पूरी तरह से रक्षा करता है। चाहे प्राण की बाजी क्यों न लग जाय। वह कहता है कि 'मेरा धरम तो यही है कि ज़ब कोई मेरी चीज पर हाथ बढ़ायें, तो उसका हाथ पकड़ लूं। वह लड़े तो लड़ूं, और उस चीज के लिए प्रान तक दे दूं। चीज मेरे हाथ आयेगी, इसका मुझे मतलब नहीं, मेरा काम तो लड़ना है, और वह भी धरम की लड़ाई लड़ना।' लेकिन सूरदास का 'धरम' क्या है?—अन्याय के विरुद्ध संघर्ष करते रहना। जीत या हार की चिन्ता किये बिना अन्याय का पूरी शक्ति से प्रतिकार करना। वह संहार या ध्वंस के लिए संघर्ष नहीं करता बल्कि अटूट आस्था, अदम्य कामना के साथ नये निर्माण के लिए संघर्ष करता है। सूरदास न गांधीवाद का झुनझुना है, न मार्क्सवाद की तुरही—वह सत्यवादी, दीन-ईमान से डरने वाला, सत्य-न्याय-विवेक-दया-निष्ठा-परोपकार और उदारता जैसे मानवीय गुणों का पुंज है। भारत के किसी भी गांव की तरह के एक गांव पाण्डेपुर का दीन बाशिन्दा। सड़क के किनारे उसकी दस बीघा जमीन है जो गांव के पशुओं के चरागाह के काम आती है। शहर के एक ऐंग्लो-इण्डियन धन-पशु जॉन सेवक उस जमीन में सिगरेट का कारखाना खोलना चाहते हैं। सारे प्रलोभनों के बावजूद सूरदास उस ज़मीन को बेचने के लिए राजी नहीं होता। यह जानते हुए भी महाजनी सभ्यता को रोकने की क्षमता उसके अन्दर नहीं है फिर भी वह विरोध करता है क्योंकि अन्याय का विरोध करना उसका धर्म है। 'मेरे जीते-जी तो जमीन न मिलेगी। हां, मर जाऊं तो भले ही मिल जाय।' सूरदास के चरित्र की यही खासियत उसे 'एपिकल करेक्टर' बना देती है—एक निरंतरता के प्रवाह में सामान्य आदमी का यह काल बोध है। प्रबल संवेगों से उत्पन्न यह

'आडियालॉजी' कहीं टूटती नहीं बल्कि ज्यों-ज्यों परवशता से घिरती जाती है, चट्टान की तरह मजबूत होती जाती है। 'मनोराज्योन्मुखता' (युटोपिया) वस्तुगत स्थिति का परिणाम है, वैचारिकता का आग्रह नहीं। विनाश की कल्पना से भी सूरदास आतंकित नहीं है उसके लिए संघर्ष एक सतत प्रक्रिया है लेकिन यह संघर्ष इकहरा नहीं, सर्वव्यापी है। वह दूसरों को नहीं मारता, अपने को मारता है। इसीलिए उसके संघर्ष में एक संयम है, एक संतुलन है। यह कोरे निषेध से मुक्त है। भीतरी ताप से इसका सृजन हुआ है।

जॉन सेवक चतारी के राजा और म्युनिसिपैलिटी के अध्यक्ष महेन्द्र प्रताप के सहयोग से सूरे की जमीन लेकर उस पर कारखाना बैठा लेते हैं तब भी सूरे हार नहीं मानता। कुलियों की आवास व्यवस्था की समस्या के हल के लिए वे पांडेपुर को मुआवजा देकर खाली करा लेने की स्वीकृति प्राप्त कर लेते हैं। सारे बाशिंदे, विवश होकर घर छोड़ देते हैं, लेकिन सूरे अपना झोंपड़ा छोड़ने के लिए तैयार नहीं होता। वह जानता है कि जैसे जमीन छिन गई वैसे ही पशु-बल से झोंपड़ा नेस्तनाबूत कर दिया जायेगा फिर भी वह 'रन से मुंह नहीं मोड़ता'। मिठुआ पूछता है—

दादा, अब कहां रहेंगे?

सूरदास—दूसरा घर बनायेंगे।

मिठुआ—और कोई फिर आग लगा दे?

सूरदास—तो फिर बनायेंगे।

मिठुआ—और फिर लगा दे?

सूरदास—तो हम फिर बनायेंगे।

मिठुआ—और जो कोई हजार बार लगा दे?

सूरदास—तो हम हजार बार बनाएंगे।

गौरतलब है कि सूरदास न आत्मप्रतिष्ठा चाहता है, न कोई क्रांति ही करना चाहता है। विद्रोह के लिए गढ़े गये खास जनवादी पात्रों का आत्मप्रदर्शन, विज्ञापनबाजी, सेल्समैनशिप उसमें नहीं है। अतः वह बाजारू चरित्र होने से बच गया है। वह क्रांतिकारी शक्तियों को एकत्र करके सामंती और पूंजीवादी चरित्रों तथा जीवन-मूल्यों को मिटाने का मुगालता भी नहीं पालता। दूसरों को नाराज करने का अभिजात आनन्द वह नहीं प्राप्त करता, वह अपनी सूखी हड्डियों के हथियार से, अकेले, अपने धर्म के लिए लड़ता है। इसीलिए वह न अकेला है, न असहाय—वह आदमी की भीतरी और बाहरी समृद्धि है, ऐसी समृद्धि, जो आदमी को, स्रष्टा को, बड़ा बनाती है। प्रेमचन्द सूरदास के संघर्ष को आत्मसात् कर लेते हैं—यह एक इतिहासबोध है जो रचना-प्रक्रिया द्वारा उन क्षणों में उपार्जित होता है जब रचनाकार स्वयं संघर्ष बन जाता है। प्रच्छन्न राजनीतिक नीयत से मुक्त होकर ही ऐसा किया जा सकता है। प्रेमचन्द सूरे के बहाने 'आचरण की मर्यादा' की रक्षा करते हैं। इसी कोशिश में वह

तिहरे नकाब पहनने वाली बृहत्तर-संस्थाओं और सामाजिक-आर्थिक स्थापनाओं को ललकारते हैं। उनका संघर्ष निज भाव से उत्पन्न होता है। अक्खड़, दुर्विनीत और कटु बने बिना वे परखे हुए नैतिक मूल्यों की बात करते हैं—स्वयं जोखिम लेते हैं और सूरे के रूप में खम ठोंककर खड़े हो जाते हैं। इसीलिए उनका संघर्ष, उनकी कमजोरी नहीं, बल बनकर आता है। धर्म का भय उन्हें संयमित और अनुशासित बनाता है। सूरदास दूसरों को मारने की बात नहीं करता, स्वयं मर जाने का साहस रखता है। वह लम्बी साजिश की फसल तैयार नहीं करता और न छुरे की नोंक पर भरोसा करता है—वह भरोसा करता है, अपने दीन-ईमान पर, अपने संयम-अनुशासन पर, अपने त्याग-बलिदान पर, अपने सात्विक विरोध पर, अपनी आचार-शुद्धता, अपने नैतिक बल पर। वह न 'पर' का निर्मम संहारक है, न आत्महंता—वह यथार्थ की भाव-भूमि पर टिकी हुई संक्रांत सृष्टि है। वह भावना और निष्काम कर्म की सृष्टि है।

7 सितम्बर, 1934 को, प्रेमचन्द ने अपने एक पत्र में इन्द्रनाथ मदान को लिखा—'कथानक मैं इस दृष्टि से बुनता हूं कि मानव-चरित्र में जो कुछ सुन्दर है, मर्दाना है, वह उभर कर सामने आ जाय। यह एक उलझी हुई प्रतिक्रिया है, कभी इसकी प्रेरणा किसी व्यक्ति से मिलती है या कभी किसी घटना से या किसी स्वप्न से लेकिन मेरे लिए जरूरी है कि मेरी कहानी का कोई मनोवैज्ञानिक आधार हो।...मेरे अधिकांश चरित्र वास्तविक जीवन से लिये गये हैं, गो उन्हें काफी अच्छी तरह पर्दे से ढंक दिया गया है। जब तक किसी चरित्र का कुछ आधार वास्तविकता में न हो तब तक वह छाया सा अनिश्चित रहता है और उसमें विश्वास पैदा करने की ताकत नहीं आती।'

प्रेमचन्द पर लिखने वाले तमाम लोगों ने यह घोषित किया है कि 'रंगभूमि' के सूरदास के पीछे प्रेमचन्द के दिमाग में महात्मा गांधी थे। सत्य के अन्वेषक और अहिंसा के पुजारी गांधी। सत्य का अन्वेषक और अहिंसा का पुजारी सूरदास। 'सूरदास की प्रतिभा भी गांधीवादी आदर्श के सांचे में ढली हुई है। सत्य, अहिंसा, अस्तेय का उसमें ऐसा समावेश हो गया है कि वह आदर्श मूर्त हो जाता है।'[3] लेकिन क्या सचमुच 'गांधीवाद' के उन्माद की विभोर अवस्था में 'रंगभूमि' का सृजन हुआ था? क्या सूरदास गांधी है? प्रेमचन्द 'वास्तविक जीवन से' चरित्रों का चयन करते थे और 'रंगभूमि' के रचना-काल में गांधी का असहयोग आंदोलन पूरे उफान पर था। जाहिर है कि प्रेमचन्द ने प्रभाव ग्रहण किया होगा और 'पर्दे से अच्छी तरह ढंककर' गांधी को सूरदास के रूप में अवतरित किया होगा। सूरदास जीवन को खेल की तरह लेता है—'सच्चे खिलाड़ी कभी रोते नहीं, बाजी पर बाजी हारते हैं, चोट पर चोट खाते

हैं, धक्के पर धक्के सहते हैं पर मैदान पर डटे रहते हैं, उनकी त्योरियों पर बल नहीं पड़ते। खेल में रोना कैसा? खेल हंसने के लिए है, दिल बहलाने के लिए है, रोने के लिए नहीं।' यह अनासक्ति भाव उसे गांधी से जोड़ता है। असहयोग आंदोलन और सविनय-अवज्ञा के द्वारा गांधी स्वाधीनता के अपने परम लक्ष्य की ओर बढ़ रहे थे। अंग्रेजी सरकार द्वारा बार-बार उत्पीड़ित होने के बावजूद वे अपने इन्हीं साधनों से लड़ते रहे। सूरदास भी इन्हीं से लड़ता है और गांधी की तरह जीतता नहीं, हार जाता है लेकिन यही हार उसकी जीत है—'हम हारे, तो क्या, मैदान से भागे तो नहीं, रोये तो नहीं, धांधली तो नहीं की। फिर खेलेंगे, जरा दम ले लेने दो, हार-हार कर तुम्हीं से खेलना सीखेंगे और एक न एक दिन हमारी जीत होगी, जरूर होगी!' मौत से जूझते सूरदास का यह कथन व्यक्ति की स्वतंत्रता का चरम रूप प्रदान करता है और इसी में मानव की मुक्ति के बीज अन्तर्निहित हैं। यह आत्मा के अंधलोकों की यात्रा नहीं, सीधी-सादी एक चुनौती है कि सुनो भद्रजन, तुम्हारा हत्यारा बुद्धि-जाल मुझसे टुकड़े-टुकड़े हो सकता है और हमारी बेवकूफ इच्छा के फूंक से तुम्हारी इमारत ध्वस्त हो सकती है।

निश्चित रूप से सूरदास पर गांधी का लेप किया गया है लेकिन सूरदास गांधी से आगे निकल जाता है। त्याग और नैतिक बल के सहारे सूरे अहिंसक क्रांति करता है—लोग उसकी सच्चाई के कायल होकर झुकने लगते हैं भैरो के हृदय की कुटिलता सूरे की शुचिता से धुल जाती है। राजा महेन्द्र कुमार क्षमा मांगते हैं—'सूरदास, मैं अपनी भूलों के लिए तुमसे क्षमा मांगने आया हूं। अगर मेरे बस की बात होती तो मैं आज अपने जीवन को तुम्हारे जीवन से बदल लेता।' कारखानेदार सूरे की बरबादी के कारण जॉन सेवक भी झुक जाते हैं—'मेरे हाथों तुम्हारा बड़ा अहित हुआ। इसके लिए मुझे क्षमा करना। लोकमत के अनुसार मैं जीता और तुम हारे, पर मैं जीत कर भी दुःखी हूं, तुम हार करके भी सुखी हो।' सूरदास का पात्र मेहनत से गढ़ा गया हैं और आदर्श की अगरबत्ती जला-जला कर उसे महकाया गया है, इतना कि वह गंध से भर गया है। और गंध जब ठोस बन जाती है तब सहलाती नहीं, आक्रामक बन जाती है। चरित्र में गहन गति का अभाव हो जाता है और अन्तिम प्रभाव चटख जाता है। सूरदास का चरित्र कई जगह इस गझिन-गंध का शिकार होता है, प्रेमचन्द इस गंध को गांधी से प्राप्त करते हैं लेकिन सूरे के सहज चरित्र को यह गंध घेर नहीं पाती और कहीं-कहीं खास कर अपने अन्तर्विरोधों में सूरे गांधी का जुआ अपने कंधों से उतार देता है। अपनी लालसाओं और शृंगारिक इच्छाओं की संतुष्टि के लिए वह दिवास्वप्नों में जीने लगता है—आदर्श धरा रह जाता है और दुर्बलताएं पंख लगाकर उड़ने लग जाती हैं। सुभागी-प्रसंग ऐसे ही अन्तर्विरोध का सहज रंग है। 'मैं तुझे अपनी बहन समझता हूं लेकिन अंधा संसार किसी की नीयत नहीं देखता' सूरदास के मन में बहन सुभागी को लेकर एक और इच्छा पल रही है कि—'काश,

यह मेरी स्त्री होती, तो कितने आनंद से जीवन व्यतीत होता। अब तो भैरों ने इसे घर से निकाल दिया, मैं रख लूं तो इसमें कौन सी बुराई है! इससे कहूं कैसे, न जाने अपने दिल में क्या सोचे! मैं अन्धा हूं तो क्या आदमी नहीं हूं। बुरा तो मानेगी? मुझसे इसे प्रेम न होता, तो मेरी इतनी सेवा क्यों करती?' सरल-हृदय, दीन-प्राणी सूरदास का यह शांति-भोग अपने ही देवत्व को खण्डित कर देता है, उपन्यासकार ने बड़ी मेहंनत से जिसे सरजा है।

फिर सूरदास हर जगह अपनी जान देता फिरता है, लेकिन देता कहीं नहीं। इस धमकी के बार-बार दोहराने के कारण वह गांधी न बनकर एक सामान्य मनुष्य बन जाता है और यही विशेषता उसे यथार्थ की आधारभूमि पर प्रतिष्ठित करती है। क्योंकि पात्र जब लेखक के हाथ का निर्जीव खिलौना बन जाता है, तब सारे अनुबंध टूट जाते हैं। जान देने की धमकी सत्याग्रह की चरम सीमा है लेकिन उसे बार-बार दोहरा कर दबाव डालने की कोशिश करना कायरता है। जॉन सेवक के गोदाम पर लठैतों के हमला बोल देने पर सूरे जमीन से एक बड़ा पत्थर उठाकर कहता है कि 'अगर तुम लोग अब भी मेरी विनती नहीं सुनोगे, तो इसी दम पर पत्थर से सिर टकराकर जान दे दूंगा।' ताहिर से कहता है, 'खां साहब, अगर जमीन जायेगी, तो इसके साथ मेरी जान भी जायेगी।' या, 'मेरे जीते-जी तो जमीन न मिलेगी। हां, मर जाऊं तो भले ही मिल जाय।' जमीन निकल जाती है, कारखाना भी खड़ा हो जाता है लेकिन सूरदास की जान नहीं जाती। जाती है तो क्लार्क की गोली से। हालांकि मानवीय दुर्बलता का यही पक्ष सूरे को प्रामाणिक बनाता है।

हां, गांधी की आस्तिकता और ईश्वर पर अटूट विश्वास सूरे में कूट-कूटकर भरा है। 'मेरी मौत आयेगी, तो आप लोग खड़े रहेंगे, और मैं मर जाऊंगा। मौत न आवेगी, तो मैं तोपों के मुंह से बचकर निकल आऊंगा।'...भगवान् अन्यायी नहीं है, मेरे पूर्व-जन्म की कमाई ही ऐसी थी। जैसे कर्म किये हैं, वैसे फल भोग रहा हूं। यह सब भगवान् की लीला है। वह बड़ा खिलाड़ी है। घरौंदे बनाता-बिगाड़ता रहता है। उसे किसी से वैर नहीं। वह क्यों किसी पर अन्याय करने लगा?'—ईश्वर पर अटूट विश्वास ही, गांधी की दृष्टि में, सत्याग्रही का अटूट आधार है। इससे नैतिक बल मिलता है और संघर्ष की क्षमता अर्जित होती है। इसीलिए यह भी भीरुता नहीं, शक्ति है, जो आस्था, विश्वास और संकल्प को मजबूत बनाती है। व्यक्ति भय-मुक्त होता है और भौतिक आकर्षण समाप्त हो जाते हैं। सूरदास की आस्तिकता, उसकी भय-मुक्ति, उसकी उदारता—इसी आस्था से उत्पन्न हुई है। वह विश्वास करता है कि ईश्वर ही नियामक है, सूत्रधार है, हमारे कष्ट के पीछे पूर्व-जन्म का पाप है। यह विश्वास हमें छील देता है। इससे संघर्ष की धार कुंद हो जाती है। जब सब पूर्व निर्धारित ही है, तब कर्म का औचित्य क्या है? अन्याय और अत्याचार के विरोध में उठे हुए हाथों का तनाव व्यर्थ हो जाता है और प्रतिकार का संकल्प व्यर्थ,

अनावश्यक और अर्थहीन हो जाता है। इस विचारधारा से सम्पन्नता अजेय होती जाती है और शोषण बढ़ता जाता है। इस प्रतिक्रियावादी तत्त्व को ध्यान में रखते हुए सूरदास का मूल्यांकन एक ऐतिहासिक आवश्यकता है।

'नहीं मिस साहब, यह खिलाड़ियों की नीति नहीं है। खिलाड़ी जीतकर हारने वाले खिलाड़ी की हंसी नहीं उड़ाता, उससे गले मिलता है, और हाथ जोड़कर कहता है—भैया, अगर हमने खेल में तुमसे कोई अनुचित बात कही हो, या कोई अनुचित व्यवहार किया हो, तो हमें माफ करना।' इस तरह दोनों खिलाड़ी हंसकर अलग होते हैं, खेल खतम होते ही दोनों मित्र बन जाते हैं, उनमें कोई कपट नहीं रहता।' हार कर भी विपक्षी पर क्रोध न करना और जीत कर भी उस पर व्यंग्य न करना। सूरदास का जीवन-दर्शन है। उसके मन में न राजा महेन्द्र कुमार सिंह के प्रति कोई दुर्भावना है, न जॉन सेवक के प्रति, न भैरो के प्रति। ये सारे पात्र सूरे को बरबाद कर देने की कोशिशें निरंतर करते हैं लेकिन सूरे के मन में उनके प्रति कोई दुर्भावना नहीं आती। इसीलिए उसका कोई दुश्मन नहीं है, यहां तक कि जॉन सेवक भी नहीं। जॉन सेवक के प्रति भी वह अपने कर्तव्य का पालन नैतिक निर्ममता से करता है और उनसे उसे कोई शिकायत नहीं है—'मेरा तो आपने कोई अहित नहीं किया, मुझसे और आपसे दुश्मनी ही कौन सी थी। हम और आप आमने-सामने की पालियों में खेले। आपने भरसक जोर लगाया, मैंने भी भरसक जोर लगाया। जिसको जीतना था जीता, जिसको हारना था हारा। खिलाड़ियों में वैर नहीं होता। खेल में रोते तो लड़कों को भी लाज आती है। खेल में चोट लग जाय, चाहे जान निकल जाय, पर वैर-भाव नहीं आना चाहिए। मुझे आपसे कोई शिकायत नहीं है।'—जॉन सेवक से ही क्यों, उसे शिकायत किसी से नहीं है। वह पूरी शक्ति से विरोध करता है लेकिन विरोधी के प्रति द्वेष नहीं रखता। इससे कल्मष धुलता है और पात्रों के पुनर्जन्म की शृंखला शुरू हो जाती है। आत्मग्लानि और अनुताप की भावना से सारे खल पात्र एक-एक कर गलने लगते हैं और अन्ततोगत्वा सूर-सागर में मिल जाते हैं। सूरे का चरित्र एक दृष्टिकोण है, और प्रस्थान बिंदु भी, क्योंकि वह उस संसार को निश्चित और संगठित करता है, जो भावना और संभावना से उत्पन्न हुआ है। वह नीच-आस्था से मुक्त है इसलिए उत्तरदायित्व की भावना के प्रति प्रतिश्रुत है। यह आकस्मिकता या घटना संयोग नहीं, उच्चाशयता है। उसके वश में सिर्फ प्रयत्न है और इस प्रयत्न से ही उसके चरित्र को एक खास अर्थ मिलता है।

सूरदास को दोहरा संघर्ष करना पड़ रहा है। एक उनसे, जो उसकी जमीन ले लेना

चाहते हैं। दूसरे उनसे, जिनके लिए वह अपनी जमीन बचाना चाहता है, यानि, अपने ही ग्रामवासियों से। उसकी जमीन के प्रश्न पर नगर में एक विशाल आंदोलन उठ खड़ा होता है, जो अनियंत्रित होकर हिंसा की ओर झुकने लगता है। सूरे कहता है कि 'तुम लोग यह ऊधम मचाकर मुझे क्यों कलंक लगा रहे हो? आग लगाने से मेरे दिल की आग नहीं बुझेगी, लहू बहाने से मेरा चित्त शांत न होगा। आप लोगों की दुआ से यह आग और जलन मिटेगी। परमात्मा से कहिये, कि मेरा दुख मिटायें। भगवान् से विनती कीजिए, मेरा संकट हरें। जिन्होंने मुझ पर जुलुम किया है, उनके दिल में दया-धरम जागे, बस मैं आप लोगों से और कुछ नहीं चाहता।' फिर भी भीड़ के न मानने पर वह पत्थर से अपना सिर फोड़ लेने की धमकी देता है और उसकी विजय होती है—भीड़ बिखर जाती है। दूसरी ओर पांडेपुर के लोग धीरे-धीरे औद्योगिक सभ्यता का शिकार होते जाते हैं। अविचार और अनैतिकता के कीटाणु पूरे गांव में जहर फैला देते हैं—शराब, जुआ, व्यभिचार की आंच जलने लगती है और सूरे खुद में जलने लगता है। विद्या और घीसू सुभागी पर बलात्कार करने की नीयत से सूरे की झोंपड़ी में घुसते हैं, लेकिन पकड़ लिये जाते हैं। सूरे और लोगों के समझाने के बावजूद उन्हें पुलिस के हवाले कर देता है। इस मामले में वह कोई समझौता नहीं करता, भगवान् के न्याय की दुहाई नहीं देता, न जान देने की धमकी देकर उन्हें सुधरने का मौका नहीं देता। वह नायकराम को फटकारता है—'दुनिया में कहीं नियाव है कि नहीं? क्या औरत की आबरू कुछ होती ही नहीं? सुभागी गरीब है, अबला है, मजूरी करके अपना पेट पालती है, इसलिए जो कोई चाहे उसकी आबरू बिगाड़ दे? जो चाहे उसे हरजाई समझ ले?' गांव की झूठी इज्जत बचाने में लगे गांव के सारे लोग, तहकीकात के लिए आये दरोगा के सामने मुंह सी लेते हैं लेकिन सूरदास झुकता नहीं, अपने अकेलेपन से डरता नहीं और ललकारता है—'यारो, सच्ची बात कहने से मत डरो। मेल-मुरौवत इसे नहीं कहते कि किसी औरत की आबरू बिगाड़ दी जाय, और लोग उस पर परदा डाल दें। किसी के घर में चोरी हो जाय, और लोग छिपा लें। अगर यही हाल रहा, तो समझ लो कि किसी की आबरू नहीं बचेगी। भगवान् ने सभी को बहू-बेटियां दी हैं, कुछ उनका खियाल करो। औरत की आबरू कोई हंसी-खेल नहीं है।' सूरे का यह व्यवहार उसे गांधीवाद की खोल से अलग करता है। वह अपराधियों को पुलिस को सौंप कर पशु-बल का आश्रय लेता है—उसका आचरण सत्याग्रही का आचरण नहीं, फिर भी इससे प्रभाव उत्पन्न होता है। एक प्रतिक्रिया जन्म लेती है और गांव वाले एक-एक सच्ची बात स्वीकार कर लेते हैं। वे इसके कायल हो जाते हैं कि विद्या और घीसू के प्रति उसके हृदय में प्रतिहिंसा की भावना नहीं है। 'घीसू और विद्या की तो बात ही क्या, मिठुआ भी होता, तो सूरे उसे भी नहीं छोड़ता।' सूरे के मरने के बाद, घीसू को लेकर हो गये उसके कट्टर शत्रु बजरंगी भी स्वीकार करता है कि सूरे, 'आदमी नहीं देवता

था। ऐसा सेर आदमी कहीं नहीं देखा। सच्चाई के सामने किसी की परवाह नहीं की, चाहे कोई अपने घर का लाट ही क्यों न हो। घीसू के पीछे मैं उससे बिगड़ गया था, पर अब जो सोचता हूं, तो मालूम होता है कि सूरदास ने कोई अन्याय नहीं किया।...घीसू का चाल-चलन बिगड़ गया था। सजा न पाता, तो न जाने क्या अंधेर करता अंधेर मिटाने की कोशिश ही उसका एकमात्र लक्ष्य है। साधन की पवित्रता आवश्यक तो है लेकिन कहीं-कहीं उसे मोड़ना भी पड़ता है। सूरदास इसे मोड़ता है, कई-कई जगहों पर, इसलिए कि किसी भी प्रकार की कुरुचि उसे सह्य नहीं है।

'रंगभूमि' को एक राजनीतिक उपन्यास माना जाता है। सूरे में गांधी और उसके आंदोलन में असहयोग आंदोलन की जड़ें ढूंढ़ी जाती रही हैं। अप्रैल, सन् '30 के 'हंस' के संपादकीय में प्रेमचन्द ने स्वराज्य आंदोलन की बाबत लिखा था—'कुछ लोग स्वराज्य आंदोलन से इसलिए घबड़ा रहे हैं कि इससे उनके हितों की हत्या हो जायेगी।...इनमें अधिकांश हमारे जमींदार, सरकारी नौकर, बड़े-बड़े व्यापारी और रुपये वाले लोग शामिल हैं।...इसमें संदेह नहीं कि स्वराज्य का आंदोलन गरीबों का आंदोलन है...गरीबों की छाती पर दुनिया ठहरी हुई है यह कठोर सत्य है। हर एक आंदोलन में गरीब लोग ही आगे बढ़ते हैं; यह भी अमर सत्य है। इस आंदोलन में भी गरीब ही आगे-आगे हैं और उन्हीं को रहना भी चाहिए...' 'रंगभूमि' में जमीन के बहाने चलने वाला जन-आंदोलन, स्वराज्य-आंदोलन की छाया हो सकता है और जॉन सेवक, राजा महेन्द्र कुमार, क्लार्क—जमींदार, सरकारी नौकर और बड़े-बड़े व्यापारियों के प्रतिनिधि हो सकते हैं, सन् '20 के असहयोग आंदोलन तथा शासन की दमन-नीति का प्रभाव भी माना जा सकता है लेकिन इसी को मूल धुरी मानकर सोचना, प्रेमचन्द के प्रति अन्याय होगा। यह सही है कि कथावस्तु की बुनावट कुछ इस प्रकार से की गयी है कि एक विभाजक रेखा ने पूरे कथ्य के साफ-साफ दो हिस्से कर दिये हैं—एक, गरीब-शोषण-अंधविश्वास में डूबे लेकिन नैतिक मूल्यों से जुड़े पांडेपुर के ग्रामीण, दो, शहर की सम्पन्नता भोग रहे जमींदार, व्यापारी, अफसर और बुद्धिजीवी, जो आत्मछल में जी रहे हैं और अपनी सम्पन्नता के तम्बू में सब कुछ समेट लेना चाहते हैं। दोनों में अस्तित्व-संकट है। एक अति गुंजलक-परिवेश के शिकार दोनों पक्षों का द्वन्द्व वस्तुतः अपनी-अपनी अस्मिता की रक्षा का द्वन्द्व है। गांववालों की लड़ाई अधिकारी की लड़ाई नहीं अपितु आत्मरक्षा का सशक्त प्रयास है। इसीलिए उनका संघर्ष इकहरा है, सर्व स्तरीय नहीं। दूसरी ओर निर्लज्ज इच्छा का विस्तार है। समाज की ऊपरी सतह पर तैरने वाली सफेद पोश संस्कृति आक्रामक बन जाती है। यह राजनीतिक संस्कृति का पूर्ण विद्रूपीकरण है। गरीबी मनुष्य और संस्कृति

दोनों की हत्या करती है। अवसरवादी शक्तियां एकजुट होकर संस्कृति, फिर मनुष्य की हत्या करती हैं और बाद में घोर व्यावसायिक तथा अमानवीय संस्कृति की स्थापना करती हैं। सच्ची लगन वाले आस्थावादी सब कुछ गंवा देते हैं—शेष रह जाती है, आस्था की राख—जिससे सूरदास की मूर्ति का निर्माण होता है। बाद में वह मूर्ति भी तोड़ दी जाती है। यह एक विवश और अपंग, किन्तु ऊर्जा से भरे हुए आदमी के अस्तित्व की समस्या है।

प्रेमचन्द के आदर्शवाद का ध्येय सुन्दर और पवित्र की रचना करना था। मार्च, '35 के 'हंस' के संपादकीय में उन्होंने लिखा, 'आदर्शवाद का ध्येय यही है कि वह सुन्दर और पवित्र की रचना करके मनुष्य में जो कोमल और ऊंची भावनाएं हैं, उन्हें पुष्ट करे और जीवन के संस्कारों से मन और हृदय में जो गर्द और मैल जम रहा हो उसे साफ कर दे। किसी साहित्य की महत्ता की जांच यही है कि उसमें आदर्श चरित्रों की सृष्टि हो। हम सब निर्बल जीव हैं, छोटे-छोटे प्रलोभनों में पड़ कर हम विचलित हो जाते हैं, छोटे-छोटे संकटों के सामने सिर झुका देते हैं। और जब हमें अपने साहित्य में ऐसे चरित्र मिल जाते हैं जो प्रलोभनों को पैरों तले रौंदते और कठिनाइयों को धकियाते हुए निकल जाते हैं तो में उनसे प्रेम हो जाता है, हममें साहस का जागरण होता है और हमें जीवन का मार्ग मिल जाता है।' चेतू, सूरदास, होरी इसी धारणा की सृष्टियां हैं। सूरदास अपनी निष्काम साधना से 'रंगभूमि' के सारे पात्रों के मन और हृदय में जमी गर्द और मैल को साफ कर देता है, प्रलोभनों को पैरों तले धकियाते और रौंदते हुए निकल जाता है—कहीं भी अत्याचार के सामने झुकता नहीं, और न कहीं समझौता करता है। वह बड़ी मेहनत से गढ़ा गया पात्र है। प्रेमचन्द स्वयं उसकी कथा लिखते हुए भाव-विभोर हो जाते हैं। 'वह साधु न था, महात्मा न था, देवता न था, फरिश्ता न था। एक क्षुद्र, शक्तिहीन प्राणी था।...क्रोध, लोभ, मोह, अहंकार, ये सभी दुर्गुण उस पर गुण के सम्पर्क से, नमक की खान में जाकर नमक हो जाने वाली वस्तुओं की भांति, देवगुणों का रूप धारण कर लेते थे—क्रोध सत्क्रोध हो जाती थी, लोभ सदनुराग, मोह सदुत्साह के रूप में प्रकट होता था और अहंकार आत्माभिमान के वेष में! और वह गुण क्या था? न्याय-प्रेम, सत्य-भक्ति, परोपकार, दर्द या उसका जो नाम चाहे, रख लीजिए। अन्याय देखकर उससे न रहा जाता था, अनीति उसके लिए असह्य थी।' हृदय धैर्य और क्षमा, सत्य और साहस से भरा हुआ था। देह पर मांस न था, पर हृदय में विनय, शील और सहानुभूति भरी हुई थी।—प्रेमचन्द की कल्पना, उनकी मानसिकता से जुड़ी हुई है। कबीर और गांधी को जोड़कर उन्होंने यह मूर्ति बनायी है और सूरदास का अन्तर्विरोध स्वयं प्रेमचन्द का अन्तर्विरोध है। इसी मिश्रण के कारण सूरदास अनेक रसों का अवलेह बनकर

रह गया है, ऐसा अवलेह, जो हर बीमारी में 'अमृतधारा' की तरह दिया जाता है। ऐसी कल्पना, यथार्थ की दिगम्बर भूमि से नहीं उगती, बल्कि एक स्वप्न-द्रष्टा का काल्पनिक भविष्य होता है।

प्रेमशंकर, अमरकांत और चक्रधर की तरह 'रंगभूमि' में भी विनय का सृजन किया गया है। अपने वर्गगत संस्कारों और सीमाओं के कारण वह सामन्तवाद और जनवाद के बीच इतस्ततः भटकता रहता है। रानी जाह्नवी द्वारा उसे देशसेवा की ओर उन्मुख करने के सारे प्रयास फुस्स हो जाते हैं किन्तु विनय में एकाग्रता, स्थिरता और ईमानदारी नहीं आ पाती। सोफिया के प्रेम और राष्ट्र-सेवा के गगूलों के बीच वह तिनके-सा जीवन भर उड़ता रहता है। वह सूरदास की मानस-भूमि के निकट है और रक्तचाप तथा शक्ति-प्रदर्शन में विश्वास नहीं करता। दूसरी ओर वीरपाल सिंह हैं जो आतंकवाद के जरिये स्वाधीनता प्राप्त करने में विश्वास करते हैं। आध्यात्मिक साधनों से मनुष्य का देवत्व जगाकर सामाजिक व्यवस्था बदली जा सकती है–इस विश्वास के सहारे विनय जसवंत नगर में आमूल परिवर्तन करता है। नतीजा? इस गांव के लोग पुलिस के पास नहीं जाते, स्वयं संगठित होकर अपनी रक्षा करते हैं। सामाजिक जीवन का पुनरुद्धार होने लगता है। लेकिन विनय के चरित्र का यह परिवर्तन आरोपित परिवर्तन है। एक तरफ वह सरकारी अधिकारियों से मिल जाता है, दूसरी ओर डाकिये को बचाने के लिए स्वयं जान की बाजी लगा देता है। न्याय और धर्म की दुहाई देने वाला विनय नायकराम को सहायता से जेल से भागने को तैयार हो जाता है–यहां से उसके पूर्ण पतन की शुरुआत होती है जिसका अंत पांडेपुर की भीड़ में की गयी आत्महत्या में होता है। इसीलिए मुझे विनय चित्र नहीं, व्यंग्य चित्र लगता है। सूरदास के पूरक चरित्र के रूप में प्रेमचन्द ने उसका विकास करना चाहा था लेकिन भूदान-मार्का दुकानों में भटक कर वह एक विकलांग चरित्र बनकर रह गया है।

जॉन सेवक और राजा महेन्द्र कुमार, पूंजीवाद और सामंतवाद के प्रति प्रेमचन्द की घृणा के प्रतीक हैं। दिसम्बर, '33 के 'हंस' में प्रेमचन्द ने लिखा था कि 'नवीन साहित्य समाज का खून चूसने वालों, रंगे सियारों, हथकंडेबाजों और जनता के अज्ञान से अपना स्वार्थ सिद्ध करने वालों के विरुद्ध उतने ही जोर की आवाज़ उठा रहा है, और दीनों, दलितों, अन्याय के हाथ सताये हुओं के प्रति उतने ही जोर से सहानुभूति उत्पन्न कर रहा है...' इससे सिद्ध है कि इस वर्ग के प्रति उनके मन में पूर्वाग्रह थे और वे इन्हें जलील करने और उनकी पोल खोलने का कोई भी मौका चूकते नहीं थे। व्यापारी जॉन सेवक की कुटिलता, उनके लोभ, उनकी ईर्ष्या, उनके अहंकार और उनके खुशामदी व्यक्तित्व की प्रेमचन्द ने धज्जियां उड़ा दी हैं। राजा महेन्द्र कुमार

'सम्मान लोलुप मनुष्य थे, और ऐसे अन्य मनुष्यों की भांति वह बहुधा औचित्य की दृष्टि से नहीं, ख्याति लाभ की दृष्टि से अपने आचरण का निश्चय करते थे। हुक्काम की निगाह में आबरू भी बनी रहे और जनता का भी भ्रम बना रहे, इसी संतुलन को बनाते-बनाते वे आखिर में सूरदास की प्रतिमा के नीचे दबकर मर जाते हैं। कभी-कभी आश्चर्य होता है कि प्रेमचन्द जैसा बड़ा लेखक क्यों संवेदना के स्तर पर कम, धारणा के स्तर पर अधिक जीता है! कहीं-कहीं संवेदना का स्तर हिलता भी है तो भावुकता की धारा उसे बहा ले जाती है। उनके अपने कला-नियम हैं, संरचना की निजी दृष्टि है, लेकिन उनमें एक अधूरापन भी है, जो कहीं न कहीं उन्हें कमजोर बनाता है। उनकी सारी कोशिश सतह पर तैरने लगती है, गहरे उतरने से कतराती है।

एक सवाल और मथ रहा है कि 'रंगभूमि' की मूल समस्या क्या है? तमाम लटकों के सहारे तमाम आलोचकों के फतवे दिये हैं। सामंतवाद-जनवाद, गांधीवाद, आतंकवाद, औद्योगिक व्यवस्था-कृषक व्यवस्था, पूंजीवाद-समाजवाद वगैरह-वगैरह फड़कते नारों को चिपका कर इसका मूल्यांकन करने का प्रयास किया गया है। सामंतवाद और जनवाद के नाम पर महेन्द्र कुमार, राजा कुंवर भरतसिंह और सूरदास के द्वन्द्व की पड़ताल की जाती है। लेकिन यह मूल संघर्ष नहीं है। सामंतवाद तो औद्योगिक व्यवस्था की सहायता का निमित्त है। औद्योगिक व्यवस्था और कृषक व्यवस्था का द्वन्द्व तो 'रंगभूमि' में कहीं है ही नहीं। कहीं भी खेती की बात ही नहीं कही गयी है और न पांडेपुर के किसी बाशिन्दे को खेतिहर के रूप में चित्रित किया गया है। पंडा, ग्वाला, ताड़ी के दुकानदार, सब हैं, लेकिन किसान कोई नहीं है—अतः द्वन्द्व का प्रश्न ही कहां उठता है? फिर पांडेपुर गांव है या शहर का एक मुहल्ला, स्वयं प्रेमचन्द इसका निर्णय करने में गड़बड़ा गये हैं। कहीं इसे गांव कहते हैं, मुहल्ला और कहीं शहर। दरअसल यह छोटे-मोटे कारबारियों की एक बस्ती है, जो विपन्नता में तो गांव के निकट है लेकिन गांव की समस्याओं से पूरी तरह से कटा हुआ है। फिर कृषक क्रांति की बात करने का आधार क्या है?

पूंजीवाद और समाजवाद के बारे में स्वयं प्रेमचन्द की दृष्टि साफ नहीं थी—'त्राहि-त्राहि करती मानवता के लिए कुछ करने का संकल्प'—समाजवादी चिंतन नहीं है और न विनय का रास्ता ही उस ओर ले जाता है। 'रंगभूमि' में अन्ततः पूंजीवाद की ही विजय होती है और सूरदास की भले ही प्रतिमा स्थापित हो जाती है, उसका स्वप्न हार जाता है। प्रेमचन्द के मन में, सत्य तो यह है कि पूंजीवादी विकल्प की कोई स्पष्ट कल्पना ही नहीं थी। हां, लेखक के सामाजिक दायित्व के निर्वाह में वे पीछे नहीं रहे।

अपने अभावों के बीच जी रहे एक कस्बे की कैसे मौत होती है और औद्योगिक विस्तार के हथियारों से कैसे एक निर्दोष संस्कृति जिबह होती है—'रंगभूमि' के फलक पर प्रेमचन्द, इसी का एक भयावह चित्र बनाते हैं। इसीलिए उनमें एक समस्या नहीं उभरती, तमाम समस्याओं का गुंजलक सा उभरता है। प्रेमचन्द गांधी के सहारे इस गुंजलक से मुक्त होना चाहते हैं लेकिन हो नहीं पाते। फिर भी आस्था और आशा की कलात्मक गूंज के कारण इसे 'विशिष्ट' बना देते हैं। सच्चा संकल्प और कठिनाइयों पर विजय पाने की सच्ची दृढ़ता उत्पन्न करने वाले साहित्य के वे पक्षधर हैं। इसीलिए उन्होंने ऐसा साहित्य रचा है, जो मनुष्य में सौन्दर्य-प्रेम जगाने का यत्न करता है। वे शब्दों और भावों की सारी शक्ति से वार करते हैं—इससे कुछ टूटे, न टूटे, युयुत्सा का भाव तो उत्पन्न होता ही है।

'रंगभूमि' में दलित, पीड़ित, वंचित और संघर्षशील समूह की ओर से प्रेमचन्द ने समाज की अदालत में इस्तगासा पेश किया है। यह जानते हुए भी कि वे हार जायेंगे, उन्होंने पूरी संलग्नता से बहस की है—और यही उनकी जीत है।

कायाकल्प

रामचन्द्र तिवारी

'कायाकल्प' प्रेमचन्द के बड़े उपन्यासों में गिना जा सकता है। इसका लेखन अप्रैल, 1924 से आरंभ होकर नवम्बर, सन् '25 में समाप्त हुआ। प्रेमचन्द का यह उपन्यास वह महत्त्व नहीं प्राप्त कर सका जो इसे मिलना चाहिए था। सामान्यतः यह मान लिया गया कि इसमें प्रेमचन्द अपने प्रकृत पथ से विचलित होकर अध्यात्म, योग-सिद्ध, पुनर्जन्म और कायाकल्प की मरीचिका में भटक गये हैं। इसमें सन्देह नहीं कि 'कायाकल्प' अपनी परिणति में किसी ठोस यथार्थवादी जीवन मूल्य की ओर संकेत नहीं करता है किन्तु अपनी समग्रता में यह जिस नवीन सामाजिक जागरण, समसामयिक यथार्थ एवं वर्गीय अन्तर्विरोधों की अभिव्यक्ति कर सका है, उसका महत्त्व कम नहीं है।

उपन्यास में कुल पांच कथासूत्र हैं। प्रमुख कथासूत्र विशालसिंह का है। विशालसिंह जगदीशपुर की रानी देवप्रिया के चचेरे देवर थे। दूसरा सूत्र हरिसेवक सिंह का है। यह जगदीशपुर राज्य के दीवान हैं। तीसरा सूत्र मुंशी वज्रधर का है। यह कुछ दिनों तक तहसीलदार रहने के बाद अवकाश प्राप्त कर चुके हैं। चौथा सूत्र आगरा निवासी बाबू यशोदानन्दन का है और पांचवां स्वयं रानी देवप्रिया का। रानी देवप्रिया विधवा हैं। उनकी भोग-लिप्सा प्रबल है। वे काशी में आने वाले प्रत्येक युवा राजकुमार को आमन्त्रित करके अपने रूप-जाल में फंसाकर अपनी काम-पिपासा तृप्त करती हैं। इसी क्रम में वे एक दिन हर्षपुर के राजकुमार इन्द्र विक्रम सिंह को आमन्त्रित करती हैं। इन्द्र विक्रमसिंह रानी के पूर्व पति हैं। वे मृत्यु के बाद हर्षपुर में जन्म लेने, विज्ञान की शिक्षा के लिए यूरोप जाने, बर्लिन की प्रयोगशाला में एक तिब्बती भिक्षु के मिलने, उसके साथ तिब्बत लौटने, तिब्बत में एक सिद्धयोगी से मिलने और उससे इच्छानुसार आयु और बल को बढ़ा सकने की विद्या सीखने की सारी कथा रानी देवप्रिया को सुना जाते हैं। रानी देवप्रिया जगदीशपुर का राज्य छोड़कर उनके साथ चली जाती हैं। वे उनका कायाकल्प कर देते हैं। एक दिन वे

रानी को साथ लेकर अन्तरिक्ष की यात्रा पर निकलते हैं। यान में उनकी वासना जाग उठती है। इसके साथ ही यान नीचे गिरने लगता है। वे फिर मिलने का आश्वासन देकर प्राण त्याग देते हैं। रानी हर्षपुर में आकर विरहिणी का जीवन व्यतीत करने लगती हैं।

विशालसिंह रानी देवप्रिया के बाद जगदीशपुर का राज्य प्राप्त करते हैं। हरिसेवक सिंह पूर्ववत् दीवान पद पर बने रहते हैं। मुंशी वज्रधर अपनी व्यवहार कुशलता से राजा विशालसिंह के कृपापात्र बन जाते हैं। विशालसिंह ने अब तक चार बार ब्याह किये थे। पहली पत्नी दिवंगत हो गई थी। तीन पत्नियां जीवित थीं। पहली पत्नी से एक पुत्री 'सुखदा' हुई थी जो प्रयाग के कुंभ मेले में खो गई थी। राजा होने के बाद पुत्रप्राप्ति की चिर संचित वासना की पूर्ति तथा ब्रिटिश शासन की छाया में आधुनिक जीवन व्यतीत करने की लालसा से वे रियासत के दीवान हरिसेवक सिंह की कन्या मनोरमा से पांचवां विवाह करते हैं। मनोरमा को शिक्षित और मानसिक स्तर पर संस्कृत करने वाले चक्रधर महोदय हैं जो मुंशी वज्रधर के पुत्र हैं। चक्रधर आधुनिक शिक्षा प्राप्त आदर्शवादी विचारों वाले व्यक्ति हैं। वे उच्चस्तरीय अंग्रेजी शिक्षा प्राप्त करके भी सरकारी नौकरी नहीं करते। उन्होंने गरीबों की सेवा का व्रत लिया है। जीविका के लिए वे मनोरमा का ट्यूशन करते हैं और पत्र-पत्रिकाओं में नवीन सुधारवादी दृष्टि से विचारपूर्ण लेख लिखते हैं। मनोरमा चक्रधर की उपासिका है। उनकी प्रत्येक इच्छा की पूर्ति करके वह जीवन की सार्थकता का अनुभव करती है। राजा विशालसिंह से ब्याह करने के मूल में कहीं न कहीं उसके मन में विद्यमान यह भावना भी कार्य करती रही है कि रानी बनकर वह चक्रधर की अधिक से अधिक सहायता कर सकेगी। बाबू चक्रधर गांवों में जाकर किसानों और मजदूरों को संगठित करते हैं। सेवा समितियां कायम करते हैं, उन्हें जागृति का संदेश देते हैं और उनके मौलिक अधिकारों से परिचित कराते हैं।

कुंभ के मेले में खोई हुई सुखदा आगरे के सामाजिक कार्यकर्ता यशोदानन्दन को प्राप्त होती है। वे उसका पालन-पोषण अपनी ही पुत्री मानकर करते हैं और उसका नाम अहिल्या रख देते हैं। चक्रधर के सुधारवादी विचारों से प्रभावित होकर यशोदानन्दन उनसे अहिल्या के विवाह का प्रस्ताव करते हैं। उन्हें आगरे ले जाते हैं। आगरे में गाय की कुरबानी के प्रश्न पर हिन्दुओं-मुसलमानों के बीच तीव्रतम तनाव की स्थिति में अपनी जान जोखिम में डालकर चक्रधर अपने साहस, धैर्य, शांति-प्रियता और उदारता का परिचय देते हुए सभी का मन जीत लेते हैं। अहिल्या मन ही मन उनको वरण कर लेती है।

राजा विशालसिंह के राजतिलक समारोह के अवसर पर भूखे रहकर रात-दिन बेगार करने वाले मजदूरों का असंतोष सीमा पार कर जाता है। वे विद्रोह कर देते हैं और निर्भय होकर बंदूकों के सामने मरने को तैयार हो जाते हैं। तिलक मण्डप

में आग लगा दी जाती है। गोलियां चलती हैं। बहुत-से मजदूर मारे जाते हैं। कुछ अंग्रेज सिपाही भी घायल होते हैं। इस सारे कांड के लिए चक्रधर को उत्तरदायी माना जाता है और जेल के सींखचों में बंद कर दिया जाता है। जेल में चक्रधर का चरित्र और निखरता है। वे अपनी सेवा-भावना, धैर्य, दृढ़ता और उदारता से सभी कैदियों का मन जीत लेते हैं। कैदी स्नेहवश उन्हें 'भगतजी' कहते हैं। एक दिन जेल के दरोगा के अत्याचारों से ऊबकर कैदी उस पर आक्रमण कर देते हैं। दरोगा को बचाने के प्रयत्न में वे गंभीर रूप से घायल हो जाते हैं। उन पर कैदियों को भड़काने का आरोप लगाया जाता है। मनोरमा अपने भाई गुरु सेवकसिंह (जो डिप्टी कलेक्टर और मजिस्ट्रेट हैं) से कहकर चक्रधर को आरोप-मुक्त करा देती है। उनकी सजा भी एक साल घटा दी जाती है। गुरु सेवकसिंह के निर्णय से चिढ़कर मिस्टर जिम चक्रधर को आगरा जेल में स्थानान्तरित करा देता है। वहां अहिल्या से चक्रधर को ज्ञात होता है कि मनोरमा ने राजा विशालसिंह से शादी कर ली है। चक्रधर के जेल से मुक्त होने पर सामान्य जनता के साथ राजा विशालसिंह भी उनका जोरदार स्वागत करते हैं। मनोरमा उन्हें अभिनन्दन-पत्र-भेंट करती है।

इसी बीच आगरे में साम्प्रदायिक दंगा होता है। यशोदानन्दन मारे जाते हैं। ख्वाजामहमूद का लड़का अहिल्या का अपहरण कर लेता है। अहिल्या अपने सतीत्व की रक्षा के लिए उसकी हत्या कर देती है। इन दुर्घटनाओं का समाचार पढ़कर चक्रधर आगरे पहुंचते हैं। वे यशोदानन्दन की विधवा वागीश्वरी देवी को आश्वासन देते हैं और अहिल्या को पत्नी रूप में स्वीकार करने का निश्चय करते हैं। अहिल्या के विवाह में ख्वाजा साहब विशेष उत्साह दिखाते हैं। वे 5,000 रुपये कन्यादान में देते हैं। यह विवाह हिन्दू-मुसलिभ एकता का प्रतीक बन जाता है।

अहिल्या को लेकर चक्रधर अपने घर लौटते हैं। मुंशी वज्रधर बहू को स्वीकार तो करते हैं लेकिन खान-पान में उससे अलगाव रखते हैं। इस स्थिति से ऊब कर चक्रधर अहिल्या के साथ प्रयाग चले जाते हैं। वहां भी वे जन-सेवा का कार्य करते हैं। पत्र-पत्रिकाओं में लेख लिखकर अपना काम चलाते हैं। मुंशी वज्रधर उनसे बराबर रुपयों की मांग करते रहते हैं। पांच वर्ष का समय बीत जाता है। अहिल्या एक सुन्दर पुत्र को जन्म देती है। पुत्र का नाम शंखधर रखा जाता है। सहसा एक दिन मनोरमा की बीमारी का तार पाकर चक्रधर अपनी पत्नी और पुत्र के साथ जगदीशपुर लौट आते हैं।

जगदीशपुर आने पर यह रहस्य खुलता है कि अहिल्या राजा विशालसिंह की पुत्री सुखदा है जो कुंभ के मेले में खो गई थी। राजा विशालसिंह पुत्री और दौहित्र को प्राप्त कर परम प्रसन्न होते हैं। उन्हें जैसे नया जीवन प्राप्त होता है। अहिल्या राजसुख में रम जाती है। सत्ता और वैभव से जुड़ने पर अनजाने भी मनुष्य में एक प्रकार का दंभ अंकुरित होने लगता है। मोटर पर सैर के लिए निकले हुए चक्रधर

की मोटर एक बिगड़ैल सांड़ उलट देता है। वे किसी तरह प्राण बचाकर समीपवर्ती गांव में जाते हैं। वहां ठाकुर मन्ना सिंह से ही रात में मोटर सीधी कराने का आग्रह करते हैं और उसके नकारने पर उत्तेजित होकर उसे धक्के मारकर गिरा देते हैं। घर के भीतर से मन्नासिंह का भाई धन्नासिंह बाहर आता है। वह चक्रधर को जेल के साथी 'भगत जी' के रूप में पहचान लेता है। और उनके स्वभाव परिवर्तन पर उन्हें लताड़ता है। यह ज्ञात होने पर कि 'भगतजी' जगदीशपुर के राजा के जामाता चक्रधर बाबू हैं, धन्ना सिंह अपने भाग्य की सराहना करने लगता है किन्तु चक्रधर को इस घटना से बड़ी ग्लानि होती है और वे एक दिन सबकी ममता तोड़ कर चुपचाप कहीं निकल जाते हैं।

बड़ा होने पर शंखधर अपने पिता की खोज में निकल पड़ता है। पिता की खोज में निरन्तर भटकता हुआ वह एक दिन उन्हें साधुवेश में प्राप्त कर लेता है। चक्रधर से भी यह छिपा नहीं रहता कि शंखधर उनका पुत्र है। इस बीच अहिल्या आगरे में वागीश्वरी देवी के पास जाकर रहने लगती है। वहां भी उसकी यशलिप्सा बनी रहती है। अनेक संस्थाओं को दान देती है और उनसे मानपत्र प्राप्त करती है। एक दिन ख्वाजा साहब उससे मिलने आते हैं और उसकी व्यवहारकुशलता और नम्रता पर मुग्ध हो जाते हैं। अहिल्या उन्हें इसलामी यतीमखाने के लिए 5,000 रुपये दान देती है। पिता को पहचान लेने पर शंखधर अपनी माता अहिल्या को पत्र लिखकर बुलाता है और उसकी बीमारी की सूचना पाकर स्वयं उससे मिलने के लिए चल देता है। रेलगाड़ी से यात्रा करते हुए शंखधर जब हर्षपुर के पास पहुंचता है तो सहसा उसे पूर्व जीवन की स्मृति हो आती है। वह आगरा जाने का विचार छोड़कर सीधे रानी देवप्रिया (अब कमला) के पास पहुंचता है। उसे अपने पूर्व प्रेम का परिचय देता है, वायुयान में बैठकर अन्तरिक्ष भ्रमण की घटना याद दिलाता है और पुनः अपनी प्रयोगशाला में ले जाकर उसका कायाकल्प कर देता है।

जामाता और दौहित्र दोनों को खोकर राजा विशालसिंह विक्षिप्त-सा आचरण करने लगते हैं। प्रजा पर अत्याचार बढ़ जाता है। वे अपना सातवां विवाह करने का निश्चय करते हैं। बड़ी धूमधाम के साथ बारात निकलती है। ठीक इसी समय शंखधर अहिल्या और कमला के साथ नगर में प्रवेश करता है। बात की बात में उसके आने की खबर चारों ओर फैल जाती है। राजा विशालसिंह की बारात का जुलूस शंखधर के विवाहोत्सव में बदल जाता है। युवक शंखधर को देखकर राजाविशाल सिंह यह अनुभव करते हैं कि उसकी सूरत रानी देवप्रिया के पति से बिलकुल मिलती है। इसी प्रकार कमला रानी देवप्रिया का प्रतिरूप प्रतीत होती है। राजा साहब अनिष्ट की आशंका से घबरा जाते हैं। वे सोचते हैं कि यदि कमला के रूप में रानी देवप्रिया ने जन्म लिया है तो वह सधवा नहीं रह सकती। यही होता भी है। एक दिन रात में शंखधर का संयम टूटता है और देखते-देखते उनके प्राण

निकल जाते हैं। राजा इस सदमे को बर्दाश्त नहीं कर पाते। वे खड़े-खड़े जमीन पर गिर पड़ते हैं और उनकी भी मृत्यु हो जाती है।

शंखधर के चले जाने के बाद चक्रधर का मन उचट जाता है। वे काशी के लिए प्रस्थान करते हैं। जगदीशपुर आने पर उन्हें शंखधर की मृत्यु का समाचार मिलता है। वर्षों से बीमार और जर्जर अहिल्या भी उनका दर्शन करने के बाद प्राण त्याग देती है। कुछ दिनों बाद मुंशी वज्रधर भी घोड़े से गिरकर मर जाते हैं। देवप्रिया (कमला) विलासवृत्ति त्यागकर तपश्चर्या का जीवन अपना लेती है वह फिर जगदीशपुर पर राज्य करने लगती है।

रानी मनोरमा अपने को नितान्त एकाकी अनुभव करती है। वह तरह-तरह की चिड़ियों को पालती है और उन्हीं के कलरव में मानसिक शान्ति प्राप्त करती है। चक्रधर फिर घर छोड़कर दक्षिण की ओर चले जाते हैं। उन्हें भी पक्षियों से प्रेम हो जाता है। एक दिन वे एक पिंजरे में सुन्दर पहाड़ी मैना लेकर आते हैं। और बाग के हौज के पास रखकर चले जाते हैं। दूसरे दिन संध्या समय वे फिर पिंजरे लेकर आते हैं। रानी मनोरमा उनसे मिलना चाहती है किन्तु वे बिना रुके पिंजरों को रखकर चले जाते हैं।

'कायाकल्प' के उपर्युक्त कथानक पर ध्यान दिया जाय तो इसकी कमजोरियां साफ जाहिर होती हैं। रानी देवप्रिया का कथानक उपन्यास के केन्द्रीय प्रवाह से कटा हुआ है। शंखधर के रूप में उनके पति को पुनर्जन्म देकर और कमला के रूप में उनका कायाकल्प करके कथा को अनावश्यक विस्तार दिया गया है। इस विस्तार से एक ही बात सिद्ध होती है कि जब तक मनुष्य की वासना का अन्त नहीं होता तब तक वह क्षणिक और सारहीन भौतिक सुखों की तलाश में भटकता रहता है। अर्थात् जीवन का लक्ष्य अबाध विलास लीला और भोग नहीं संयम, तप और त्याग है। इसके अतिरिक्त यदि कुछ और सिद्ध होता है तो यह कि यौगिक सिद्धियां मनुष्य को अलौकिक शक्ति सम्पन्न बना सकती हैं। इसकी पुष्टि के लिए उपन्यासकार ने जिस रहस्य लोक की सृष्टि की है वह किशोर मन के लिए कुतूहल और रोमांच का विषय हो सकता है, गम्भीर रुचि के प्रौढ़ पाठक के लिए उसका कोई महत्त्व नहीं है। इससे उपन्यास को रचनात्मक उत्कर्ष प्राप्त नहीं होता। इस उपन्यास का अन्त भी प्रेरणारहित है। मनोरमा और चक्रधर के वैयक्तिक जीवन के अवसादपूर्ण क्षणों को मूर्त करके प्रेमचन्द किसी सामाजिक सत्य की प्रतिष्ठा नहीं करते। मनोरमा और चक्रधर के निगूढ़ रागात्मक सम्बन्धों के अन्त के लिए समाज को दोष नहीं दिया जा सकता। मनोरमा ने स्वेच्छा से राजा विशालसिंह की रानी बनना स्वीकार किया था। चक्रधर में मनोरमा को वरण करने का साहस नहीं था। मनोरमा से बचने के लिए ही वह अहिल्या को स्वीकार करता है। उसके बाद भी वह बराबर उसकी छाया से दूर रहने का प्रयत्न करता है। यह एक प्रकार की पलायन वृत्ति है। मनोरमा

स्वयं चक्रधर की ही सृष्टि है—उसी के आदर्शों की छाया। उसे अपने जीवन की प्रेरक शक्ति बनाकर चक्रधर अपने आदर्शों की सिद्धि के लिए संघर्ष कर सकता था। समाज से अलग जाकर साधु रूप में समाज के लोगों की सेवा करना और बात है और समाज में रहकर उसे बेहतर बनाने के लिए संघर्ष करना दूसरी बात है। चक्रधर का परवर्ती जीवन एक प्रकार की पलायन वृत्ति का ही पोषण करता है। वस्तुतः इस उपन्यास की समाप्ति चक्रधर के अहिल्या को ब्याहकर लौटने के साथ ही कर दी गई होती तो कथानक में शिथिलता न आती।

उपर्युक्त कमजोरियों के बावजूद कई कारणों से 'कायाकल्प' को महत्त्व देना उचित होगा। इस उपन्यास में पराधीन भारत में सत्ता का सूत्र संचालन करने वाले अंग्रेज अधिकारियों, उनके अधीन काम करने वाले देशी हाकिमों तथा अंग्रेज बहादुर की छाया में स्वेच्छाचारी एवं विलास-प्रधान जीवन व्यतीत करने वाले राजाओं के जीवन का बड़ा ही सजीव और यथार्थ चित्र अंकित किया गया है। गांधी के नेतृत्व में व्यापक सामाजिक राष्ट्रीयता चेतना के विकास और उसके परिणामस्वरूप होने वाली जन-जागृति को मूर्त करके प्रेमचन्द ने अपने सम-सामायिक जीवन को रचनात्मक संदर्भ देने की अपनी क्षमता का अच्छा परिचय दिया है। हिन्दू-मुस्लिम एकता का प्रश्न भारतीय राष्ट्रीयता का एक प्रमुख और ज्वलन्त प्रश्न रहा है। इतिहास साक्षी है कि सन् 1922-23 में हिन्दुओं-मुसलमानों में भीषण दंगे हुए थे। 'कायाकल्प' की रचना 1924 में हुई थी। इसलिए इसमें हिन्दुओं और मुसलमानों के बीच सौहार्द स्थापित करने की ओर विशेष ध्यान दिया गया है। इस प्रश्न पर प्रेमचन्द के विचार स्पष्ट और उदार हैं। आगरे के मुस्लिम नेता ख्वाजा साहब के द्वारा वे कहलवाते हैं—"मेरा तो यह कौल है कि हिन्दू रहो, चाहे मुसलमान रहो, खुदा के सच्चे बन्दे रहो। सारी खूबियां किसी एक ही कौम के हिस्से में नहीं आयीं। न सब मुसलमान पाकीजा हैं, न सब हिन्दू देवता हैं, इसी तरह न सभी हिन्दू काफिर हैं न सभी मुसलमान मोमिन। जो आदमी दूसरी कौम से जितनी नफरत करता है, समझ लीजिए कि वह खुदा से उतनी ही दूर है।" (पृ. 339) वस्तुतः प्रेमचन्दजी उस मिली-जुली संस्कृति के प्रतीक हैं जिसकी सृष्टि सन्तों और सूफियों के द्वारा हुई थी और जिसे महात्मा गांधी ने राष्ट्रीय एकता के लिए आवश्यक मानकर अपने जीवन में चरितार्थ किया था।

प्रेमचन्द का ध्यान बदलते हुए जमाने की प्रत्येक धड़कन पर केन्द्रित था। राजा होने के पूर्व ठाकुर विशालसिंह मुंशी वज्रधर से कहते हैं—"चमारों को इलाके से निकालना दिल्लगी नहीं है। ये लोग समझते हैं कि अभी वही दुनिया है, जो बाबा आदम के जमाने में थी। चारों तरफ देखते हैं कि जमाना पलट गया यहां तक कि किसान और मजदूर राज्य करने लगे, पर अब भी लोगों की आंखें नहीं खुलीं।" (पृ. 43) यहां स्पष्ट ही रूसी क्रान्ति की ओर संकेत है। प्रेमचन्द देख रहे थे कि

दुनिया तेजी से बदल रही है। इसके साथ चलने के लिए अपने को बदलना होगा। समाज को बदलना होगा। समाज-रचना के मूल में विद्यमान परम्परागत मानसिकता को बदलना होगा। किसी एक क्षेत्र में बदलाव की कोशिश व्यर्थ होगी। इसीलिए वे सामाजिक रूढ़ियों के साथ ही आर्थिक शोषण की प्रवृत्ति का भी विरोध करते हैं। मनोरमा राज कर्मचारियों के उत्पीड़न का विरोध करते हुए कहती है—''गरीबों को सताकर अपना घर भर लिया, तो कौन सा बड़ा तीर मार लिया। वीर तो तब बखानूं, जब सबलों से ताल ठोकिये। अभी एक गोरा आ जाय, तो घर में दुम दबाकर भागेंगे।'' (पृ. 108) प्रेमचन्द पूरी समाज-व्यवस्था के बदलने का स्वप्न देख रहे थे। चक्रधर राजा विशालसिंह से कहते हैं—''समाज की यह व्यवस्था अब थोड़े दिनों की मेहमान है और वह समय आ रहा है, जब या तो राजा प्रजा का सेवक होगा या होगा ही नहीं।'' (पृ. 117)

प्रेमचन्द प्रायः अपने उपन्यासों में लम्बी कालावधि के जीवन को लेकर कथा का ढांचा तैयार करते हैं। 'कायाकल्प' में भी मुंशी वज्रधर और शंखधर की तीन पीढ़ियों की कालावधि तक कथा का विस्तार किया गया है। इस विस्तार से प्रेमचन्द को पीढ़ी दर पीढ़ी होने वाले संस्कारगत परिवर्तनों को दिखाने और उसके चलते दो पीढ़ी के पात्रों को लेकर वैचारिक एवं मानसिक द्वन्द्व उपस्थित करने का अवसर मिल जाता है। मुंशी वज्रधर और चक्रधर के विचारों में जमीन-आसमान का अन्तर है। मुंशी वज्रधर जहां सरकारी कर्मचारियों और हाकिमों की चाटुकारिता करते नहीं अघाते वहीं चक्रधर उनसे सीधे मानवीय अधिकारों की मांग करते हैं। यह अन्तर वागीश्वरी और अहिल्या तथा रोहिणी और मनोरमा के संस्कारों में भी देखा जा सकता है। प्रेमचन्द का यह कथा-रचना-शिल्प पूरे उपन्यास को विश्वसनीयता प्रदान करता है। पाठकों को यह अहसास बराबर बना रहता है कि वे जीवन की गतिशील धारा के साथ आगे बढ़ रहे हैं। उन्हें एक ही स्थिति में काल के ठहरे रहने का बोध नहीं होता।

नाटकीय स्थितियों की कल्पना के सहारे व्यंग्यात्मक शैली में व्यक्ति-चरित्र के अन्तर्विरोध को उजागर करने की कला में प्रेमचन्द बेजोड़ हैं। 'कायाकल्प' में ऐसे दो प्रसंग हैं जो इस दृष्टि से अविस्मरणीय हैं। एक प्रसंग मुंशी वज्रधर, दीवान साहब, ज्योतिषी वेशधारी झिनकू और लौंगी का है और दूसरा धन्ना सिंह एवं चक्रधर का। माथे पर तिलक, गले में रामनामी चादर, सिर पर टोपी और बगल में बस्ता दबाये हुए ज्योतिषी के बाने में झिनकू को देखकर मुंशीजी कहते हैं—''यार, जरा सी कसर रह गयी। तोंद के बगैर पंडित कुछ जंचता नहीं। लोग यही समझते हैं कि इनको तर माल नहीं मिलते, जभी तो तांत हो रहे हैं। तोंदल आदमी की शान ही और होती है, चाहे पंडित बने, चाहे सेठ, चाहे तहसीलदार ही क्यों न बन जाये।'' (पृ. 158) यह व्यंग्य केवल झिनकू पर नहीं है, उस पूरी व्यवस्था पर है जिसने समाज

के कुछ लोगों को तुंदिल बने रहने की छूट दे रखी है। इसी प्रकार चक्रधर जब मन्नासिंह को धक्का देकर गिरा देते हैं और उसका हाथ टूट जाता है तब उसका भाई धन्नासिंह उन्हें जेल के 'भगतजी' के रूप में पहचान कर कहता है—"यह तुम इतने बदल कैसे गये! अगर आंखों से न देखता होता, तो मुझे कभी विश्वास न आता। जरूर तुम्हें कोई ओहदा या जायदाद मिल गई, मगर यह न समझो कि हम अनाथ हैं। अभी जाकर महाराज के द्वार पर फरियाद करें, तो तुम खड़े-खड़े बंध जाओ। बाबू चक्रधर सिंह का नाम तो तुमने सुना ही होगा? अब किसी सरकारी आदमी की मजाल नहीं कि बेगार ले सके, तुम बेचारे किस गिनती में हो?" (पृ. 258) जिस चक्रधर पर सामान्य जनता को इतना विश्वास हो वह स्वयं बेगार से इनकार करने वाले को धक्का देकर उसका हाथ तोड़ दे, यह कितनी बड़ी विडम्बना है।

प्रेमचन्द परिस्थिति-जन्य मानव मनोविज्ञान के गहरे पारखी थे। 'कायाकल्प' में राजा विशालसिंह का चरित्र मनोवैज्ञानिक चढ़ाव-उतार की दृष्टि से बेजोड़ है। राजा होने के पहले वे गरीबों के पक्षधर हैं। राजसत्ता प्राप्त होते ही वे सामन्तीय दर्प की रक्षा के लिए मजदूरों पर गोलियां चलवाते हैं। अंग्रेज हाकिमों के सम्पर्क में आने पर उन्हें अपनी रानियां गंवार लगने लगती हैं और वे सुरुचि सम्पन्न 'मनोरमा' से ब्याह करते हैं। चक्रधर और शंखधर दोनों को खोकर वे अपना सन्तुलन खो देते हैं और विक्षिप्तों जैसा आचरण करने लगते हैं। प्रेमचन्द ने विशालसिंह की चरित्र-रचना करके मनोवैज्ञानिक यथार्थ की गहरी समझ का परिचय दिया है। यहां वे कोरे सुधारवादी एवं आदर्शवादी नहीं, वरन् सच्चे यथार्थवादी के रूप में सामने आते हैं। उनकी यही समझ उन्हें निरन्तर यथार्थ की ओर उन्मुख रख सकी है और वे आज भी अप्रतिम कथाशिल्पी के रूप में स्मरण किये जाते हैं।

वस्तुओं और स्थितियों को अंकित करने में प्रेमचन्द की विवरणात्मक शैली का निखार देखते बनता है। राजमहलों का वैभव-विलास, हाकिमों की शान-शौकत, ग्रामीण जीवन की सरलता, मजदूरों की दयनीयता, जेल जीवन की विगर्हणीयता, दास-दासियों की चाटुकारिता, प्रकृति की रम्यता, ऋतुओं के परिवर्तन के साथ रूप, रस, गंध और स्पर्श-चेतना में होने वाला परिवर्तन, मानव-मन का उल्लास, अवसाद, यह सब कुछ वे अत्यन्त सहजता और सजीवता के साथ अंकित कर देते हैं। राजा विशालसिंह के तिलकोत्सव में भाग लेने के लिए आये हुए राजाओं का एक वैविध्य पूर्ण चित्र देखिये—"बड़े-बड़े नरेश आये थे। कोई चुने हुए दरबारियों के साथ, कोई लाव-लश्कर लिये हुए। कहीं ऊदी वर्दियों की बहार थी, तो कहीं केसरिए बाने की। कोई रत्न-जटित आभूषण पहने, कोई अंग्रेजी सूट से लैस, कोई इतना विद्वान् कि विद्वान् में शिरोमणि, कोई इतना मूर्ख कि मूर्ख-मण्डली की शोभा। कोई पांच घण्टे स्नान करता था और कोई सात घण्टे पूजा! कोई दो बजे रात को सोकर उठता था,

कोई दो बजे दिन को!'' (पृ. 109) वेश, व्यवहार और प्रवृत्ति का यह वैविध्य भारतीय नरेशों की विशेषता रही है। प्रेमचन्द ने इस वैविध्य को व्यंग्य का हल्का पुट देकर जीवन्त बना दिया है। हिन्दू-मुसलिम दंगे के अवसर पर यशोदानन्दन की मृत्यु की प्रतिक्रिया को अंकित करते हुए प्रेमचन्द लिखते हैं–''यशोदानन्दन के मरने की खबर पाते ही सेवादल के युवकों का खून खौल उठा। आसन पर चोट पहुंचते ही अड़ियल टट्टू और गरियाल बैल भी संभल जाते हैं। घोड़ा कनौंतियां खड़ी करता है। बैल उठता है। यशोदानन्दन का खून हिन्दुओं के लिए आसन की चोट थी।'' (पृ. 207) यहां प्रेमचन्द की भाषा ध्यान देने योग्य है। वे आवश्यकता पड़ने पर शब्द, मुहावरे और अलंकरण सब कुछ ठेठ जीवन से उठाकर अपने वाक्य-विन्यास को यथार्थ की दीप्ति से आलोकित कर देते हैं। 'कायाकल्प' से इस प्रकार के अनेक उदाहरण दिये जा सकते हैं। अनुभव-दीप्ति होने के कारण ही प्रेमचन्द की भाषा सूक्ति बहुला है। प्रवाह-पूर्ण वाक्य-रचना के बीच इन सूक्तियों को दमकती हुई रत्नमणियों के रूप में पहचाना जा सकता है। ''संसार की देव दुर्लभ वस्तु यौवन है'', (पृ. 58) ''यौवन प्रौढ़ होकर और भी अजेय हो जाता है'', (पृ. 90) ''सौन्दर्य के सामने प्रभुत्व भीगी बिल्ली बन जाता है'', (पृ. 128) ''संगठित शक्ति आग्रह मय होती है'', (पृ. 131) ''धन ही पाप-द्वेष और अन्याय का मूल है'', (पृ. 143) ''बलवान आत्माएं प्रतिकूल दशाओं में ही उत्पन्न होती हैं।'' (पृ. 151) ''बागी का दिल बालू का मैदान है'', (पृ. 164) ''फूल सूंघने में ही अच्छा लगता है'', (पृ. 192) ''उड़न खटोले पर बैठकर संगठन नहीं किया जा सकता'', (पृ. 202) ''यौवन काल जीवन का स्वर्ग है'', (पृ. 249) ''जीवन का सार केवल प्रत्यक्ष में है'', (पृ. 249) ''सुखी आदमी बहुत दिन नहीं जीता'', (पृ. 271) ''प्रकृति को गुप्त व्यापार से वैर है'', (पृ. 273) ''इच्छा वेगवती होकर विचार शून्य हो जाती है'', (पृ. 274) ''स्त्री-पुरुष का प्रेमसूत्र दिन-दिन दृढ़ होता जाता है'', (पृ. 359) ''अभ्यास बहुधा चेतना का स्थान ले लिया करता है'', (पृ. 375) इस प्रकार के सूक्ति वाक्य 'कायाकल्प' में बिखरे हुए हैं। यदि प्रेमचन्द के समग्र कृतित्व से इन सूक्तियों का संग्रह किया जाय तो एक अच्छा कोश तैयार हो सकता है। इन सूक्तियों से भी उनकी मनःप्रवृत्ति एवं जीवन-दृष्टि को समझा जा सकता है।

समग्र दृष्टि से विचार करने पर यह स्पष्ट है कि 'कायाकल्प' के सम्बन्ध में सामान्य रूप से प्रचलित धारणा निर्मूल है। समसामयिक जीवन की ज्वलंत समस्याओं का समावेश, सड़ी-गली समाज-व्यवस्था में परिवर्तन की आकांक्षा, जीवन की गतिशील चेतना का समर्थन, राष्ट्र-प्रेम, मनोवैज्ञानिक सूक्षमता, यथार्थोन्मुखता, सहज अकृत्रिम अनुभव-दीप्ति, भाषा एवं जीवन्त विवरण इन सभी दृष्टियों से यह उपन्यास उतना ही महत्त्वपूर्ण है जितना प्रेमचन्द का कोई अन्य उपन्यास। डॉ. रामविलास शर्मा ने लिखा है–''इस उपन्यास के जोरदार हिस्से वे हैं जहां प्रेमचन्द ने हाड़-मांस

के आदमियों के इसी जीवन पर दृष्टि केन्द्रित करके उनके चरित्र की अच्छाइयों-बुराइयों को चित्रित किया है। इससे पता चलता है कि प्रेमचन्द की कलम की ताकत यथार्थ जीवन को आंकने से पैदा हुई थी।" वास्तव में इस उपन्यास के कमजोर हिस्से की जोरदार चर्चा हुई और जोरदार हिस्से को कमजोर समर्थन भी नहीं मिला। प्रेमचन्द के इस उपन्यास पर नये सिरे से विचार किया जाना चाहिए।

निर्मला

हरदयाल

प्रेमचन्द ने 'असरारे मआबिद' (1903 ई.) से लेकर 'मंगलसूत्र' (1936 ई.) तक कुल पन्द्रह उपन्यासों की रचना की। इनमें से अधिकांश उपन्यास बड़े आकार के हैं। छोटे आकार के तो तीन-चार उपन्यास ही हैं। उनका छोटे आकार का सर्वाधिक महत्त्वपूर्ण उपन्यास 'निर्मला' है। डॉ. रामविलास शर्मा ने माना है कि '''निर्मला' प्रेमचन्द के कथा-साहित्य के विकास में एक मार्ग-चिह्न है।''

'निर्मला' इलाहाबाद से प्रकाशित होने वाली महिलाओं की पत्रिका 'चांद' में धारावाहिक रूप से नवम्बर, 1925 से नवम्बर, 1926 तक प्रकाशित हुआ था। पुस्तक-रूप में यह हिन्दी में 1927 में और उर्दू में 1929 में प्रकाशित हुआ। चूंकि यह उपन्यास महिलाओं की पत्रिका में प्रकाशित हुआ था; इसलिए स्वाभाविक रूप से इसका विषय महिलाओं से सम्बन्धित होना चाहिए था। प्रेमचन्द ने अपनी समाजसुधारवादी प्रवृत्ति के अनुकूल इस उपन्यास का विषय दहेज-प्रथा और उसके दुष्परिणामों को बनाया। अपने एक पत्र में उन्होंने इस बात का उल्लेख किया है कि इस उपन्यास की रचना का उद्देश्य समाज की बुराइयों का पर्दाफाश करना है। (चिट्ठी-पत्री-2, पृ. 207) दहेज की प्रथा हिन्दू-समाज के लिए अभिशाप रही है। 'निर्मला' को पढ़कर लगता है कि प्रेमचन्द के दिनों में भी यह कम भयानक नहीं थी। निर्मला के जीवन की त्रासदी का मूल कारण यही प्रथा है। इस प्रथा का समाधान क्या हो सकता है, प्रेमचन्द ने इस उपन्यास में इसका कोई संकेत नहीं दिया है। इससे यह स्पष्ट होता है कि इस उपन्यास की रचना करते समय प्रेमचन्द उस दिशा में अग्रसर हो रहे थे जिसका परिणाम 'गोदान' जैसे उपन्यास और 'कफन', 'पूस की रात', 'बड़े भाई साहब' जैसी कहानियों के रूप में सामने आया। प्रेमचन्द ने अपने उपन्यासों में एकायामी समस्याओं को कभी नहीं उठाया है। एक मुख्य समस्या के साथ और भी कई समस्याएं लिपटी रहती हैं। इस उपन्यास में दहेज की समस्या तो केन्द्र में है ही। उसके साथ ही अनमेल विवाह की समस्या भी है। यह दहेज

की समस्या का परिणाम है। यों तो 'निर्मला' एक व्यक्ति और एक परिवार की त्रासदी है; लेकिन वह समाज से कटी हुई नहीं है। प्रेमचन्द मनुष्य के व्यक्तिगत जीवन का चित्रण नहीं करते हैं, बल्कि उसके संस्थाबद्ध जीवन का चित्रण करते हैं। वे उसे एक स्वायत्त इकाई के रूप में स्वीकार नहीं करते हैं बल्कि एक ऐसी इकाई के रूप में स्वीकार करते हैं जो अन्य इकाइयों के साथ अविच्छिन्न है। इसीलिए इस उपन्यास में निर्मला की त्रासदी ऐसे समाज में घटित होती है जो भ्रष्ट और रूढ़िबद्ध है, जिसमें निर्मला के पिता उदयभानुलाल अपनी उदारता और ईमानदारी से अपने बच्चों को अभिशप्त करते हैं और आबकारी विभाग के भ्रष्ट कर्मचारी भालचन्द्र सिन्हा दिन-दिन मोटे होते जाते हैं। इस भ्रष्टाचार के प्रति प्रेमचन्द के मन में आक्रोश है जो भालचन्द्र के इस व्यंग्यचित्र के रूप में अभिव्यक्ति पाता है : "भालचन्द्र बहुत ही स्थूल ऊंचे कद के आदमी थे। ऐसा मालूम होता था कि काला देव है, या कोई हब्शी अफ्रीका से पकड़कर आया है। सिर से पैर तक एक ही रंग था—काला चेहरा इतना स्याह था कि मालूम न होता था कि माथे का अन्त कहां है और सिर का आरम्भ कहां? बस कोयले की एक सजीव मूर्ति थी। आपको गर्मी बहुत सताती थी।...आप आबकारी में ऊंचे ओहदे पर थे। 600 रुपये वेतन मिलता था। ठेकेदारों से खूब रिश्वत लेते।...आंखों का रंग लाल था। जैसे पक्का मुसलमान पांच बार नमाज पढ़ता है वैसे ही आप भी पांच बार शराब पीते थे।" स्वाभाविक है कि ऐसे भ्रष्ट लोगों में मानवीयता मर जाती है। इसलिए निर्मला के पिता के मरते ही भालचन्द्र ने उसके साथ अपने पुत्र का विवाह करने से साफ इनकार कर दिया और निर्मला को अपने पिता की अवस्था के मुंशी तोताराम की पत्नी बनना पड़ा।

मुंशी तोताराम और निर्मला दोनों इस भ्रष्ट समाज-व्यवस्था के अपने-अपने ढंग से शिकार हैं। निर्मला तो विवश है। इसलिए वह दयनीय है। इस उपन्यास में अनेक करुण प्रसंगों की उद्भावना करके निर्मला के प्रति पाठकों की करुणा को लेखक ने उत्तेजित किया है। इसकी चरम परिणति निर्मला की मृत्यु पर प्रेमचन्द की रूपकात्मक टिप्पणी है : "चौथे दिन संध्या समय वह विपत्ति-कथा समाप्त हो गयी। उसी समय जब पशु-पक्षी अपने बसेरे को लौट रहे थे, निर्मला का प्राण पक्षी भी दिन भर शिकारियों के निशानों, शिकारी चिड़ियों के पंजों और वायु के प्रचण्ड झोंकों से आहत और व्यथित अपने बसेरे की ओर उड़ गया।" निर्मला के करुण अवसान और प्रेमचन्द की इस टिप्पणी को पढ़ते समय हार्डी के उपन्यास 'टैस' की नायिका की करुण परिणति हमारी चेतना में कौंध जाती है। निर्मला को वरण की स्वाधीनता नहीं थी—उसके सामने कोई विकल्प नहीं था, लेकिन मुंशी तोताराम के सामने विकल्प था। वह चाहते तो अपने बड़े पुत्र से 1 वर्ष छोटी यानी 15 वर्ष की लड़की से विवाह न करते। उनकी जिस प्रकार की परिस्थिति थी उसमें उनके लिए विवाह अनिवार्य नहीं था। उनकी उम्र 50 वर्ष की थी। (एक स्थान पर उनकी उम्र 40 वर्ष बताई

गई है। यह एक तथ्यात्मक भूल है।) उनकी 42 वर्ष की विधवा बहन उनके साथ रहती थी। उनके पहली पत्नी से तीन पुत्र थे। फिर भी उन्होंने विवाह किया। इसमें उनका अपना दोष कितना था और उस समाज का कितना था जिसमें मुंशी तोताराम रहते थे। हमें लगता है कि लेखक मुंशीजी को पूर्णतः दोषी नहीं मानता, समाज को ही दोषी मानता है। इसलिए उसने उन्हें दया और उपहास दोनों का विषय बनाया है। उनमें और उनकी पत्नी के बीच अवस्था का जो इतना बड़ा अन्तर है उसके कारण वे स्वाभाविक आचरण करने में असमर्थ हैं। उनकी उपस्थिति में निर्मला भी सहज आचरण नहीं कर पाती है क्योंकि "अब तक ऐसा ही एक आदमी उसका पिता था, जिसके सामने वह सिर झुकाकर, देह चुराकर निकलती थी। अब उसी अवस्था का एक आदमी उसका पति था। वह उसे प्रेम की नहीं, सम्मान की वस्तु समझती थी।" तोताराम सम्मान नहीं, प्रेम चाहते हैं। उनकी न केवल उम्र बड़ी थी बल्कि व्यक्तित्व भी अनाकर्षक था। उनका रंग सांवला था, सिर के बाल पक गये थे, तोंद निकल आयी थी, देह स्थूल थी, मन्दाग्नि और बवासीर की बीमारियां थीं। वे एकान्तप्रिय और विषयी थे। इसलिए उन्होंने निर्मला को अपना खजांची बनाया, उसे गहनों से लादा, स्वयं छैला बाबू बनने की हास्यास्पद कोशिशें कीं और वीरता की झूठी कहानियां सुनाईं। एक दिन रात को नौ बजे सैर करके लौटने पर उन्होंने निर्मला को बताया कि आज उनकी तीन चोरों से मुठभेड़ हो गयी। तीनों के पास तलवारें थीं और उन्होंने एक साथ अपनी तलवारों से तोताराम पर हमला बोल दिया लेकिन इन्होंने तीनों चोरों को अपनी छड़ी से ही परास्त कर दिया। उनकी छड़ी के सामने चोरों को भागते ही बना। इस किस्से को सुनकर निर्मला ने उनसे पूछा—'इस छड़ी पर तो तलवारों के बहुत से निशान बने होंगे।' वे इसका उल्टा-सीधा उत्तर दे ही रहे थे कि उनकी बहन रुक्मिणी दौड़ती हुई आई और बोली—'मेरे कमरे में एक सांप निकल आया है।' यह सुनते ही मुंशीजी के चेहरे का रंग उड़ गया, मुंह पर हवाइयां उड़ने लगीं, वे बुरी तरह से घबरा गये। बोले—'डरता नहीं। सांप ही तो है, शेर तो नहीं। मगर सांप पर लाठी असर नहीं करती, जाकर किसी को भेजूं किसी के घर से भाला लाये।' और वे घर से बाहर निकल गये। वे जब तक कई आदमियों को साथ लेकर लौटे तब तक मंसाराम सांप को मार चुका था। सांप को मरा हुआ पाकर वे अपनी बुद्धिमता और वीरता की डींग फिर हांकने लगे। निर्मला को लगा कि जैसे वे किसी भयानक रोग से ग्रस्त हैं।

जहां ऐसा पति और ऐसा समाज हो उसमें त्रासदी का घटना आश्चर्य की बात नहीं है, त्रासदी का न घटना आश्चर्य की बात हो सकती है। फिर यहां तो त्रासदी के घटने के लिए और भी स्थितियां थीं। निर्मला का सबसे बड़ा सौतेला पुत्र मंसाराम था। उसमें एक आदर्श युवक की सभी विशेषताएं थीं। वह इकहरे बदन का छरहरा, सुन्दर हंसमुख और लज्जाशील युवक था। हॉकी और फुटबाल का अच्छा

खिलाड़ी था। वह कुशाग्र-बुद्धि, पढ़ने में तेज और साहसी था। इसलिए एक ओर तो वह निर्मला की 'विलासिनी कल्पना' की तृप्ति का साधन था और दूसरी ओर तोताराम के सन्देह का विषय था। अगर सौतेले पुत्र के रूप में मंसाराम न होता तो निर्मला अनमेल विवाह के बावजूद सहज जीवन व्यतीत कर सकती थी। निर्मला के आचरण को अस्वाभाविक बनाने और उसे त्रासदी की ओर ले जाने में उसकी ननद रुक्मिणी, अड़ोसी-पड़ोसियों तथा अन्य सौतेले पुत्रों ने भी अपनी-अपनी भूमिका निभाई हैं। ऐसा लगता है जैसे निर्मला के त्रासद अन्त को पूर्णतः स्वाभाविक, विश्वसनीय और अनिवार्य बनाने के लिए प्रेमचन्द ने पूरी घेरेबन्दी की है और इसमें उन्हें बहुत बड़ी सीमा तक सफलता मिली है।

'निर्मला' उपन्यास तक पहुंचते-पहुंचते प्रेमचन्द की उपन्यास-कला में परिपक्वता आ चली थी। इसलिए वे इस उपन्यास में एक चुस्त और सुगठित कथा कह सके हैं। इस उपन्यास का लक्ष्य एक है और इसका केन्द्र भी एक है। इसका लक्ष्य है निर्मला का त्रासद अन्त और केन्द्र है स्वयं निर्मला। इस उपन्यास की सभी छोटी-बड़ी-घटनाएं निर्मला से सम्बद्ध हैं। वे या तो निर्मला के द्वारा प्रेरित हैं या निर्मला को आचरण विशेष के लिए प्रेरित करती हैं। लगता है हर घटना उसे उसके त्रासद अन्त की ओर ठेल रही है। घटनावली के बीच-बीच में सूक्ष्म संकेत प्रेमचन्द देते चलते हैं जो उपन्यास के वातावरणा को गहराते हैं। निर्मला की असहायता बार-बार इस उपन्यास में उभर कर आती है, उसके पूरे जीवन का विंहगावलोकन करें तो स्पष्ट होगा कि उसके प्राण पखेरू को कहीं बसेरा नहीं मिला—न पिता के घर, न पति के घर और न सखी-सहेली के घर। उसकी इस असहायता के संदर्भ में उपन्यास के प्रारम्भ में कहे गये उसके एक कथन जैसे कथन बहुत गहरा अर्थ देने लगते हैं। जब निर्मला के विवाह की बातचीत चलती है तब उसमें और उसकी छोटी बहन कृष्णा में बातचीत होती है। कृष्णा पूछती है कि जिस तरह निर्मला को पिता के घर से निकाल कर पति के घर भेज दिया जायेगा क्या उसी तरह कृष्णा को भी किसी दिन निकाल कर भेज दिया जायेगा? निर्मला कहती है—"और नहीं क्या तू बैठी रहेगी? हम लड़कियां हैं। हमारा घर कहीं नहीं होता है।" निर्मला की जीवन-कथा से तो यही सिद्ध होता है कि हमारे समाज में लड़कियों की दशा दयनीय होती है—वे एकदम विवश होती हैं, उनका घर कहीं नहीं होता है। निर्मला के उक्त कथन में नाटकीय व्यंग्य छिपा हुआ है, क्योंकि उसमें उसका भविष्य व्यंजित है। किन्तु भविष्य के संकेत सर्वत्र ऐसे सहज और स्वाभाविक नहीं बन सके हैं। अनेक स्थलों पर वे उपन्यास के गठन को दुर्बलता बन गये हैं। प्रेमचन्द ने पहले और ग्यारहवें परिच्छेद में दो स्वप्नों की योजना की है। इन स्वप्नों के द्वारा लेखक ने पूरे उपन्यास की संरचना पहले ही स्पष्ट कर दी है। इससे पाठक की जिज्ञासावृत्ति को चोट पहुंची है। पात्रों से ऐसे कथन कहलवाना, जो भविष्य में ठीक उतरते हैं, उपन्यास की

घटनात्मक रोचकता को कम करते हैं। जैसे, मंसाराम के सामान सहित स्कूल जाने पर रुक्मिणी का यह कहना—'वह लौटकर फिर न आयेगा।' ऐसे संकेत एकाध बार आने पर तो मार्मिक होते हैं, किन्तु बार-बार आने पर कृत्रिमता उत्पन्न करते हैं। कहीं-कहीं लेखक स्वयं भावी घटनाओं का संकेत अपनी टिप्पणियों में दे देता है। उदयभानु के नदी में डूबने का नाटक करने के इरादे से घर से निकल पड़ने पर लेखक टिप्पणी करता है—''यह कौन जानता था कि यह सारी लीला विधि के हाथों रची जा रही है। जीवन रंगशाला का वह निर्दय सूत्रधार किसी अगम्य गुप्त स्थान पर बैठा हुआ अपनी जटिल क्रूर क्रीड़ा दिखा रहा है। यह कौन जानता था कि नकल असल होने जा रही है, अभिनय सत्य का रूप ग्रहण करने वाला है।'' (द्वितीय परिच्छेद) यदि इस प्रकार की टिप्पणी घटना घट जाने के बाद की जाये तो उतनी अनुचित नहीं होती जितना घटना घटने से पूर्व की जाने पर। वस्तुतः 'निर्मला' के गठन में अनेक दोष अतिकथन के कारण आ गये हैं। प्रेमचन्द ने पाठकों की बुद्धि और कल्पना पर बहुत कम विश्वास किया है। इसीलिए उन्होंने उपर्युक्त प्रकार की वे व्यवस्थाएं की हैं जो उपन्यास की प्रभावशीलता को कम करती हैं। इस उपन्यास के कथाशिल्प की एक और दुर्बलता संयोगों का अत्यधिक उपयोग है। उदाहरण के लिए जिस समय मुंशी तोताराम निर्मला से अपनी बहादुरी की डींग हांक रहे थे उसी समय रुक्मिणी के कमरे में सांप निकल आया। जिस समय निर्मला के दाह-कर्म की समस्या उत्पन्न हुई उसी समय मुंशी तोताराम आ उपस्थित हुए। ऐसे संयोग यदि एकाध बार घटित होते हैं तो कथाशिल्प की अधिक हानि नहीं करते, किन्तु बार-बार घटित होने पर वे कथा की स्वाभाविकता को, उसकी विश्वसनीयता को खण्डित करते हैं, पाठक को उबाते हैं। प्रेमचन्द अपने उपन्यासों में अनेक पात्रों को जन्म देते हैं किन्तु जब कुछ पात्र लेखक की इच्छा के विपरीत फलने-फूलने लगते हैं तब वे लेखक के लिए समस्या बन जाते हैं। लेखक उनका क्या करे? ऐसी स्थिति में प्रेमचन्द ऐसे पात्रों को हत्या-आत्महत्या आदि का उपयोग करके मंच से हटा देते हैं। हत्या या आत्महत्या को अनिवार्य बना देने के लिए लेखक स्थितियां तैयार नहीं करता बल्कि संयोगों का सहारा लेता है। यह संयोग की ही बात है कि बाबू उदयभानु लाल मिर्जापुर जाने के इरादे से रात को घर से निकले कि 'कल ही' तीन साल की सजा भुगतकर छूटकर आया हुआ मतई उनके पीछे लग गया और उसने उनकी हत्या कर दी। जहां उन्होंने संयोग और स्थितियों की अनिवार्यता को समंजित कर दिया है वहां संयोग की ओर हमारा ध्यान कम ही जाता है। हमारी बात एक ही उदाहरण से स्पष्ट हो जायेगी। निर्मला अपने और बच्ची की आर्थिक भविष्य की अनिश्चिता के कारण बहुत कंजूस हो गयी है उसकी इस कृपणता के कारण बाजार का सारा काम सियाराम को करना पड़ता है। इतना ही नहीं, वह बाजार से जो चीजें मंगवाती है, उनमें अनेक कमियां निकालती है और बार-बार बदलवाती है। ऐसी स्थिति में छोटे बच्चों की

मानसिकता की आसानी से कल्पना की जा सकती है। एक दिन वह सियाराम से घी मंगवाती है। फिर उसे लौटवाती है। सियाराम बहुत परेशान होता है। वह भूखा ही स्कूल चला जाता है। उसे एक साधु मिलता है और वह उसी के साथ चला जाता है। यहां संयोग से साधु से सियाराम की होने वाली मुलाकात और उसका घर से भाग जाना इतना स्वाभाविक और अनिवार्य लगता है कि संयोग की ओर हमारा ध्यान ही नहीं जाता है। और फिर इस छोटी सी घटना की प्रतिक्रिया-स्वरूप घटित होने वाली घटनाएं उपन्यास को जिस परिणति की ओर ले जाती हैं वह हमें अनिवार्य लगती हैं। साधु के साथ सियाराम के घर छोड़कर चले जाने पर मुंशी तोताराम उसे खोजने निकलते हैं। निर्मला बीमार पड़ती है और उसकी मृत्यु हो जाती है। अगर सियाराम को निर्मला ने तंग न किया होता तो वे सब घटनाएं न घटतीं, जिन्होंने निर्मला को इतनी जल्दी मृत्यु-मुख में पहुंचा दिया। पर निर्मला क्या करती? वह जिन परिस्थितियों और जिस मानसिकता में घिरी थी उसमें यह सब करने के लिए विवश थी। कार्य कारण शृंखला में घटने वाली घटनाओं की अनिवार्यता ही इसे प्रमाणित करती है कि यह परिपक्व कथाकार की रचना है।

इसमें कोई सन्देह नहीं है कि 'निर्मला' का उद्देश्य एक है और उसका केन्द्र एक ही है, लेकिन प्रेमचन्द व्यक्तियों को अपने समय से काटकर नहीं देखते थे। फिर वे अपने उपन्यासों में मानव जीवन का अध्ययन प्रस्तुत करने के साथ-साथ एक बृहत्तर उद्देश्य लेकर भी चल रहे थे। यह बृहत्तर उद्देश्य एक ओर सम्पूर्ण मानवता के उद्गार से सम्बद्ध था तो दूसरी ओर देश की स्वाधीनता से भी सम्बद्ध था। इसलिए 'निर्मला' जैसे उपन्यास में भी प्रेमचन्द ने दहेज जैसी सामाजिक कुरीति को केन्द्र में रखकर भी राजनीति के लिए भी स्थान निकाल लिया है। गांधीवादी राजनीति और अर्थनीति के लिए उन्होंने निर्मला की बहन कृष्णा और भावी पति के प्रकरण के रूप में अवकाश निकाल ही लिया है। कृष्णा का भावी पति डॉक्टर भुवनमोहन सिन्हा का छोटा भाई है। वह राष्ट्रीयता की भावना से भरा हुआ है। वह खद्दर पहनता है और अध्ययन प्रेमी है। पीठ पर खद्दर लादकर गांव-गांव बेचता है। वह व्याख्यान देने में बहुत चतुर है। उसकी इन प्रवृत्तियों से कृष्णा भी प्रभावित हुई है। उसने भी चरखा चलाना सीख लिया है। उसकी महत्त्वाकांक्षा अत्यंत महीन सूत कातकर उसका बना एक साफा अपने पति को भेंट करने की है। राजनीति का यह आदर्श सामाजिक यथार्थ को पुट देकर प्रस्तुत करने जैसा है, क्षेपक जैसा नहीं, क्योंकि यह निर्मला की दुरवस्था के साथ प्रायश्चित के रूप में सम्बद्ध है।

प्रेमचन्द की मान्यता थी कि 'उपन्यास मानव-चरित्र का चित्र-मात्र' है। ''मानव-चरित्र पर प्रकाश डालना और उसके रहस्यों का खोलना ही उपन्यास का मूल तत्त्व है।'' मनुष्य ऐसा प्राणी है जिसका चरित्र जितना उसके ऊपरी क्रियाकलाप में व्यक्त होता है उससे कहीं अधिक उसकी मनोगति में छिपा होता है। मनुष्य की

बाह्य गतिविधियां तो कार्य होती हैं, उसके कारण तो उसके मन में होते हैं। इसलिए, ''वर्तमान आख्यायिका मनोवैज्ञानिक विश्लेषण और जीवन के यथार्थ और स्वाभाविक चित्रण को अपना ध्येय समझती है।'' प्रेमचन्द की इन्हीं मान्यताओं ने उनकी कहानियों और उपन्यासों को विशिष्टता प्रदान की है। उन्होंने मनुष्य के आचरण के साथ-साथ उसके कारणों को खोजने के लिए उसकी मनोगति का भी अध्ययन किया। प्रेमचन्द के ही नहीं बल्कि हिन्दी के समस्त उपन्यासों में 'निर्मला' पहला उपन्यास है जिसमें पात्रों की मनोगति का गहरा अध्ययन प्रस्तुत करने का प्रयत्न किया गया है। इसीलिए कुछ लोगों ने इसे हिन्दी का पहला मनोवैज्ञानिक उपन्यास माना है। यह हिन्दी का पहला मनौवैज्ञानिक उपन्यास है या नहीं? इस पर विवाद हो सकता है; लेकिन इस बात पर विवाद की कोई गुंजाइश नहीं है कि इस उपन्यास में प्रेमचन्द की दृष्टि सचेत भाव से मानव-मन पर भी है। उन्होंने इस उपन्यास में जहां दहेज की सामाजिक, आर्थिक समस्या और उसके दुष्परिणामों का चित्रण किया है वहां उनकी मनोवैज्ञानिकता का भी सूक्ष्म चित्रण किया है। उपन्यास के नौवें परिच्छेद में मानव-मन की गति पर टिप्पणी करते हुए प्रेमचन्द ने लिखा है कि ''मन! तेरी गति कितनी विचित्र है! कितनी रहस्य से भरी हुई, कितनी दुर्भेद्य! तू कितनी जल्दी रंग बदलता है! इस कला में तू निपुण है। आतिशबाज की चरखी को भी रंग बदलते कुछ देर लगती है, पर तुझे रंग बदलने में उसका लक्षांश भी समय नहीं लगता।'' मन की इस विचित्र गति के अनेक उदाहरण 'निर्मला' में विद्यमान हैं। यहां एक उदाहरण प्रस्तुत किया जा सकता है। एक दिन रात्रि को मंसाराम ने भोजन नहीं किया। निर्मला ने नौकरानी को उसे बुला लाने के लिए कई बार भेजा पर वह नहीं आया। नौकरानी से यह जानकर कि वह रो रहा है, निर्मला स्वयं उसे मनाने के लिए गयी। निर्मला के जाने पर वह मान गया। वह उसका हाथ पकड़कर उठा ही रही थी कि उसके पति तोताराम ने घर में प्रवेश किया। निर्मला अनुनय-विनय छोड़कर एकदम आगबबूला हो उठी और बड़े कठोर शब्दों में मंसाराम की भर्त्सना करने लगी। उसमें हुए इस अचानक परिवर्तन पर उपन्यासकार ने टिप्पणी की है—''जिन नेत्रों में एक क्षण पहले विनय के आंसू भरे थे उनमें अकस्मात ईर्ष्या की ज्वाला कहां से आ गयी? जिन अधरों से एक क्षण पहले सुधा-वृष्टि हो रही थी, उनमें से बिष का प्रवाह क्यों होने लगा?'' (आठवां परिच्छेद) निर्मला के आचरण के अन्तर्विरोध और उसके व्यक्तित्व के इस दोहरेपन को तब तक नहीं समझा जा सकता जब तक उसके पीछे के मनोविज्ञान को नहीं समझ लिया जाता। निर्मला के आचरण के इस अंतर्विरोध को मनोविज्ञान में 'विभाजित व्यक्तित्व' और 'मनोविच्छेद' की संज्ञा दी जायेगी जिसमें मानसिक दबावों के कारण व्यक्ति का चेतन मन टुकड़ों में विभाजित हो जाता है और उसका आचरण उपचेतना से संचालित होने लगता है। निर्मला की परिस्थितियां सामान्य नहीं हैं। वह जिन असामान्य परिस्थितियों में

आ पड़ी है उनके सामने वह पराजित हो गयी है; वह उनकी कठपुतली बन गयी है। फलतः ऊपरी तौर पर उसका आचरण असंगत हो गया है। 'निर्मला' में केवल निर्मला ही नहीं, बल्कि अन्य प्रमुख पात्र भी विभिन्न मानसिक द्वन्द्वों, मनोग्रन्थियों, कुण्ठाओं, अतृप्तियों आदि का शिकार हैं। और इन सबका प्रेमचन्द ने विस्तार के साथ चित्रण किया है। इस उपन्यास की कथा और पात्रों के व्यक्तित्व का निर्माण एवं गतिशीलता अन्तर्द्वन्द्वों के द्वारा हुई है। इसलिए सामान्यतः तो इस उपन्यास को मनोवैज्ञानिक उपन्यास की संज्ञा दी ही जा सकती है।

'निर्मला' उपन्यास में अनेक शिल्पगत कमजोरियां हैं लेकिन इस बात का अनुभव हमें बराबर होता है कि यह उपन्यास एक श्रेष्ठ कथाकार की रचना है। इसमें पात्रों के व्यक्तित्व की रचना कुशलतापूर्वक हुई है। सभी छोटे-बड़े पात्रों की अलग पहचान बना पाने में उपन्यासकार सफल हुआ है। पात्र न तो उपन्यासकार के कुछ मन्तव्यों, विचारों और आग्रहों को व्यक्त करने वाली कठपुतलियां बनकर रह गये हैं और न निजत्व और मनोवैज्ञानिकता के नाम पर अजूबा बनकर रह गए हैं। वे जीते-जागते मनुष्य हैं जो अपनी वर्गगत विशेषताएं भी रखते हैं और व्यक्तिगत विशेषताएं भी। इस उपन्यास में वर्णनात्मकता कम हुई है, संवादों की मात्रा बढ़ी है। 'निर्मला' उपन्यास का दो-तिहाई कलेवर संवादों से निर्मित हुआ है। यदि इसके संवादों में पाठकों को चमत्कृत करने वाली विदग्धता और अपने साथ बहा ले जाने वाली काव्यात्मकता कम है तो निरर्थक शब्दछल भी नहीं है। इसके संवाद जीवन के एकदम निकट के संवाद हैं। प्रेमचन्द की गद्यशैली में कितनी चुस्ती आ गयी है इसका प्रमाण ऐसे प्रकृति-चित्र उपस्थित करेंगे "बाग में फूल खिले हुए थे। मीठी-मीठी सुगन्ध आ रही थी। चैत की शीतल, मन्द समीर चल रही थी। आकाश में तारे छिटके हुए थे।" (पहला परिच्छेद) इन चार छोटे-छोटे वाक्यों में ऊपरी तौर पर कोई विशेषता नहीं है लेकिन अपने सामूहिक प्रभाव के कारण ये एक विशेष वातावरण अंकित करने में समर्थ हैं। 'निर्मला' में इस प्रकार के चित्र मानव-मनोवृत्तियों और घटित हो रही या घटने वाली घटनाओं के अनुकूल हैं। दूसरे परिच्छेद में मानवीकरण का उपयोग करते हुए अंधेरी रात का जो भयानक चित्र अंकित किया गया है, उसी में उदयभानु लाल की मतई के हाथों हत्या होती है। ये चित्र प्रेमचन्द ने बहुत ही सरल विवरण के द्वारा अंकित किये हैं। इसका अर्थ यह नहीं है कि उनकी भाषा में लाक्षणिकता और व्यंजनात्मकता नहीं है। उनकी भाषा में लक्षणा और व्यंजना है लेकिन ऐसी कि उसकी ओर तुरन्त ध्यान न जाये। अपने प्रति निर्मला की विरक्ति के कारण तोताराम के मन में जो निराशा और झुंझलाहट पैदा होती, उसे प्रेमचन्द ने यों व्यक्त किया—"दिन भर के कठिन मानसिक परिश्रम के बाद उनका चित्त आमोद-प्रमोद के लिए लालायित हो जाता; लेकिन जब अपनी विनोद-वाटिका में धूल उड़ती हुई देखते तो उनका जी चाहता, क्यों न इस वाटिका को उजाड़ दूं।" स्पष्ट

ही यहां रूपक और रूपकातिशयोक्ति अलंकार हैं, किन्तु वे अलंकार होने के कारण आकर्षक कम हैं, प्रतीकात्मकता के कारण आकर्षक अधिक हैं। वैसे उपमाओं और उत्प्रेक्षाओं का प्रेमचन्द ने भरपूर और कुशल उपयोग किया है। 'निर्मला' के गद्य में भी यह विशेषता विद्यमान है; मुहावरेदानी उसमें विद्यमान है। और बिलकुल सीधे-सादे वाक्यों में केवल उनकी अनुतान (टोन) के द्वारा गजब की व्यंजकता भर दी गई है। मुहल्ले की एक स्त्री जियाराम के प्रति सहानुभूति दिखाती हुई उससे पूछती है–'अब दूध-मक्खन काहे को मिलता होगा?' और जब जियाराम कहता है कि 'मिलना भी कई तरह का होता है। पानी वाला दूध टके सेर मंगाकर रख दिया, चाहे पियो चाहे न पियो–कौन पूछता है? नहीं तो बेचारी नौकर से दूध मंगवाती थी। वह तो चेहरा ही कह देता है। दूध की सूरत छिपी नहीं रहती–वह सूरत नहीं रही।' (अठारहवां परिच्छेद) इस कथन में जो व्यंजकता है, वह लोकजीवन की व्यंजकता है। यह साहित्यशास्त्र के अध्ययन का फल नहीं है, बल्कि लोक हृदय की सच्ची पहचान का फल है। प्रेमचन्द की संवेदना लोक-संवेदना के अत्यंत निकट थी। इसी कारण वे नितान्त सामान्य से पात्रों को लेकर दैनिक जीवन की सामान्य सी घटनाओं को लेकर इतने रोचक उपन्यासों की रचना कर सके। इसी का परिणाम है कि वे लोकभाषा को बहुत मामूली सा फेरबल करके साहित्यक भाषा बना सके। वे लोकभाषा के जादू से परिचित थे। 'निर्मला' में लोकभाषा का जादू सिर चढ़कर बोल रहा है। ऐसी स्थिति में यह अधिक महत्त्वपूर्ण नहीं रह जाता है कि उसकी भाषा में तत्सम शब्द अधिक हैं या तद्भव, देशी शब्द अधिक हैं या विदेशी।

अन्त में हम यह कहना चाहेंगे कि 'निर्मला' प्रेमचन्द की उपन्यास-कला के विकास में एक मील का पत्थर है। वह सामाजिक समस्या को मनोवैज्ञानिक गहराई के साथ प्रस्तुत करता है। इसलिए उसे सामाजिक-मनोवैज्ञानिक उपन्यास कहा जा सकता है। वह प्रेमचन्द के सर्वाधिक सुगठित उपन्यासों में से एक है। आकार में छोटा होने पर भी प्रेमचन्द की उपन्यास-कला की सामर्थ्य और सीमा को व्यक्त कर सकने की सामर्थ्य उसमें है।

गबन

कृष्णचन्द्र लाल

सामान्यतया आलोचकों ने 'गबन' को स्त्री की आभूषणप्रियता की ट्रेजडी माना है। किन्तु पूरा उपन्यास पढ़ जाने के बाद यह धारणा खण्डित हो जाती है। यद्यपि यह सच है कि इस उपन्यास की कथा इसकी नायिका जालपा के आभूषण-प्रेम से आरम्भ होती है और बराबर उसी से गति पाती रहती है किन्तु उपन्यास का मूल उद्देश्य यह बताना कतई नहीं है कि एक स्त्री के आभूषण-प्रेम का कितना भीषण दुष्परिणाम होता है। यदि यह दिखाना प्रेमचन्द का उद्देश्य होता तो वे रमानाथ के चरित्र को इस तरह पतित रूप में प्रस्तुत नहीं करते। रमानाथ जिन विकट परिस्थितियों के 'भंवर-जाल' में पड़ता है वे जालपा के आभूषण-प्रेम से उतना उद्भूत नहीं हैं जितना कि स्वयं उसकी चारित्रिक कमजोरी की उपज है। ध्यान से देखा जाय तो विदित होगा कि प्रेमचन्दजी बार-बार यह एहसास कराते रहते हैं कि रमानाथ परिस्थितियों के जो थपेड़े खा रहा है वे उसी की निर्मिति हैं जालपा की नहीं, चाहे वह उसका उधार चन्द्रहार लाना हो या उधार पाटने के लिए उसके आभूषणों की चोरी करना हो या रतन के रुपयों से अपने उधार को पाटने की धांधली हो या म्यूनिसिपैलिटी के रुपयों को घर लेकर चले आने की चालाकी हो या रुपया न दे पाने पर घर छोड़कर भाग जाना हो। इन सभी घटनाओं के मूल में स्वयं रमानाथ और उसकी कमज़ोरियां हैं जालपा या जालपा का आभूषण-प्रेम नहीं। उसका आभूषण-प्रेम तो आग में घी का काम करता है क्योंकि रमानाथ को जलाकर राख कर देने वाली आग, जिसे उसका मध्यवर्गीय चरित्र कहना चाहिए, पहले से ही मौजूद थी।

प्रेमचन्दजी ने जालपा को जितना ही आभूषण की प्रेमिका चित्रित किया है उतना ही उससे निस्पृह भी। वह यदि यह प्रण करती है कि जब तक चन्द्रहार नहीं आ जायेगा कोई दूसरा गहना न पहनूंगी तो इसलिए कि रमानाथ ने अपनी वास्तविक स्थिति को छिपाकर झूठी शान बघारी और धनपति होने का बोध कराया। यदि घर में आते ही उसे यह पता चल जाता कि यहां जीने-खाने की ही किल्लत है तो वह

शायद गहनों के लिए जिद करने को कौन कहे, उनके नाम तक न लेती। यह विश्वास करने के लिए समय-समय पर व्यक्त किये गये उसके विचार ध्यातव्य हैं। जब जालपा के गहने चोरी चले गये तो रमानाथ की कृत्रिम सहानुभूति के उत्तर में उसने कहा—"तो मैं तुमसे गहनों के लिए रोती तो नहीं हूं। भाग्य में जो लिखा था वह हुआ...जो औरतें गहना नहीं पहनतीं, क्या उनके दिन नहीं कटते?"

जालपा के ये वाक्य उसके चरित्र की उदात्तता का परिचय देते हैं उस निम्नता का नहीं जो पति को पतित करती है या उसे दुष्कर्म के लिए बाध्य करती है। प्रेमचन्दजी ने निरन्तर जालपा के चरित्र को आभा-मण्डित किया है। यही इस बात का सबूत है कि वे उसकी आभूषणप्रियता को उतना निन्द्य नहीं मानते हैं जितना कि रमानाथ की प्रदर्शन-भावना, झूठी-मूठी शान और मिथ्या गौरव की भावना को। उन्होंने अनेक प्रसंगों में यह दिखाया है कि जालपा ने एक आदर्श स्त्री का प्रमाण दिया है और रमानाथ ने एक प्रवंचक एवं मिथ्यावादी पति का। जब रमानाथ ने उससे गहनों को उधार लाने की बात कही थी तो जालपा ने बड़ी दृढ़ता से कहा था—"नहीं! मेरे लिए कर्ज लेने की जरूरत नहीं। मैं वेश्या नहीं हूं कि तुम्हें नोच-खसोट कर अपना रास्ता लूं। मुझे तुम्हारे साथ मरना और जीना है। अगर मुझे सारी उम्र बे-गहनों के रहना पड़े तो भी मैं कर्ज लेने को न कहूंगी।"

अपनी दुष्परिणति के लिए रमानाथ स्वयं जिम्मेदार है, यह तथ्य उसे भी ज्ञात था। एक स्थान पर उसके पश्चात्ताप का चित्रण करते हुए प्रेमचन्दजी लिखते हैं—"जालपा से अपनी असली हालत छिपाकर उसने कितनी भारी भूल की। वह समझदार औरत है। अगर उसे मालूम हो जाता कि मेरे घर भूंजी भांग नहीं है तो वह मुझे कभी उधार गहने न लेने देती। उसने तो कभी अपने मुंह से कुछ नहीं कहा। मैं ही अपनी शान जताने के लिए मरा जा रहा था।" जब सुनार का प्यादा तकादे के लिए आया तो ढोल की सारी पोल खुल गयी। उसके चले जाने के बाद जालपा ने रमानाथ को समझाते हुए कहा—"जब तुम्हारी आमदनी इतनी कम थी तो गहने लिये ही क्यों? मैंने तो कभी जिद न की थी और मान लो, मैं दो-चार बार कहती भी तो तुम्हें समझ-बूझकर काम करना चाहिए था।" रमानाथ के पास यह समझ-बूझ ही न थी। उसकी समझ को उसके मिथ्या गौरव और प्रदर्शन की भावना ने खा लिया था जिसके कारण वह अपनी पत्नी से ही पर्दा रखने लगा था। पति-पत्नी के बीच जब इस तरह प्रवंचनापूर्ण सम्बन्ध होगा तो उसका वही आत्मघाती परिणाम होगा जो रमानाथ का हुआ।

इसी उपन्यास में—रतन और देवीदीन की बुढ़िया—दो और स्त्रियां हैं जिन्हें गहनों से विशेष लगाव है किन्तु रतन जहां एक धनी परिवार की और अपने पति की लाडली पत्नी है, वहां बुढ़िया उद्योगशील एवं कर्मठ; वह अपने पति के बूते पर गहनों का शौक नहीं पूरा करती। इसलिए हमें इन दोनों स्त्रियों की आभूषणप्रियता

खलती नहीं किन्तु जालपा की खलती है तो इसलिए वह एक छद्मपूर्ण परिस्थिति में जीती है। यदि जालपा को अपनी वास्तविक आर्थिक दशा का परिज्ञान होता (जैसा कि लेखक ने बार-बार इस पर बल दिया है कि उसे वस्तुस्थिति से परिचित होने का कभी मौका नहीं दिया गया और यदि ऐसा समय आया भी तो बड़े खूबसूरत तरीके से उसे ढांप दिया गया) तो वह आभूषणों की जरा सी भी लालसा न व्यक्त करती। और तब उसकी आभूषणप्रियता रतन या बुढ़िया की आभूषणप्रियता के समक्ष एकदम नगण्य साबित होती। हां, जालपा का आभूषण-प्रेम इस उपन्यास का मूल कथ्य तब हो सकता था यदि वह उनके लिए किसी प्रकार की कृतघ्नता या अविवेकपूर्ण व्यवहार का परिचय देती जैसा कि उपेन्द्रनाथ 'अश्क' की 'गोखरू' कहानी की नायिका ने किया है। उसे अपने गोखरुओं से इतना प्रेम था कि उन्हें उसने अपनी मृत लड़की के हाथ से निकाल लिया।

जालपा तो ऐसी स्त्री है जो परिस्थिति के अनुसार जीना जानती है। यदि परिस्थिति भोग-विलास की है तो वह भोग-विलास कर सकती है। यदि स्थिति फांके मारने की है तो वह बिना आह भरे कई दिनों तक भूखी रह सकती है। वह पति के सुख के कम किन्तु दुख के दिनों की 'साथिन' अधिक है। अपने इस चरित्र का पूरा प्रमाण उसने दिया है। उसके जिन गहनों को चुरा कर रमानाथ ने अपना कर्ज अदा किया या जिन्हें उधार खरीदा और आर्थिक-दयनीयता प्रकट न हो सके इसके लिए एक के बाद एक छल किया, उन गहनों को जालपा ने बड़ी सरलता के साथ बेचकर म्यूनिसपैलिटी के रुपयों को जमा कर दिया और ऐसा करने में उसे रंचमात्र भी क्लेश नहीं हुआ, बल्कि बड़े गौरव की अनुभूति हुई—"जिस हार को उसने इतने चाव से खरीदा था, जिसकी लालसा उसे बाल्यकाल ही में उत्पन्न हो गयी थी, उसे आधे दामों में बेचकर उसे जरा भी दुख नहीं हुआ बल्कि गर्वमय हर्ष का अनुभव हो रहा था।" उपन्यास की ये पंक्तियां जालपा के गौरवशाली चरित्र को उद्घाटित करती हैं जिसका आगे हम भव्य विकास देखते हैं। कुछ आलोचकों ने यह आरोप लगाया है कि प्रेमचन्दजी ने उपन्यास के उत्तरार्द्ध में जालपा के जिस भव्य एवं गौरवशाली चरित्र को चित्रित किया है वह अस्वाभाविक एवं मूलहीन आदर्श की सृष्टि है। मेरे विचार से ऐसे आलोचकों की दृष्टि जालपा के आभूषण-प्रेम में फंस जाने के कारण वास्तविकता से दूर रह गयी है। वे उसके प्रारम्भिक चरित्र में गहरे पैठी हुई आदर्श, त्याग और कर्तव्य की भावना को लक्षित नहीं कर सके हैं। जालपा के हृदय में गहनों के प्रति अगाध प्रेम अवश्य है किन्तु इसके साथ हीं उसमें उचित-अनुचित, करणीय-अकरणीय का विवेक भी है। वह एक स्थान पर कहती है—"क्या मैं इतना भी नहीं जानती कि संसार में अमीर-गरीब दोनों ही होते हैं? क्या सभी स्त्रियां गहनों से लदी रहती हैं? गहना न पहनना क्या कोई पाप है? जब जरूरी काम से रुपये बचते हैं तो गहने भी बन जाते हैं। पेट और तन काटकर,

चोरी या बेईमानी करके तो गहने नहीं पहने जाते। क्या उन्होंने मुझे ऐसी गयी-गुजरी समझ लिया?" जिस स्त्री में इतना विवेक हो, जिसके पास जीने के लिए इस तरह का व्यावहारिक दर्शन हो उसे आभूषणों की कठपुतली कहना सरासर अन्याय है। अतः 'गबन' उपन्यास की ट्रेजडी को स्त्री के आभूषण-प्रेम की ट्रेजडी कहना गलत है।

वास्तव में यह मध्यवर्गीय मनुष्य के आत्म प्रवंचनापूर्ण चरित्र की करुण गाथा है जिसे प्रेमचन्दजी ने मनोवैज्ञानिक सच्चाई के साथ चित्रित किया है। इस दृष्टि से यह उपन्यास मनोवैज्ञानिक यथार्थ का उपन्यास बन गया है। रमानाथ जिस मध्यवर्गीय मनोवृत्ति से ग्रस्त है वह है प्रदर्शन और मिथ्याभिमान की प्रवृत्ति। मध्यवर्ग जाहिर है, अमीर और गरीब के बीच की चक्की में जीता है। वह न तो अमीर जैसा जीवन जी सकता है और न अपनी वास्तविकता में जीकर निम्नवर्ग के आस-पास रह सकता है क्योंकि वह एक ओर अपने को निम्नवर्ग से विशिष्ट एवं उच्च रखना चाहता है तो दूसरी ओर अमीर के समानान्तर बैठना चाहता है। उसकी यह मनोवृत्ति उसे एक झूठे संसार में जीने के लिए मजबूर कर देती है। रमानाथ इसी वर्ग का प्रतिनिधि चरित्र है जिसकी जीवन गाथा को पढ़कर यह सत्य भलीभांति हृदयंगम हो जाता है कि इस वर्ग का चरित्र आत्मघाती एवं प्रवंचनापूर्ण है। कुछ लोग यह प्रश्न कर सकते हैं कि दयानाथ जैसे यथार्थजीवी, सत्यप्रिय एवं चरित्रवान पिता का पुत्र होते हुए भी रमानाथ, घूसखोर, आत्मछली, प्रदर्शन-प्रिय और मिथ्याहंकारी कैसे हो गया? जो लोग इस प्रश्न से टकरायेंगे वे ही इस उपन्यास की मूल चेतना की तह तक जा पायेंगे। दरअसल दयानाथ और रमानाथ के बीच एक पीढ़ी का अन्तर है। यह अन्तर कालगत उतना नहीं जितना कि प्रवृत्तिगत है। दयानाथ उस भारतीय आदर्श के प्रतीक हैं जो विश्वास, सत्य और सच्चरित्रता को अपनी पूंजी मानकर जीता है जिसके लिए घूस लेना-देना पाप है। उनके लिए जिन्दगी की अपेक्षा उनकी 'आबरू' प्यारी है। वे जिन्दगी की कीमत पर भी अपनी इज्जत बचाना धर्म समझते हैं। जब उन्हें पता चला कि रमानाथ गहने उधार लाया है और उसकी कीमत चुकाने की सामर्थ्य उसमें नहीं है तो उन्होंने उसें बहुत फटकारा—"क्यों बेशर्मी की बात करते हो जी, जब गिरह में रुपये न थे चीज़ लाये ही क्यों? और जब लाये हो तो जैसे बने वैसे रुपये अदा करो। कह दिया नालिश कर दो। नालिश कर देगा तो कितनी आबरू रह जायेगी। सारे शहर में उंगलियां उठेंगी।" 'शहर में उंगलियां उठने' की चिन्ता तो रमानाथ में भी थी किन्तु वह समस्या का सामना उस यथार्थ रूप में नहीं करता जिस ढंग से दयानाथ करते हैं या चाहते हैं। उपन्यास में दयानाथ का चरित्र आरंभ से ही यथार्थजीवी के रूप में चित्रित किया गया है। वे मध्यवर्ग की उस जिन्दगी के कतई कायल नहीं हैं जिसकी ढोल में पोल ही पोल होती है जो भीतर से एकदम खोखला किन्तु बाहर से चमकदार और हरा-भरा होता है। अपनी यथार्थ चेतना के

कारण ही वे पहले बारात की टीम-टाम का विरोध करते हैं और जब शादी में उधार लिये गये रुपयों के भुगतान की बात आती है तो चाहते हैं कि जालपा से गहने लेकर वापस कर दिये जायं क्योंकि वे उनकी कीमत अदा करने में असमर्थ हैं। कहना न होगा कि उपन्यास की असली ट्रेजडी यहीं से शुरू होती है और रमानाथ की दिखावे एवं मिथ्याभिमान की प्रवृत्ति अपना रंग दिखाना शुरू करती है। रमानाथ को यह प्रवृत्ति अपनी परम्परा से नहीं मिली बल्कि (उपन्यासकार की दृष्टि में भी) यह उस समय की नयी तालीम (अंग्रेजी शिक्षा) की देन है। मानना पड़ेगा कि अंग्रेजी शिक्षा ने भारतीय युवकों को उनके महान् चारित्रिक आदर्शों से गिराकर पथभ्रष्ट एवं चरित्रहीन कर दिया। रमानाथ जैसे युवक उसके प्रथम प्रभाव की कड़ियां हैं। इस शिक्षा ने युवकों को विलायती चमक-दमक की ओर ऐसा उत्प्रेरित किया कि वे अपने गरिमामय जीवन-दर्शन को ताक पर धर बैठे। भारतीय जीवन-दर्शन के मुताबिक चलना आग में तपकर सोना बनना था और विलायती जीवन-दर्शन को अपनाकर जलकर राख होना था। इस सत्य को प्रेमचन्दजी ने 'रमानाथ' के माध्यम से स्पष्ट कर दिया है।

'रमानाथ' उस घर का युवक था जिसमें 'पांच आदमियों का पालन बड़ी मुश्किल होता है। लड़के अच्छे कपड़ों को तरसते, स्त्री गहने को तरसती।' किन्तु इस घर की मजबूरियों से रमानाथ का कोई वास्ता न था। वह कॉलेज में पढ़ रहा था जहां चक-दक का बोलबाला था। फलतः पढ़-लिखकर अपनी गिरी हालत ठीक करने की भावना से उद्वेलित होने के बजाय वह एक झूठी दुनिया की ओर आकृष्ट हो गया। उसकी उस झूठी दुनिया के सपनों को पूरा करने में उसके दोस्तों ने बड़ी मदद की। "वह शतरंज खेलता, सैर-सपाटे करता और मां और छोटे भाइयों पर रोब जमाता। दोस्तों की बदौलत शौक पूरा होता था। किसी का चेस्टर मांग लिया और शाम को हवा खाने निकल गये। किसी का पंप-शू पहन लिया, किसी की घड़ी कलाई पर बांध ली। कभी बनारसी फैशन में निकले, कभी लखनवी फैशन में। दस मित्रों ने एक-एक कपड़ा बनवा लिया तो बस सूट बदलने का साधन हो गया।" यही कारण है कि विवाह में औकात से ज्यादा खर्च करने में रमानाथ को कोई संकोच नहीं हुआ क्योंकि वह अपने उन मित्रों से परिचालित था जो रईसजादा थे। फलस्वरूप, "उसके मित्र ही इस समय (विवाह के समय) हर एक काम में अग्रसर हो रहे थे। जो काम करते दिल खोलकर। आतिशबाजियां बनवायीं तो अव्वल दर्जे की। नाच ठीक किया तो अव्वल दर्जे का, गाजे-बाजे भी अव्वल दर्जे के। दोयम या सोयम का वहां जिक्र ही न था।" अव्वल दर्जे की भावना को भड़काने वाले युवामित्रों से घिरा रमानाथ इतना प्रदर्शनप्रिय और मिथ्याभिमानी हो गया कि आगे चलकर उसने इसकी आग में अपने और जालपा के जीवन को 'होम' कर दिया। उसकी प्रदर्शन भावना का चरम रूप हमें तब देखने को मिलता है जब रतन पहली बार उसके घर

आती है।

रतन जब जालपा से घर आने के लिए कह देती है तो जालपा को जैसे अपनी यथार्थ स्थिति का थोड़ा-सा बोध होता है और वह रमानाथ से कहती है कि यह तो बहुत बुरा हुआ क्योंकि एक तो उसके घर जाने के लिए उसके पास कीमती कपड़े और गहने नहीं हैं दूसरे उसे भी अपने घर बुलाना पड़ेगा जहां किसी प्रकार की साज-सजावट नहीं है किन्तु रमानाथ अपनी ही तरह उसे फिर एक छलपूर्ण संसार में जीने के लिए उत्सुक कर देता है। वह कहता है–''विपत्ति कुछ नहीं है, सिर्फ यही ख्याल है कि मेरा मकान इस काम के लायक नहीं। मेज, कुर्सियां, चाय के सेट रमेश के यहां से मांग लाऊंगा।'' लोगों की पड़ोस से मांगकर काम चलाने की यह मनोवृत्ति कितनी व्यापक हो गयी है यह आज का हर आदमी जानता है। दूसरों के सामान लाकर अपनी शान बना लेना लोग अपना जन्मसिद्ध अधिकार मानने लगे हैं। रतन के आने पर रमानाथ ने यही किया–मांगकर लायी हुई चीजों से घर को सजा दिया। ''रमानाथ के मित्र रमेश बाबू की पहुंच अच्छे-अच्छे घरों में थी। सजावट की अच्छी-अच्छी चीजें बटोर लाये। सारा घर जगमगा उठा।'' घर को सजाते समय आईने के रखने को लेकर दयानाथ और रमेश में जो वाद-विवाद हुआ है वह भी यह दिखाने के लिए कि भारतीयों में अंग्रेजियत किस तरह सतही ढंग से घुस गयी है। रमेश ने बड़े मार्के की बात कही है–''यह तो आपने हमारे बिगड़े हुए बाबुओं की सी बात कही, जो पहनावे में, कमरे की सजावट में, बोली में, चाय और शराब में, चीनी की प्याली में–गरज दिखावे की सभी बातों में तो अंग्रेजों का मुंह चिढ़ाते हैं। लेकिन जिन बातों ने अंग्रेजों को अंग्रेज बना दिया है और जिनकी बदौलत वे दुनिया पर राज्य करते हैं, उसकी हवा तक नहीं छू गयी है।'' कहना न होगा कि रमानाथ उन्हीं 'बिगड़े हुए बाबुओं' का प्रतीक है जिनके घर में भूंजी भांग भी नहीं है किन्तु सपने छप्पन प्रकार के व्यंजनों का देखते रहते हैं और किसी के घर से नमक, किसी से मिर्च और किसी से तेल मांगकर अपना काम चलाते हैं। रमानाथ की झूठी शान और प्रदर्शन की भावना ने पहले तो उसे उधार गहने लेने के लिए मजबूर किया, बाद में कर्ज मांगने के लिए भी बाध्य कर दिया। जो लोग कर्ज पर जीते हैं उन्हें रमानाथ के जीवन से शिक्षा लेनी चाहिए और रमेश बाबू के इन वाक्यों को गठिया कर रखना चहिए–'कर्ज से बड़ा दूसरा पाप नहीं। न इससे बड़ी दूसरी विपत्ति है। भविष्य के भरोसे पर और चाहे जो काम करो, लेकिन कर्ज कभी मत लो।' किन्तु जो लोग झूठी शान जीने के आदी हो जाते हैं, जो फीस भी दे पाने की सामर्थ्य न रखते हुए भी अमीरों की होड़ में बच्चों को अंग्रेजी स्कूल में पढ़ने भेजते हैं, रोटी तक की व्यवस्था कर सकने में असमर्थ पत्नी के लिए गहने-साड़ी खरीदने में गर्व करते हैं और झूठी शान-शौकत में मग्न रहते हैं उनके सामने कर्ज लेने और गबन करने के अतिरिक्त और कोई चारा नहीं रह जाता है। वे ही रमानाथ

की तरह प्रतिपल आत्महत्या या घर से भाग जाने की बात सोचते रहते हैं, पत्नी-बच्चों के साथ छलपूर्ण व्यवहार करते रहते हैं और जब नहीं जीते बनता तो किसी देवीदीन खटिक के घर में जाकर छुप जाते हैं और दिन की कौन कहे रात में भी लोगों को मुंह दिखाने से डरते हैं। प्रेमचन्दजी ने 'गबन' के माध्यम से इस सत्य को हृदयंगम कराना चाहा है। इसीलिए इस उपन्यास का नाम 'गबन' रखा है। क्योंकि रमानाथ पर असली विपत्ति 'गबन' करने के बाद आती है।

अब प्रश्न यह उठता है कि अपने इस उद्देश्य में प्रेमचन्दजी कहां तक सफल रहे हैं और उससे कृति के औपन्यासिक ढांचे में कितनी कलात्मकता आयी है या क्षतिग्रस्त हुई है? इस संदर्भ में यह उल्लेख्य है कि 'गबन' उपन्यास की कथा दो खण्डों में विभक्त हो गयी है। फलस्वरूप उसके उद्देश्य की एकतानता टूट गयी है अतः वह अंत तक एक नहीं रह सका है। आरंभ से रमानाथ के म्यूनिसिपैलिटी में गबन करने तक की कथा एक पारिवारिक-सामाजिक समस्या को केन्द्र में रखकर चलती है। जालपा का आभूषण-प्रेम, रमानाथ की प्रदर्शन भावना और मिथ्या गौरव की प्रवृत्ति, कर्जखोरी और गबन इस समाज के ऐसे रोग हैं जो उसे निरन्तर खोखला एवं प्राणहीन कर रहे हैं। यह सत्य उपन्यास के पूर्वार्द्ध की कथा में बड़ी तल्खी के साथ महसूस होता है किन्तु जब रमानाथ रुपये न दे पाने की स्थिति में घर से भागकर देवीदीन के साथ कलकत्ता चला जाता है तो उपन्यास की कथा एक नया मोड़ ले लेती है और पूर्वकथा में व्यक्त मध्यवर्गीय समाज के यथार्थ का दंश हल्का किंवा समाप्त हो जाता है। कलकत्ता आकर रमानाथ कुछ दिन तक तो देवीदीन के घर से निकलता तक नहीं और जब एक दिन सकपकाता हुआ निकलता है तो पुलिस के द्वारा संदेह में पकड़ लिया जाता है। बाद में वे उसे क्रान्तिकारियों के खिलाफ गवाही देने के लिए मजबूर कर देते हैं। यहीं से उपन्यास की कथा राजनीतिक रंग ले लेती है और अमृतराय के शब्दों में, 'सामाजिक उपन्यास राजनीतिक उपन्यास बन जाता है।' उत्तरार्द्ध में प्रेमचन्दजी ने उस समय के (सन् 1930 के आस-पास) क्रान्तिकारियों के साथ हो रहे अन्याय का चित्रण किया है। किस तरह सरकार उन पर झूठे मुकदमे चलाकर उन्हें परेशान करती थी और किस प्रकार उन मुकदमों को चलाने के लिए लोगों पर दबाव डालकर, प्रलोभन देकर झूठी गवाही दिलाती थी। इस सबका बड़ा ही मार्मिक एवं यथार्थ चित्र प्रस्तुत किया गया है। रमानाथ को एक डकैती के संदर्भ में क्रान्तिकारियों के खिलाफ गवाही देने के लिए पुलिस के द्वारा बाध्य किये जाने के बाद उपन्यास का पहला उद्देश्य—मध्यवर्गीय समाज की आत्मघाती मनोवृत्ति का चित्रण—पीछे छूट जाता है और पुलिस के काले कारनामों और अत्याचारों का चित्रण प्रधान हो जाता है। ऐसा क्यों हुआ? प्रेमचन्दजी ने उपन्यास के सामाजिक स्वरूप को राजनीतिक रंग क्यों दे दिया? इसका उत्तर अमृतरायजी ने 'कलम का सिपाही' में दिया है। उन्होंने लिखा है कि प्रेमचन्दजी जब

इस उपन्यास को लिख रहे थे उस समय एक महत्त्वपूर्ण घटना हुई। 20 मार्च 1929 के आस-पास देश भर में जो तलाशियां और लोगों की धर-पकड़ हुई, लोगों पर झूठे मुकदमे चलाये गये, क्रान्तिकारियों की सरगर्मियां बढ़ीं इन सबने प्रेमचन्दजी को प्रभावित किया। अतः एक जागरूक साहित्यकार होने के नाते प्रेमचन्दजी ने उस युग चेतना और स्थिति को जो कि उस समय एक ज्वलन्त प्रश्न के रूप में उपस्थित थी, उपन्यास की उत्तरार्द्ध वाली कथा का केन्द्र बिन्दु बना लिया। वे लिखते हैं–''ताज्जुब की बात होती अगर मुंशीजी का लिखना इस जबर्दस्त हलचल का असर न लेता और उसने लिया, आनन-फानन में लिया। एक अच्छे शिल्पी के सधे हाथों का काम है, इसलिए जोड़ का पता नहीं चलता, मगर गौर से देखो तो 'गबन' के पूर्वार्द्ध और उत्तरार्द्ध में जोड़ है। दोनों का रंग, दोनों की हवा, दोनों की बू-बास सब कुछ अलग-अलग है।'' नंददुलारे वाजपेयी ने दोनों कथाओं के इस जोड़ को कमजोर बताते हुए लिखा है–''यद्यपि इन दोनों कहानियों को प्रेमचन्दजी ने एक स्वाभाविक क्रम से जोड़ने की चेष्टा की है परन्तु उद्देश्य और प्रभाव की दृष्टि से वे कथा की एकात्मकता की रक्षा नहीं कर सके हैं। यदि पूरा उपन्यास प्रयाग की घटनाओं से ही संबद्ध रहता तो उसमें रचना संबंधी पूर्णता आ जाती। उसका प्रभाव भी अधिक तीव्र होता और कदाचित् मध्यवर्ग की आर्थिक और सामाजिक समस्याओं पर तीव्र प्रकाश पड़ता।'' इसीलिए उन्होंने इस उपन्यास में दो उपन्यास की स्थिति स्वीकार की है एक सामाजिक उपन्यास की जिसकी कथा इलाहाबाद की घटनाओं से सम्बद्ध है और दूसरी राजनीतिक उपन्यास की जिसका सम्बन्ध कलकत्ते की घटनाओं से है। वाजपेयीजी की इस स्थापना से असहमत होने के लिए कोई कारण नहीं दिखायी पड़ता किन्तु इतना मानना पड़ेगा कि प्रेमचन्दजी ने जिस कौशल के साथ सामाजिक उपन्यास में राजनीतिक संदर्भ जोड़ दिया है वह प्रशंसनीय है। यह प्रमाणित करता है कि वे ऐसे साहित्यकार थे जो किसी कीमत पर युग-संदर्भ से कटकर नहीं रह सकते थे। भले ही 'गबन' का उत्तरार्द्ध राजनीतिक हो गया हो, उद्देश्य की एकात्मकता खत्म हो गयी हो किन्तु इससे उनके पात्रों और कथा की विश्वसनीयता प्रभावित नहीं हुई है। जालपा जिसमें आरंभ में आभूषण-प्रेम ही प्रमुख रूप से दिखायी पड़ता है वह उत्तरार्द्ध में त्याग, बलिदान, साहस, राष्ट्रीय गौरव और कर्तव्यपरायणता की प्रतिमूर्ति बन जाती हैं। वह रमानाथ को हर कीमत पर क्रान्तिकारियों के खिलाफ गवाही देने से रोकती है और जब वह नहीं मानता है तो उसके रास्ते से हट जाती है यहां तक कि उसके इस अपराध के फलस्वरूप फांसी की सजा पा जाने वाले दिनेश के बाल-बच्चों की जाकर परवरिश करने लगती है। भले ही लोगों को इसमें प्रेमचन्द की आदर्श भावना नजर आये किन्तु जालपा का यह चरित्र परिस्थितियों की उपज होने के कारण और उसके नारी हृदय की पहचान होने के कारण परम विश्वसनीय है। जो लोग 'गबन' के मूल उद्देश्य को एक स्त्री का आभूषण-प्रेम मानते

हैं उन्हें सोचना चाहिए कि उपन्यास के उत्तरार्द्ध में वह आभूषण-प्रेमिका क्यों लुप्त हो गयी और उसकी जगह पर एक क्रान्तिकारी, राष्ट्रप्रेमिका का रूप क्यों प्रधान हो गया? रमानाथ के साथ ऐसा नहीं हुआ। उसमें जो मध्यवर्गीय कमजोरियां (संकोच, झूठी शान, प्रदर्शन आदि) थीं वे ही उसे निरन्तर पतित करती गयीं। उन्हीं के कारण वह पुलिस के प्रलोभन में आकर क्रान्तिकारियों के खिलाफ गवाही देने के लिए तैयार हुआ। उपन्यास के अन्त में उसने जो अपना बयान बदला है वह प्रेमचन्दजी की आदर्श भावना की देन है इसलिए इतना करने के बावजूद वह जालपा की सी प्रतिष्ठा नहीं पा सका। इसी तरह रतन और जोहरा में भी जो परिवर्तन होता है वह स्वाभाविक न होकर आरोपित है। इन आदर्शवादी परिवर्तनों से कथा की मार्मिकता क्षतिग्रस्त हुई है और 'गबन' एक यथार्थवादी उपन्यास होते-होते रह गया है फिर भी यह 'सेवासदन' और 'प्रेमाश्रम' जैसा आदर्शवादी भी नहीं जहां सुधारवाद और हृदय-परिवर्तन की भावना अपनी पूरी व्यापकता में मौजूद है। उनकी अपेक्षा 'गबन' में सामाजिक एवं मनोवैज्ञानिक यथार्थ की सफल अभिव्यक्ति हुई है।

कर्मभूमि

परमानन्द श्रीवास्तव

प्रेमचन्द की रचना-दृष्टि उनकी जीवन-दृष्टि से भिन्न नहीं है और यह जीवन-दृष्टि सीधे जीवन-संघर्ष से या संघर्ष के अनुभव-प्रत्यक्ष से विकसित है। उपन्यासकार के रूप में प्रेमचन्द ने जो पहचान बनायी है उसमें आदर्शोन्मुख तथा क्रान्तिकारी कल्पना के साथ यथार्थबोध अनिवार्यतः शामिल है। कहने की आवश्यकता नहीं कि प्रेमचन्द के उपन्यासों का कथा-देश एक जीवित, वास्तविक देश है जिसमें घटनाएं तेजी से घट रही हैं, आन्दोलन की गतिविधियां साफ दिखाई देती हैं, शोषण की प्रक्रिया को पहचानना और उसे चुनौती देना जहां बहुतों को जरूरी लगने लगा है, जहां परिवर्तन के लिए संघर्ष को सफल होते हुए और अक्सर विफल होते हुए भी देखा जा सकता है। सामाजिक सुधार और राजनीतिक परिवर्तन को समझने की कोशिश प्रेमचन्द का मुख्य सरोकार है। मध्यवर्ग और निम्नवर्ग की भूमिका तथा उनके वास्तविक व्यवहार-मनोविज्ञान को प्रेमचन्द अपने सक्रिय आलोचनात्मक विवेक द्वारा जांचते रहते हैं और जहां वे किसी चरित्र में अपने को प्रक्षेपित करना चाहते हैं, वहां भी उसके अन्तर्विरोधों को स्पष्ट करने में संकोच नहीं करते। एक कथा-देश और एक वास्तविक देश की दूरी कम से कम जान पड़े—इसी के अनुरूप प्रेमचन्द ने उपन्यास की परिभाषा बनायी है जिसमें मनोरंजन प्रधान वर्णन की स्वीकृति तो है ही, मानवचरित्र की विश्वसनीयता का बोध भी है।

'कर्मभूमि' में प्रेमचन्द का महत्त्वपूर्ण उपन्यास है। 'गोदान' से पहले इसी उपन्यास में प्रेमचन्द की यथार्थोन्मुख दृष्टि समस्याओं का एक मुकम्मल समाजशास्त्र लेकर सामने आती है। समस्याओं की दिशा स्पष्ट है—उनका सामाजिक-आर्थिक आधार तथा वर्गीय ढांचा भी स्पष्ट है। प्रेमचन्द की सुधारवादी चेतना की सीमाएं हो सकती हैं, उसके अपने अन्तर्विरोध हो सकते हैं पर प्रेमचन्द की ईमानदारी में सन्देह नहीं किया जा सकता। वे हिन्दुस्तान के स्वाधीनता आन्दोलन में सभी वर्गों की सहभागिता दिखाना चाहते हैं। हृदयपरिवर्तन पर प्रेमचन्द का आग्रह 'कर्मभूमि'

तक क्षीण नहीं हुआ है। व्यापारी का भी हृदयपरिवर्तन हो सकता है और अफसर का भी हृदयपरिवर्तन हो सकता है। इसके साथ ही, प्रेमचन्द यह भी दिखाना चाहते हैं कि बहुत से गुणों से अलंकृत नायक-श्रेणी के चरित्र भी भटकाव के शिकार हो सकते हैं। उनके भटकाव को अनावश्यक रूप से गौरवान्वित करने की कोशिश प्रेमचन्द ने नहीं की है। 'कर्मभूमि' में ऐसे स्थल भी हैं जो उपन्यासकार के उत्साह-मग्न, सदाशयता प्रेरित आदर्शवाद की नितान्त फिल्मी या अतिनाटकीय परिणति प्रतीत होते हैं पर अक्सर व्यक्तित्व और घटना का मनोवैज्ञानिक सम्बन्ध रचने में प्रेमचन्द बड़ी स्वाभाविकता का, परिस्थिति की पूरी समझ का प्रमाण देते हैं।

शिक्षातंत्र पर चोट से ही 'कर्मभूमि' की शुरुआत होती है–"हमारे स्कूलों और कॉलेजों में जिस तत्परता से फीस वसूल की जाती है, शायद मालगुजारी भी उतनी सख्ती से नहीं वसूल की जाती।... वही हृदयहीन दफ्तरी शासन जो अन्य विभागों में है, हमारे शिक्षालयों में भी है।" धीरे-धीरे चोट पूरे समाजतंत्र पर पड़ती है। सवर्ण, असवर्ण के बीच का संघर्ष शेष सामाजिक व्यवहार में स्पष्ट होने के पहले ही शिक्षा के परिवेश में रूप लेता है–"कहां जायं, हमें कौन पढ़ाये। मदरसे में कोई जाने तो देता नहीं। एक दिन दादा हम दोनों को लेकर गए थे। पण्डितजी ने नाम लिख लिया; पर हमें सबसे अलग बैठाते थे, सब लड़के हमें 'चमार-चमार' कहकर चिढ़ाते थे। दादा ने नाम कटा लिया।" किसानी-मजूरी के संकट पर प्रेमचन्द की निगाह बनी रही है। गरीबी की मार से जन्म लेते हुए असन्तोष को उभारने में प्रेमचन्द पीछे नहीं रहते–वे अमरकान्त की ओर से भी इस असन्तोष की अभिव्यक्ति कराते हैं और पिछड़े वर्ग के 'पयाग' और 'चौधरी' जैसे प्रतिनिधियों की ओर से भी। इसी तर्क से वे असन्तोष और आक्रोश की असलियत को जड़ तक पहचानना चाहते हैं। आन्दोलन की मांग यह भी तो है कि लोगों का मनोबल बना रहे–लोग संघर्ष में आगे आएं–अपनी कमजोरियों से ऊपर उठें–अपने वर्गीय संस्कार से ऊपर उठें। प्रेमचन्द की क्रान्तिकारी कल्पना उद्देश्यप्रेरित है। प्रेमचन्द उसके उपयोग का अर्थ समझते हैं। सविनय आज्ञा भंग आन्दोलन की पृष्ठभूमि में लिखे गए इस उपन्यास में मुख्य संघर्ष की घटना मंदिर में अछूतों के प्रवेश से सम्बन्धित है। आन्दोलन का विस्तार इसी संघर्ष-क्रम में होता है। इस आन्दोलन का नेतृत्व सुखदा और डॉ. शान्तिकुमार करते हैं। नैना इसी आन्दोलन में शहीद होती है। आत्मानन्द और अमरकान्त को भी ग्रामीण क्षेत्र के महन्त के विरुद्ध किसानों के पक्ष में लगानबन्दी आन्दोलन की अगुवाई करनी पड़ती है। प्रेमचन्द इस परिस्थिति की व्याख्या वस्तुपरक ढंग से करते हैं और दिखाते हैं कि संघर्ष परिस्थिति की अनिवार्य परिणति है : "लेकिन इस साल अनायास ही जिन्सों का भाव गिर गया। इतना गिर गया जितना चालीस साल पहले था। जब भाव तेज था, किसान अपनी उपज बेच-बाचकर लगान दे देता था, लेकिन जब दो और तीन की जिन्स एक में बिके तो किसान क्या करे। कहां

से लगान दे, कहां से दस्तूरियां दे, कहां से कर्ज चुकाए। विकट समस्या आ खड़ी हुई, और यह दशा कुछ इसी इलाके की न थी। सारे प्रान्त, सारे देश, यहां तक कि सारे संसार में यही मंदी थी।... किसानों ने एक-एक दाना बेच डाला, भूसे का एक तिनका भी न रखा, लेकिन यह सब कुछ करने पर भी चौथाई लगान से ज्यादा न अदा कर सके।" प्रेमचन्द अमरकान्त की कमजोरियों को नजरअन्दाज नहीं करते। अमरकान्त के समानान्तर आत्मानन्द का चरित्र रखकर प्रेमचन्द अमरकान्त के नेतृत्व की कमजोरियां पूरी तरह स्पष्ट करते हैं–यह भी स्पष्ट करते हैं कि अमरकान्त के संस्कारों में अवरोधक पहलू कहां हैं। सत्य और अहिंसा की रक्षा के लिए जनता से साफ झूठ बोल जाने में अमरकान्त को कठिनाई नहीं होती। महन्त की व्यवस्था की सारी कुटिलताएं जानकर भी वह जनता को महन्त के पक्ष में रखना चाहता है ताकि शांति बनी रहे। वह आत्मानन्द की उग्रता को आपत्तिजनक बताकर उनकी गिरफ्तारी की योजना में अफसर के साथ हो लेता है और फिर उनकी बातचीत का विषय 'औरत' रह जाती है।

दमन के आतंकभरे दिनों का वर्णन प्रेमचन्द इन शब्दों में करते हैं–"कितने ही घर जला दिये थे और उनके रहने वाले हबूड़ों की भांति वृक्षों की नीचे बाल-बच्चों को लिये पड़े हुए थे। पाठशाला में भी आग लगा दी गयी थी और उसकी आधी-आधी काली दीवारें मानो केश खोले मातम कर रही थीं। स्वामी आत्मानन्द बांस की छतरी लगाए अब भी वहां डटे हुए थे।"

"अंधेरा हो गया था। आतंक ने सारे गांव को पिशाच की भांति ढांप लिया था। लोग शोक से मौन, आतंक के भार से दबे, मरने वालों की लाशें उठा रहे थे। किसी के मुंह से रोने की आवाज न निकलती थी। जख्म ताजा था इसलिए टीस न थी। रोना पराजय का लक्षण है। इन प्राणियों को विजय का गर्व था। रोकर अपनी दीनता प्रकट न करना चाहते थे।..."

अमर और आत्मानन्द के रास्तों का अलगाव दिखाने की कोशिश भी प्रेमचन्द ने की है–यह अलगाव संस्कारगत है और उसके गहरे कारण हैं। एक ओर अमर था–जो "रोज सवेरे जाता और घड़ी रात गये लौट आता। पर अर्जी पर विचार न होता था। कारकुन, उनके मुहर्रिरों, यहां तक कि चपरासियों की मिन्नत-समाजत करता, पर कोई न सुनता था।"–दूसरी ओर आत्मानन्द थे जो हलके में बराबर जनता को भड़का रहे थे। "उसी का परिणाम है कि रोज किसान सभाओं की खबरें आती हैं। किसान सभाएं संगठित की जाती हैं। और उधर अमरकान्त के गर्व और आनन्द का बहुत कुछ कारण यही था कि उसे अफसरों की मित्रता प्राप्त है, वे उसके साथ बराबरी का व्यवहार करते हैं। 'कर्मभूमि' में समस्याएं और भी हैं जहां अमरकान्त के चरित्र की बनावट समझ में आती है। अपने पिता लाला समरकान्त की तुलना में वह स्पष्ट रूप से आदर्शवादी है। पिता के विरोध में भी यह आदर्शवाद अर्थ पाता

है। महाजनी के हथकण्डे और षड्यन्त्र उसके सामने रोज ही रचे जाते थे। उसे इस व्यापार से घृणा होती थी। इसे चाहे पूर्व संस्कार कह लो, पर हम तो यही कहेंगे कि अमरकान्त के चरित्र का निर्माण पिता-द्वेष के हाथों हुआ।'' पिता की कृपणता उसे धनवानों के विरुद्ध ले जाती है। सुखदा की व्यक्तित्व सम्पन्नता उसे समर्पित सकीना के निकट ले जाती है। मुन्नी की स्थिति से सहानुभूति जगती तो है पर वह अलग-अलग कारणों से कहीं आकर्षण में बदल जाती है कहीं सतर्क, खिंचाव में ऊब या दूरी में। रेणुका देवी में उसे मातृत्व ही नहीं, आर्थिक सुरक्षा भी दिखाई देती है। अमरकान्त और सुखदा के स्वभाव-भेद का विश्लेषण प्रेमचन्द ने जगह-जगह किया है। ''दोनों आपस में हंसते-बोलते थे, साहित्य और इतिहास की चर्चा करते थे, लेकिन जीवन के गूढ़ व्यापारों में पृथक् थे। दूध और पानी का मेल नहीं, रेत और पानी का मेल था, जो एक क्षण के लिए मिलकर पृथक् हो जाता था।''...

''सुखदा उसके दृष्टिकोण का समर्थन करके कदाचित् उसे जीत सकती थी उधर से हटाने की चेष्टा करके वह उसके संकल्प को और भी दृढ़ कर रही थी। अमरकान्त उससे सहानुभूति करके अपने अनुकूल बना सकता था; पर शुष्क त्याग का रूप दिखाकर उसे भयभीत कर रहा था।'' नैतिकता, आत्मशुद्धता, सच्चाई, सेवा, परोपकार की मिली-जुली चेतना लेकर ही अमरकान्त का विकास होता है यद्यपि उसके चरित्र की भीतरी गांठें इस विकास को बार-बार विचलित करती हैं। सुखदा और नैना की यह तुलना भी अमरकान्त के व्यवहार को समझने में सहायक है—''सुखदा और नैना, दोनों उसके अन्तस्तल के दो कूल थे। सुखदा ऊंची, दुर्गम और विशाल थी। लहरें उसके चरणों ही तक पहुंचकर रह जाती थीं। नैना समतल, सुलभ और समीप। वायु का थोड़ा वेग पाकर भी लहरें उसके मर्मस्थल तक जा पहुंचती थीं।'' प्रेमचन्द ने सकीना के चरित्र की बनावट पर भी विशेष ध्यान दिया है ताकि अमरकान्त के आकर्षण की व्याख्या के संदर्भ में सुखदा के चरित्र की बनावट पर ध्यान दिया जा सके—''सुखदा उसे पराभूत कर देती थी, सकीना उसे गौरवान्वित करती थी। सुखदा उसका दफ्तर थी, सकीना घर। वहां वह दास था, यहां स्वामी।'' सकीना पर भावुकता का रंग भी चढ़ा हुआ है पर विवेक खोकर नहीं। अमरकान्त का आकर्षण किसी नशे से कम नहीं—वह सकीना को भी अपने रंग में ले आता है। इस भावुक समर्पण आकर्षण का वर्णन बहुत दूर तक किया गया है। वह सबका-सब जरूरी नहीं है बल्कि उससे प्रेम की गंभीरता के बयान की स्वाभाविकता कम होती है।

अमरकान्त का चरित्र सलीम के साहचर्य में भी अपनी खूबियां और सीमाएं स्पष्ट करता है। मित्रता, सहानुभूति, आर्थिकभेद, संस्कार, भावुकता, व्यावहारिकता—इन सब पर नजर रखते हुए प्रेमचन्द उनकी मानसिकता के उस नैतिक बिन्दु को आविष्कृत करना चाहते हैं जिसके चलते दोनों अलग-अलग राहों से गुजर कर एक ही आन्दोलन तक पहुंच सके। सकीना-सलीम-अमर के बीच के सम्बन्ध की बनावट भी महत्त्वहीन

नहीं है। प्रेमचन्द इस सम्बन्ध-सूत्र की विडम्बना पहचानते हैं। नैना का मनीराम से विवाह दिखाना भी उद्देश्यप्रेरित है। मनीराम का व्यवहार ही सुखदा को उत्तेजित करता है और इस उत्तेजना में ही एक बड़े आन्दोलन की संभावना जन्म लेती है। नैना ने मनीराम के बारे में अपना जो अनुभव व्यक्त किया है वह इस प्रकार है—''इसमें न देवत्व था, न मनुष्यत्व था केवल मदांधता थी, अधिकार का गर्व था और हृदयहीन निर्लज्जता थी।... मेरी चेतना का एक-एक रोम, जैसे इस अधिकार-गर्व से विद्रोह करने लगा।'' सुखदा ने प्रतिक्रिया में ही विद्रोह और क्रांति की पूरी तैयारी की—पर संघर्ष के विस्तार के साथ वही तैयारी समय की मांग बन गयी। सुखदा के वक्तव्य से एक राजनीतिक समय की संगति बिठाई जा सकती है—

''तुम्हारे पास कितनी शक्ति है, इसका उन्हें खयाल नहीं है। वे समझते हैं, यह गरीब लोग हमारा कर ही क्या सकते हैं। मैं कहती हूं तुम्हारे ही हाथों में सब कुछ है। हमें लड़ाई नहीं करनी है, फसाद नहीं करना है। सिर्फ हड़ताल करना है, यह दिखाने के लिए कि तुमने बोर्ड के फैसले को मंजूर नहीं किया। और यह हड़ताल एक-दो दिन की नहीं होगी। यह उस वक्त तक रहेगी जब तक बोर्ड अपना फैसला रद्द करके हमें जमीन न दे दे।''

आन्दोलन की विफलता के मनोविज्ञान और समाजशास्त्र पर आगे की घटनाएं ही टिप्पणी हैं। छोटे नगण्य साधनों पर जिनकी हर दिन की जिन्दगी टिकी है, वे आन्दोलन के तर्क से जीविका किस तरह छोड़ पायेंगे। वे टूटते हैं पर एक तरह की ग्लानि उन्हें भीतर ही भीतर जलाती रहती है। ''किन्तु सभी मन में लज्जित थे, जिसे मैदान से भागा हुआ सिपाही। उसे अपने प्राणों के बचाने का जितना आनंद होता है उससे कहीं ज्यादा भागने की लज्जा होती है।''... ''सुखदा घर पहुंची, तो बहुत उदास थी। सार्वजनिक जीवन में हार का उसे यह पहला ही अनुभव था और उसका मन किसी चाबुक खाये अल्हड़ बछेड़े की तरह सारा साज और बन्धन तोड़-ताड़कर भाग जाने के लिए व्यग्र हो रहा था। ऐसे कायरों से क्या आशा की जा सकती है।'' आन्दोलन विफल होकर भी समाप्त नहीं हो जाता—नयी शक्ति प्राप्त कर लेता है। सभी आन्दोलन की ओर झुकते चले जाते हैं। यह आगे का घटना-क्रम मुख्य रूप से प्रेमचन्द की प्रयोजनीयता के अधीन है। इसलिए प्रेमचन्द जानबूझकर आन्दोलन-प्रसंग से ही कथानक की समाप्ति का रास्ता चुनते हैं। कथानक का अन्त संकेत है कि लड़ाई शेष है। एक युद्ध-विराम भर हुआ है।

स्वाधीनता आन्दोलन के परिप्रेक्ष्य में सामाजिक ढांचे को उसकी संकीर्णताओं-रुकावटों के साथ जांचते हुए प्रेमचन्द अभीष्ट सामाजिक परिवर्तन का संकेत भी देते हैं। वे जानते हैं कि परिवर्तन अचानक होने वाला नहीं है। एक लम्बे समय से जो संस्कार-ग्रंथियां सुदृढ़ हैं उन्हें एक झटके से खोल पाना कठिन है। सत्याग्रह का अर्थ है एक तरह का नैतिक दबाव—उसके लिए पूरा समय चाहिए। प्रेमचन्द

बीच-बीच में कहते जरूर हैं कि वह दिन दूर नहीं जब व्यवस्था पर किसानों, मजदूरों का नियन्त्रण होगा पर जानते हैं कि वह दिन बहुत निकट नहीं है। उसे निकट देखने के लिए एक लम्बे संघर्ष की जरूरत है। इस संघर्ष में प्रेमचन्द का पक्ष स्पष्ट है। 'कर्मभूमि' का औपन्यासिक वक्तव्य उसी पक्षधरता पर निर्भर है—उसे अलग से किसी व्याख्या की जरूरत नहीं है।

गोदान

विश्वनाथप्रसाद तिवारी

'गोदान' का लगभग अन्तिम दृश्य है। अपने सारे संघर्षों के बावजूद होरी पराजित हो चुका है। उसे अपनी बेटी तक बेचने को मजबूर होना पड़ा है। प्रेमचन्द होरी की मनःस्थिति का वर्णन कर रहे हैं, "होरी ने रुपये लिये तो उसका हाथ कांप रहा था। उसका सिर ऊपर न उठ सका, मुंह से एक शब्द न निकला, जैसे अपमान के अथाह गढ़े में गिर पड़ा है और गिरता चला जाता है। आज तीस साल तक जीवन से लड़ते रहने के बाद वह परास्त हुआ है और ऐसा परास्त हुआ है कि मानो उसको नगर के द्वार पर खड़ा कर दिया गया है और जो आता है, उसके मुंह पर थूक देता है। वह चिल्ला-चिल्लाकर कह रहा है, भाइयो मैं दया का पात्र हूं। मैंने नहीं जाना जेठ की लू कैसी होती है और माघ की वर्षा कैसी होती है। इस देह को चीरकर देखो, इसमें कितना प्राण रह गया है, कितना जख्मों से चूर, कितना ठोकरों से कुचला हुआ! उससे पूछो, कभी तूने विश्राम के दर्शन किये, कभी तू छांह में बैठा। उस पर यह अपमान! और वह अब भी जीता है, कायर, लोभी, अधम। उसका सारा विश्वास जो अगाध होकर स्थूल और अन्धा हो गया था, मानो टूक-टूक उड़ गया है।" 'गोदान' उपन्यास को समझने के लिए होरी की देह को चीरकर देखना होगा कि उसकी लालसाएं क्या हैं, कि उसके संघर्ष क्या हैं, कि वह अपनी जीवन-यात्रा के आखिरी पड़ाव पर किन अनुभवों और विश्वासों के साथ ठण्डा हो जाता है। होरी एक छोटा आदमी है, किसान है। उसकी लालसा भी छोटी है। उपन्यास का पहला दृश्य है। प्रेमचन्द लिखते हैं, "होरी कदम बढ़ाये चला जाता था। पगडण्डी के दोनों ओर ऊंख के पौधों की लहराती हुई हरियाली देखकर उसने मन में कहा—भगवान् कहीं गौं से बरखा कर दें और डांडी भी सुभीते से रहे, तो गाय जरूर लेगा। देशी गायें तो न दूध दें, न उनके बछवे ही किसी काम के हों। बहुत हुआ तो तेली के कोल्हू में चलें। नहीं वह पछाई गाय लेगा। उसकी खूब सेवा करेगा। कुछ नहीं तो चार-पांच सेर दूध होगा। गोबर, दूध के लिए तरस-तरसकर रह जाता है। इस उमिर

में न खाया-पिया तो कब खायेगा। साल भर भी दूध पी ले तो देखने लायक हो जाय। बछवे भी अच्छे बैल निकलेंगे। दो सौ से कम की गोईं न होगी। फिर गऊ से ही तो द्वार की शोभा है। सवेरे-सवेरे गऊ के दर्शन हो जायं तो क्या कहना। न जाने कब यह साध पूरी होगी, कब वह शुभ दिन आयेगा।'' होरी के लिए शुभ दिन आता है। उसके द्वार पर गाय आती है। वह खिल उठता है। लेकिन होरी का यह सुख क्षण भर का सुख है। गाय मर जाती है। उसकी लालसा होरी के उपचेतन में अन्त तक जीवित रहती है। मरते हुए होरी की स्मृति में उसकी लालसा की आकृतियां उभरती हैं, ''फिर एक गाय का चित्र सामने आया, बिलकुल कामधेनु-सी। उसने उसका दूध दुहा और मंगल को पिला रहा था कि गाय एक देवी बन गयी... ।'' और अन्त में धनिया यन्त्र की भांति उठती है, सुतली बेचकर जो बीस आने पैसे उसने इकट्ठे किये हैं उसे दातादीन के हाथ पर रखकर कहती है, ''महाराज, घर में गाय है, न बछिया, न पैसा। यही पैसे हैं, यही इनका गोदान है।'' तो यह है होरी की कथा—उसकी लालसा, कोशिश, अतृप्ति और पराजय की कथा। यह न केवल होरी की बल्कि भारतीय किसान की भी कथा है। देखना यह है कि यह कथा कितनी प्रामाण्कि है, कितनी विश्वसनीय।

गोदान का रचना-काल 1934-36 के बीच का है। यह वह समय है जब अंग्रेजी शासन के शोषण में भारत खोखला हो रहा था। यह शोषण और खोखलापन प्रेमचन्द के ही शब्दों में देखने योग्य है। 'गोदान' का एक पात्र कहता है, ''थाना, पुलिस, कचहरी, अदालत सब हैं, हमारी रक्षा के लिए। लेकिन रक्षा कोई नहीं करता। चारों तरफ लूट है। जो गरीब है, बेकस है, उसकी गरदन काटने के लिए सभी तैयार रहते हैं।...यहां तो जो किसान है, वह सबका नरम चारा है। पटवारी को नजराना और दस्तूरी न दे, तो गांव में रहना मुश्किल। जमींदार के चपरासी और कारिन्दा का पेट न भरे तो निबाह न हो। थानेदार और कान्सिटिबिल तो जैसे उसके दामाद हैं। जब उनका दौरा गांव में हो जाय, किसानों का धरम है कि वह उनका आदर-सत्कार करें, नजर-नियाज दें, नहीं एक रिपोर्ट में गांव का गांव बंध जाय। कभी कानोगो आते हैं, कभी तहसीलदार, कभी डिपटी, कभी जंट, कभी कलक्टर, कभी कमिश्नर—किसान को उनके सामने हाथ बांधे हाजिर रहना चाहिए। उनके लिए रसद, चारे, अंडे, मुर्गी, दूध, घी का इन्तजाम करना चाहिए।'' गोबर जब शहर से गांव आता है तो सारा गांव उसे अंधकार में, निराशा में डूबा दिखायी देता है, ''ऐसा एक आदमी भी नहीं जिसकी रोनी सूरत न हो, मानो उनके प्राणों की जगह वेदना ही बैठी उन्हें कठपुतलियों की तरह नचा रही हो। चलते-फिरते थे, काम करते थे, पिसते थे, घुटते थे; इसलिए कि पिसना और घुटना उनकी तकदीर में लिखा था। जीवन में न कोई आशा है, न कोई उमंग, जैसे उनके जीवन के सोते सूख गये हों और सारी हरियाली मुरझा गयी हो। जेठ के दिन हैं, अभी तक खलिहानों में अनाज

मौजूद है; मगर किसी के चेहरे पर खुशी नहीं है। बहुत कुछ तो खलिहान में ही तुलकर महाजनों और कारिन्दों की भेंट हो चुका है और जो कुछ बचा है, वह भी दूसरों का है। भविष्य अन्धकार की भांति उनके सामने है। उसमें उन्हें कोई रास्ता नहीं सूझता। उनकी सारी चेतनाएं शिथिल हो गयी हैं। द्वार पर मनों कूड़ा जमा है, दुर्गन्ध उड़ रही है; मगर उनकी नाक में न गन्ध है, न आंखों में ज्योति। सरेशाम द्वार पर गीदड़ रोने लगते हैं; मगर किसी को गम नहीं। सामने जो कुछ मोटा-झोटा आ जाता है, वह खा लेते हैं, उसी तरह जैसे इंजन कोयला खा लेता है। उनके बैल चूनी, चोकर के बगैर नाद में मुंह नहीं डालते; मगर उन्हें केवल पेट में कुछ डालने को चाहिए। स्वाद से उन्हें कोई प्रयोजन नहीं। उनकी रसना मर चुकी है। उनके जीवन में स्वाद का लोप हो गया है। उनसे धेले-धेले के लिए बेईमानी करवा लो, मुट्ठी भर अनाज के लिए लाठियां चलवा लो। पतन की वह इन्तहा है, जब आदमी शर्म और इज्जत को भी भूल जाता है। 'गोदान' में इतना लम्बा उद्धरण पेश करने का मतलब सिर्फ यही है कि प्रेमचन्द के शब्दों में ही उनके समय के भारतीय गांवों का साक्षात्कार कराया जाय। कहना न होगा कि ऊपर के उद्धरण में भारतीय किसान के शोषण, उसकी असली हालत और उसके भविष्य की मार्मिक अभिव्यक्ति हुई है। गांव जिसका शोषण जमींदार कर रहा है, उसके कारिन्दे और महाजन कर रहे हैं, ब्रिटिश नौकरशाही कर रही है तथा भीतर से खुद जो अपनी ही सड़ी परम्पराओं और रूढ़ियों में जकड़ा हुआ चरमरा रहा है। 'गोदान' में अपने समय के भारतीय जीवन को प्रेमचन्द ने इस प्रकार समेट लिया है कि वह एक साहित्य का ग्रन्थ होते हुए भी, इतिहास और समाजशास्त्र के ग्रन्थ से भी अधिक प्रामाणिक हो गया है। उस समय के भारतीय मनुष्य के हालात को जानने के लिए 'गोदान' से अधिक प्रामाणिक ग्रन्थ दूसरा शायद ही मिले। प्रेमचन्द ने जिस जिन्दगी को उपन्यास का विषय बनाया उसकी सारी सम्भावनाओं को इस कदर निचोड़ लिया कि फिर उस थीम पर आगे के उपन्यासकारों के लिए कुछ भी लिख पाना कठिन हो गया। 'गोदान' का नायक न केवल उपन्यास का नायक है बल्कि भारतीय किसान का प्रतिनिध चरित्र भी। वह व्यवहारकुशल है, खुशामदी, ईश्वरवादी है, भाग्यवादी है, परम्पराओं और रूढ़ियों को मानने वाला है, भीरु है तथा जरूरत पड़ने पर छल और चोरी करने वाला है। प्रेमचन्द ने कहीं भी होरी को छिपाया नहीं है, कहीं से भी उसे गौरवान्वित करने की कोशिश नहीं की है। सूरदास, प्रेमशंकर, अमरकान्त, चक्रधर आदि पात्र प्रेमचन्द के द्वारा गौरवान्वित किये गये हैं। निष्कलुष हैं, गरीबों की सेवा करने वाले हैं और मनुष्य से अधिक देवता लगते हैं। उनकी रचना करते समय प्रेमचन्द के ऊपर एक आदर्शवादी आवरण है, उनके भीतर एक सुधारवादी लक्ष्य है। लेकिन 'गोदान' में यह सब ध्वस्त हो गया है। मालती और मेहता यहां भी आदर्शवादी चरित्र हैं लेकिन उपन्यास की मूलकथा को प्रेमचन्द प्रश्नों में छोड़ते हैं, आदर्शवादी समाधान

में नहीं। उनके अन्य उपन्यासों में आदर्श है, सुधार है, समाधान है। लेकिन 'गोदान' का अन्त किसी सुखद समाधान में नहीं होता, नायक की पराजय में होता है। 'गोदान' में प्रेमचन्द की खामोशी रेखांकित करने योग्य है। वे कहीं भी अतिरिक्त उत्साह नहीं दिखाते। कहीं भी होरी को जैसा चाहते हैं कि 'वह हो', वैसा नहीं बनाते। स्थितियां बहुत सहज ढंग से चलती हैं। उनको लेखक नहीं बल्कि वे स्थितियां ही लेखक को परिचालित करने लगती हैं। वह कहीं भी अपने अतिरिक्त जोश या करुणा या प्रेम या भावुकता का प्रदर्शन नहीं करता। अन्य उपन्यासों में प्रेमचन्द जो उल्लास दिखाते हैं वह यहां भी मिलेगा। यहां मिलेगी एक विचित्र खामोशी और तटस्थता। ऐसा लग रहा है जैसे वे एक ठण्डे हो रहे जीवन का बड़ा ठण्डा चित्र खींच रहे हैं। 'गोदान' में क्रान्ति के बीज तो हैं। गोबर के व्यक्तित्व में वह कहीं-कहीं अंकुरित भी होता है। वह कहता है, "दादा का ही कलेजा है कि यह सब सहते हैं, मुझसे तो एक दिन न सहा जाय।" इसी प्रकार रामसेवक महतो भी कहते हैं, "संसार में गऊ बनने से काम नहीं चलता, जितना दबो, उतना ही लोग दबाते हैं...भगवान् न करे, कोई बेईमानी करे। यह बड़ा पाप है।" इन वाक्यों से जाहिर है कि 'गोदान' के पात्र अपनी परिस्थितियों की असलियत समझ रहे हैं और उन्हें क्या करना चाहिए, यह भी समझ रहे हैं। लेकिन प्रेमचन्द की मध्यवर्गीय मानसिकता उन्हें क्रान्तिकारी नहीं बना पाती। गोबर भी थोड़ा-बहुत कुनमुना कर रह जाता है। दरअसल क्रान्ति के प्रति यह संदेहवादी रवैया लेखक का ही है। मदानजी को लिखे पत्र में वे कहते हैं, "अच्छे तरीकों के असफल होने पर ही क्रान्ति होती है...क्रान्ति का परिणाम हमारे लिए क्या होगा वह सन्देहास्पद है। हो सकता है कि वह सब प्रकार की व्यक्तिगत स्वाधीनता को छीनकर तानाशाही के घृणित रूप में हमारे सामने आ खड़ी हो।" तात्पर्य यह है कि 'गोदान' तक पहुंच कर भी प्रेमचन्द क्रान्ति की चिनगारी तो नहीं चला पाते लेकिन उनका मोह जरूर भंग हो जाता है। 'गोदान' का रचना-काल प्रेमचन्द के जीवन का अन्तिम काल है। यह वह काल है जब वे 'कफन' जैसी कहानी लिख रहे थे। जब वे 'प्रगतिशील लेखक संघ' से जुड़ रहे थे। जब वे 'महाजनी सभ्यता' शीर्षक लेख लिख रहे थे। वे इस निष्कर्ष पर पहुंच रहे थे कि 'महाजनी सभ्यता' मनुष्यता को नष्ट करने वाली सभ्यता है। यह पैसे की सभ्यता है। होरी कहता है, "कौन कहता है कि हम-तुम आदमी हैं, इसमें आदमियत है कहां? आदमी वह है जिसके पास धन है, अख्तियार है, इलम है। हम लोग तो बैल हैं और जुतने के लिए पैदा हुए हैं।" प्रेमचन्द की यह स्वीकृति यथार्थ की नंगी स्वीकृति है। 'गोदान' तक पहुंचते-पहुंचते प्रेमचन्द के गांधीवादी विचार टूटकर बिखर जाते हैं। इन्द्रनाथ मदान के अनुसार 'सेवासदन' से 'गोदान' तक आते-आते प्रेमचन्द आधुनिकता की चुनौती को स्वीकार करने लगते हैं। इस आधुनिकता के मूल में वैज्ञानिक यथार्थवादी दृष्टि है। ऐसा लगता है कि प्रेमचन्द के पिछले उपन्यास इस मंजिल तक पहुंचने के लिए

थे। 'गोदान' उनके विचारों का चरम विकास है और उनकी कला का भी।

'गोदान' के कथाशिल्प को लेकर हिन्दी में खास मतभेद रहा है। आचार्य नन्ददुलारे वाजपेयी के अनुसार 'गोदान' के दोनों (ग्रामीण और नागरिक) कथानक परस्पर सम्बद्ध नहीं हैं और उनमें वास्तविक ऐक्य की कमी है। वाजपेयीजी के विचार से 'गोदान' में नगर की कथा का सम्पूर्ण उपन्यास के उद्देश्य से सीधा संबंध नहीं है। उन्हीं के शब्दों में, "गोदान के नागरिक और ग्रामीण पात्र एक बड़े मकान के दो खण्डों में रहने वाले दो परिवारों के समान हैं, जिनका एक-दूसरे के जीवन-क्रम से बहुत कम सम्पर्क है। वे कभी-कभी आते-जाते मिल लेते हैं, और कभी-कभी झगड़ने में ही कोई ऐसा सम्बन्ध स्थापित होता है, जिसे स्थायी कहा जा सके।" वाजपेयीजी सुझाव देते हैं, "यदि इन दोनों (कथानकों) को अलग-अलग दो कृतियों में न रखकर एक में मिलाने की आवश्यकता समझी गई तो यह मिलाप कार्य अधिक समन्वित रूप में तथा अधिक कलापूर्ण रीति से करना चाहिए था।" 'गोदान' की कथा को लेकर वाजपेयीजी ने जो आक्षेप किये हैं वे निराधार नहीं हैं और उनका सुझाव भी सार्थक है। यद्यपि वाजपेयीजी के इस मत के विरोध में भी काफी कहा गया है। कई आलोचकों ने 'गोदान' के कथानक के पार्थक्य को उसका गुण बताया है। ऐसे आलोचकों के अनुसार गोदान के गांव के साथ शहर का कथानक रखकर प्रेमचन्द अपने समय के समाज का सम्पूर्ण चित्र पेश करना चाहते हैं। उनका लक्ष्य भारतीय जीवन की विशाल धारा को चित्रित करना है। गांव की पुरानी व्यवस्थाएं छिन्न-भिन्न हो रही हैं। किसान और जमींदार दोनों टूट रहे हैं। होरी ने अपने 'मरजाद' की रक्षा कर पाता है, न अपनी जमीन की। उसका बेटा गोबर शहर की शरण लेता है। जमींदार भी गांव और नगर दोनों से जुड़ा है। टूटती हुई सामंतवादी व्यवस्था में वह एक ओर तो गांव का शोषण करता है और दूसरी ओर स्वयं शहर के 'महाजनों' द्वारा शोषित होता है। होरी जिस प्रकार 'झूठी मरजाद' की रक्षा के लिए संघर्ष करता है उसी प्रकार राय साहब भी अपनी झूठी शान-शौकत की रक्षा में लड़खड़ा रहे हैं। प्रेमचन्द महसूस कर रहे हैं कि कृषि व्यवस्था और सामंतवादी व्यवस्था का विघटन हो रहा है और पूंजीवादी व्यवस्था तथा औद्योगिक व्यवस्था उस पर हाबी हो रही है। इस बात को वे राय साहब, गोबर तथा खन्ना आदि पात्रों के माध्यम से चित्रित करना चाहते हैं। संभवतः इसीलिए वे गांव के साथ शहर का कथानक भी लाते हैं। गांव और शहर दोनों को एक साथ रखकर वे अपने समय के समाज को सम्पूर्णता में अंकित करना चाहते हैं। लेकिन यह सही है कि प्रेमचन्द शहर के चित्रण में उत्साह नहीं दिखा पाते। वे नगर और गांव की कथा का अधिक कलात्मक ढंग से संयोजन कर सकते थे और इसके द्वारा गांव की कहानी को और भी दीप्त कर सकते थे। मेरे विचार से गांव और नगर दोनों कथानकों के कलापूर्ण संयोजन का अभाव ही प्रेमचन्द के कथा-शिल्प की कमजोरी है। इस कमजोरी के पीछे सबसे बड़ा कारण

यह है कि प्रेमचन्द का अधिकांश लेखन प्रायः जल्दबाजी का लेखन है। प्रेमचन्द एक संवेदनशील लेखक थे—अपने चारों ओर की दुनिया में ही दिलचस्पी रखने वाले। वे बहुत कुछ करना चाहते थे। छोटी से छोटी घटना, समस्या उन्हें तुरन्त लिखने के लिए प्रेरित करती थी। उन्होंने अपनी रचनाओं के कलात्मक परिष्कार पर न तो विशेष ध्यान दिया और न उसके लिए ज्यादा इन्तजार किया। हालांकि 'गोदान' अत्यन्त प्रौढ़ कृति है फिर भी उसमें कथाशिल्प की कमजोरियां रह गयी हैं। इसकी तुलना में प्रेमचन्द के अन्य उपन्यास तो बहुत ही कमजोर दिखाई पड़ेंगे। उनमें तो आकस्मिक संयोग, विचित्र घटनाएं, अविश्वसनीय परिस्थितियां भी मिलेंगी। अतिनाटकीय प्रसंग मिलेंगे और लम्बे-लम्बे वक्तव्य तथा निरर्थक वर्णन भी बहुत मिल जायेंगे। यह उनके शिल्प-विधान की कमजोरी है। लेकिन यहां हमें स्मरण रखना होगा कि प्रेमचन्द को विरासत में क्या मिला था। देवकीनन्दन खत्री और गोपालराय गहमरी के उपन्यास। आकस्मिक संयोगों वाली कथा, कुतूहल को बढ़ाने वाली परिस्थितियां, लम्बे-लम्बे विवरण, एक काल्पनिक दुनिया। प्रेमचन्द को इस ज़मीन पर अपना ढांचा गढ़ना था। इसमें कोई संदेह नहीं कि प्रेमचन्द को अपना शिल्प खुद निर्मित करना पड़ा और इसके लिए भी उनके संघर्षों की कल्पना की जा सकती है। 'गोदान' के बारे में बहुत लिखा गया है। जब कोई कृति चुनौती के रूप में सामने आती है तो उस पर बार-बार विचार स्वाभाविक भी है। लेकिन आलोचक कभी-कभी रचनात्मक कृतियों में अपने मन की दुनिया तलाशने लगता है। 'गोदान' में भी इस प्रकार की तलाश हुई है। आचार्य नन्ददुलारे वाजपेयी लिखते हैं, ''हमारे देश में पिछले समय जो राष्ट्रीय संघर्ष हो रहा था, जिसके परिणामस्वरूप देश को स्वतंत्रता प्राप्त हुई है, वह अभूतपूर्व था। 'गोदान' में इस सामाजिक उत्थान का कोई निर्देश नहीं है।'' वाजपेयीजी के अनुसार 'गोदान' राष्ट्रीय प्रतिनिध उपन्यास की उन शर्तों को पूरा नहीं करता जिसे टालस्टाय का 'वार ऐण्ड पीस' पूरा करता है। मेरी दृष्टि में 'गोदान' से वाजपेयीजी की यह मांग अनुचित है। आलोचक का मुख्य कर्म यह नहीं है कि वह किसी कृति में 'क्या नहीं है' इसकी तलाश करे बल्कि उसका धर्म है यह देखना कि किसी कृति में 'क्या है'। 'गोदान' राष्ट्रीय संघर्ष का या भारतीय स्वतंत्रता संग्राम का चित्र प्रस्तुत करने वाला उपन्यास नहीं है। हां, वह भारतीय ग्रामीण जीवन का चित्र प्रस्तुत करने वाला उपन्यास जरूर है। अतः यह देखना कि 'गोदान' भारतीय ग्रामीण जिन्दगी का कितना प्रामाणिक और विश्वसनीय चित्र प्रस्तुत करता है, 'गोदान' को सही दृष्टि से देखना होगा। बल्कि मैं तो यह कहूंगा कि 'गोदान' के बारे में सही निर्णय होता यदि देखा जाता कि 'गोदान' ने आगे के उपन्यासकारों को कौन सी जमीन दी। क्या प्रेरणा दी? कहा जा चुका है कि प्रेमचन्द को विरासत में आकस्मिक संयोगों वाली कथा, कुतूहल जगाने वाली परिस्थितियां, लम्बे-लम्बे विवरण और एक काल्पनिक दुनिया मिली थी। प्रेमचन्द ने बहुत संघर्ष किया। अपनी कला

को एक यथार्थवादी दृष्टि दी। जिस ग्रामीण जिन्दगी को अपना विषय बनाया उसकी सभी संभावनाओं को निचोड़ा और आगे की कथा पीढ़ी को एक नयी जमीन दी। ज्ञातव्य है कि प्रेमचन्द जब लिख रहे थे उसी समय प्रसाद भी लिख रहे थे और ज़ब प्रेमचन्द 'गोदान' लिख रहे थे तभी प्रसाद 'कामायनी' लिख रहे थे लेकिन आगे की पीढ़ी ने 'कामायनी' के स्थान पर 'गोदान' का चुनाव किया। शायद इसीलिए कि 'गोदान' की जमीन वास्तविक अनुभवों की जमीन है। उसमें दर्शन न हो लेकिन जीवन की धड़कन है। उसमें किसी सिद्धान्त का लेबुल न हो लेकिन चारों ओर की विराट जिन्दगी की पहचान जरूर है। वास्तविकता की यह पहचान ही 'गोदान' उपन्यास का अर्थ और मूल्य है।

‘मंगलसूत्र’

रामदेव शुक्ल

अपने को ‘आदर्शोन्मुख यथार्थ’ का चितेरा मानने वाले प्रेमचन्द अपने जीवन के अंतिम वर्षों में कुछ अधिक ‘प्रगतिशील’ हो गये थे और अपनी रचनाओं में आदर्शमूलक समाधान प्रस्तुत करना उन्होंने छोड़ दिया था। इस बात के प्रमाणस्वरूप ‘कफ़न’ और ‘पूस की रात’ जैसी कहानियों के साथ ‘गोदान’ का अंतिम अंश देखा जा सकता है। साथ ही 1936 ई. में उनके लेख ‘महाजनी सभ्यता’ और ‘प्रगतिशील लेखक संघ’ के प्रथम अधिवेशन के अध्यक्ष पद से दिये गये उनके भाषण ‘साहित्य का उद्देश्य’ में व्यक्त विचारों से भी उनकी मान्यताओं को समझने में सहायता मिलती है। प्रेमचन्द का अंतिम और अधूरा उपन्यास है ‘मंगलसूत्र’ जिसमें उनके मनोजगत् की झलक देखी जा सकती है। उपन्यास एक प्रसिद्ध लेखक को केन्द्र में रखकर लिखा जा रहा था, इसलिए उसे ‘प्रेमचन्द की वसीयत’[1], ‘आत्मपरक सन्दर्भों’ की ‘अधूरी भूमिका’ और ‘जीवनानुभवों की एक नव्य व्याख्या’[2] आदि कहा गया है। ‘मंगलसूत्र’ के प्रकाशकीय वक्तव्य में (जो सम्भवतः अमृतराय का लिखा हुआ है) इसे ‘आत्मकथात्मक उपन्यास’ और ‘जीवन-दर्शन का प्रतीक’ बताया गया है।[3]

‘मंगलसूत्र’ अधूरा ही रह गया किन्तु जितना है उतने के आधार पर ही कुछ बातें स्पष्ट हो जाती हैं। उपन्यास के नायक प्रसिद्ध लेखक देवकुमार हैं। वे साठ वर्ष के होने वाले हैं। लेखक के रूप में बहुत सम्मान उन्हें प्राप्त हो चुका है किन्तु अपनी दो रचनाओं का जैसा स्वागत वे चाहते थे, वैसा न होने के कारण वे दुखी हैं। उनके दुख का दूसरा कारण है उनके बड़े बेटे सन्तकुमार का स्वार्थी स्वभाव। वह वकील है। पुराने मूल्यों में उसकी आस्था नहीं है। वह किसी उपाय से दौलत जुटाने को तैयार रहता है। देवकुमार ने पचास वर्ष पहले अपनी पुश्तैनी जमीन को दस हजार रुपये में बेच दिया था। आज उस जमीन की कीमत सौ रुपये वर्ग फुट है। सन्तकुमार चाहता है कि झूठा मुकदमा करके उस जमीन को वापस ले लिया जाय। उसके मित्र सिन्हा की राय भी यही है। जब देवकुमार के सामने यह प्रस्ताव

आता है तो वे भड़क उठते हैं। सन्तकुमार कहता है कि 'हमारा दावा यह होगा कि जिस वक्त आपने यह बैनामा लिखा, आपके होश-हवाश ठीक न थे और अब भी आपको कभी-कभी जुनून का दौरा हो जाता है।' देवकुमार कहते हैं—'मेरे लिए यह आत्मा को बेचने का प्रश्न है। मैं थोड़े से रुपयों के लिए अपनी आत्मा नहीं बेच सकता।'[4] 'मैं सत्य की हत्या होते नहीं देख सकता।'[5] सन्तकुमार उन्हें पागल सिद्ध करने और रस्सियों से बंधवा देने की धमकी देकर चला जाता है। सन्तकुमार और उसके मित्र का कहना है—'आत्मा जैसी चीज है कहां? और जब सारा संसार धोखेधड़ी पर चल रहा है तो आत्मा कहां रही?'[6] 'कानून से हम जितना फायदा उठा सकें, हमें उठाना चाहिए।'[7] देवकुमार ने निश्चय किया, 'वह इस षड्यंत्र में कभी शरीक न होंगे, चाहे इधर की दुनिया उधर हो जाय।'[8]

लेकिन उनका यह निश्चय डिगने लगता है। वे न्याय, अन्याय पर गम्भीर विचार करते हुए सोचते हैं—

'कहां है न्याय? कहां? एक गरीब आदमी किसी खेत से बालें नोचकर खा लेता है, कानून उसे सजा देता है। दूसरा अमीर आदमी दिनदहाड़े दूसरों को लूटता है और उसे पदवी मिलती है, सम्मान मिलता है।'[9] अन्त में उनकी शंकाओं को इस धारणा से तस्कीन हुई कि 'इस अनीतिभरे संसार में धर्म-अधर्म का विचार गलत है, आत्मघात है और जुआ खेलकर या दूसरों के लोभ और आसक्ति से फायदा उठाकर सम्पत्ति खड़ी करना उतना ही बुरा या अच्छा है जितना कानूनी दांवपेंच से।'[10]

इस प्रकार सोचते हुए देवकुमार महाजन से अपनी जायदाद वापस लेने के लिए मुकदमा करने की बात पर तैयार हो गए। 'यद्यपि इससे उनके चिर संस्कारों को आघात लगता था, पर वह ऐसे प्रसन्न और फूले हुए थे मानो उन्हें कोई नया जीवन-मंत्र मिल गया हो।'[11]

देवकुमार महाजन के घर जाकर उसके बेटे को—जो अब मालिक है—धमकाते हैं कि मेरे लड़के मुकदमा करने जा रहे हैं। वह समझाने की कोशिश करता है कि बिकी हुई वस्तु पर बेचने वाले का अधिकार किसी कानून के अनुसार नहीं होता, किन्तु लेखक देवकुमार उसके तर्क पर विश्वास नहीं करते और धमकी देकर चले आते हैं।

इस आत्मकथात्मक उपन्यास में प्रेमचन्द ने नायक को इस परिस्थिति में क्यों डाल दिया कि वह वही कार्य करने को तैयार हो गया जिसे वह 'सत्य की हत्या' और 'आत्मा का सौदा' कहता था?

'महाजनी सभ्यता' और 'साहित्य का उद्देश्य' में व्यक्त विचारों के आधार पर इस प्रश्न का उत्तर पाया जा सकता है। 'साहित्य का उद्देश्य' में प्रेमचन्द ने अनेक बार 'आध्यात्मिक आनन्द' और 'सौन्दर्य बोध प्रदान करने वाला' और 'मन का संस्कार करने वाला' (साहित्य को) बताने के बाद लिखा है कि—'बन्धुत्व और समता,

सभ्यता तथा प्रेम सामाजिक जीवन के आरम्भ से ही आदर्शवादियों का सुनहला स्वप्न रहे हैं। धर्म प्रवर्तकों ने धार्मिक, नैतिक और आध्यात्मिक बन्धनों से इस स्वप्न को सच्चाई बनाने का सतत, किन्तु निष्फल प्रयत्न किया है। महात्मा बुद्ध, हजरत ईसा, हजरत मुहम्मद आदि सभी पैगम्बरों और धर्म प्रवर्तकों ने नीति की नींव पर इस समता की इमारत खड़ी करनी चाही; पर किसी को सफलता न मिली और छोटे-बड़े का भेद जिस निष्ठुर रूप में प्रकट हो रहा है, शायद कभी न हुआ था।'[12]

'आजमाये को आजमाना मूर्खता है' इस कहावत के अनुसार यदि हम अब भी **धर्म और नीति का दामन पकड़कर समानता के ऊंचे लक्ष्य पर पहुंचना चाहें तो विफलता ही मिलेगी**। क्या हम इस सपने को उत्तेजित मस्तिष्क की सृष्टि समझ कर भूल जाएं? तब तो मनुष्य की उन्नति और पूर्णता के लिए कोई आदर्श ही बाकी न रह जायेगा। इससे कहीं अच्छा है कि मनुष्य का अस्तित्व ही मिट जाय। जिस आदर्श को हमने सभ्यता के आरम्भ से पाला है, जिसके लिए मनुष्य ने, ईश्वर जाने कितनी कुरबानियां की हैं, जिसकी परिणति के लिए धर्मों का आविर्भाव हुआ, मानव-समाज का इतिहास जिस आदर्श की प्राप्ति का इतिहास है, उसे सर्वमान्य समझकर, एक अमिट सच्चाई समझकर, हमें उन्नति के मैदान में कदम रखना है। 'हमें एक ऐसे **नये संघटन को सर्वांगपूर्ण** बनाना है जहां समानता केवल **नैतिक बन्धनों** पर आश्रित न रहकर अधिक ठोस रूप प्राप्त कर ले, हमारे साहित्य को उसी आदर्श को अपने सामने रखना है।'[13]

आदर्श है समानता। उसकी प्राप्ति अब नीति से (नैतिक बन्धनों से) नहीं हो सकती। वह ठोस आधार नहीं है। ठोस आधार क्या है? प्रगतिशील लेखकों के साथ बोलते हुए प्रेमचन्द ने जिस 'नये संघटन' का नाम लिया है, उसकी रूपरेखा 'महाजनी सभ्यता' की निम्नलिखित पंक्तियों से स्पष्ट हो जाती है—

'अब एक नयी सभ्यता का सूर्य सुदूर पश्चिम से उदय हो रहा है, जिसने इस नाटकीय महाजनवाद या पूंजीवाद की जड़ खोदकर फेंक दी है।'[14] साम्यवादी व्यवस्था के प्रति प्रेमचन्द का आकर्षण उपर्युक्त पंक्तियों से स्पष्ट है। इसी के संदर्भ में 'नैतिक बन्धनों' की अपेक्षा 'अधिक ठोस' आधार की बात इस प्रकार समझी जा सकती है कि शोषक वर्गों ने अपना शोषण कायम रखने के लिए जो नैतिकता गढ़ी है, उससे सर्वहारा वर्ग का काम नहीं चल सकता। जिनके पास जरूरत से ज्यादा है, उनसे ले लेना अनैतिक नहीं है। यह कहां की नैतिकता है कि दूसरों के श्रम के बल पर, उन्हें भूखा रखकर एक आदमी अपनी तिजोरियां भरता चला जाय?–इस दृष्टि से महाजन के प्रति देवकुमार के आक्रोश की बात समझ में आती है। किन्तु एक गड़बड़ी यह है कि 'नयी सभ्यता' तो पैसे को—व्यक्तिगत सम्पत्ति को—ही सारे अनर्थों की जड़ मानती है। 'महाजनी सभ्यता' में ही प्रेमचन्द लिखते हैं—'ये सारी बुराइयां तो दौलत की देन हैं, पैसे के प्रसाद हैं, महाजनी सभ्यता ने इनकी सृष्टि

की है।... पैसा अपने साथ यह सारी बुराइयां लाता है, जिन्होंने दुनिया को नरक बना दिया है। इस पैसा-पूजा को मिटा दीजिए, सारी बुराइयां अपने आप मिट जायेंगी।... यह नयी सभ्यता धनाढ्यता को हेय और लज्जाजनक तथा घातक विष समझती है।''[15]

जो देवकुमार पुरानी व्यवस्था के 'नैतिक बन्धनों' को कमजोर आधार मानते हैं, वे व्यक्तिगत सम्पत्ति को बढ़ाने की लालसा का परित्याग नहीं कर पाते। यहां तक कि उसे अधिक से अधिक बढ़ाने के लिए प्रयत्नशील होते हैं। पचास साल पहले बेची गयी जमीन को वापस लेने के लिए झूठा मुकदमा करने को तैयार हो जाते हैं। इतना ही नहीं जो कार्य उन्होंने जीवन भर नहीं किया, वह भी करने लगते हैं। 'वे निस्पृह आदमी थे। धन की कभी उपासना नहीं की... उनके भक्तों की काफी तादाद थी। दो-चार राजे भी उनके भक्तों में थे, जिनकी यह पुरानी लालसा थी कि देवकुमारजी उनके घर को अपने चरणों से पवित्र करें और वह अपनी श्रद्धा उनके चरणों पर अर्पित करें। मगर देवकुमार थे कि कभी किसी दरबार में कदम नहीं रखा, अब अपने प्रेमियों और भक्तों से आर्थिक संकट का रोना रो रहे थे और खुले शब्दों में सहायता की याचना कर रहे थे। वह आत्मगौरव जैसे किसी कब्र में सो गया हो।'[16] 'थैली लेते समय उनके मुंह पर गर्व था, हर्ष था, विजय थी।'[17]

धर्म-अधर्म और न्याय-अन्याय के सम्बन्ध में पुरानी मान्यताओं का त्याग करने वाले देवकुमार का व्यक्तिगत सम्पत्ति का मोह न छोड़ पाना उनके मध्यवर्गीय (निम्नमध्यवर्गीय) चरित्र को उजागर करता है। यही चरित्र प्रेमचन्द का भी था। ''महाजनी एक समय होरी ने भी की थी और प्रेमचन्द ने भी अठारह प्रतिशत सूद पर रुपये उठाकर 1915 ई. में महाजनी का चस्का लगा लिया था। किन्तु प्रेमचन्द के भीतर का महाजन होरी के महाजन की भांति असफल नहीं हुआ। जभी तो 1923-24 तक वे इतना पैसा जुटा चुके थे कि लमही में पक्का मकान भी बनवा लिया और सरस्वती प्रेस भी खोल बैठे।''[18]

इस दृष्टि से प्रेमचन्द और देवकुमार का वर्गीय चरित्र एक ही है। प्रेमचन्द की वसीयत के बदले 'मंगलसूत्र' को उनका आत्मस्वीकार कहना अधिक संगत होगा।

उपर्युक्त कथन का यह तात्पर्य कदापि नहीं है कि प्रेमचन्द की लेखकीय ईमानदारी में किसी प्रकार का सन्देह किया जा सकता है। लेखक प्रेमचन्द बेहद ईमानदार हैं। इसीलिए 'जो होना चाहिए' और 'जो है' को उन्होंने अपने परवर्ती लेखन में एक नहीं किया है। वे जिन संस्कारों में जन्मे, पले, बड़े हुए थे, उनमें व्यक्तिगत सम्पत्ति का परित्याग आसान नहीं था। इसीलिए वे साम्यवादी आदर्श को ऊंचा मानते हुए भी अपनी स्थिति को ज्यों का त्यों रखने में सफल हो सके। उन्होंने एक भी ऐसे पात्र की सृष्टि नहीं की जो व्यक्तिगत सम्पत्ति को छोड़ने का उदाहरण प्रस्तुत करे। 'देवकुमार' प्रेमचन्द के प्रतिरूप कहे जा सकते हैं।

'मंगलसूत्र' में दो स्थानों पर शैथिल्य है। एक तो यह कि जिस जमीन को देवकुमार ने पचास साल पहले बेचा था, उसे दो स्थानों पर दस हजार में बेचना लिखा गया है और दो स्थानों पर बीस हजार में। दूसरी बात देवकुमार की उम्र को लेकर है। देवकुमार उपन्यास के अन्त में साठवीं सालगिरह मनवाते हैं। आरंभ में ही यह बात आती है कि पचास साल पहले उन्होंने जमीन बेची थी। 'गया में पिण्डदान करने, लौटकर हजारों रुपये खर्च करने, मुजरे सुनने और नाटक मण्डली खोलने में[19] उन्होंने वे सारे रुपये उड़ा दिये। अर्थात् यह सब करने वाले देवकुमार दस वर्ष से भी कुछ महीने कम की आयु के थे।

प्रेमचन्द को 'मंगलसूत्र' की पाण्डुलिपि को दुबारा देखने का अवसर मिला होता, तो यह सब शिथिलता दूर हो गयी होती। तभी उनके विचारों का अपेक्षाकृत अधिक स्पष्ट प्रतिफलन भी हुआ होता। जो भी हो, इतना स्पष्ट है कि प्रेमचन्द के प्रगतिशील विचार पूरी तरह साम्यवादी नहीं हैं। उनकी प्रगतिशीलता का स्वरूप निश्चित करने में उनका यह कथन स्मरणीय है कि—'मैं कम्युनिस्ट हूं। किन्तु मेरा कम्युनिज्म केवल यही है कि हमारे देश में जमींदार, सेठ आदि जो कृषकों के शोषक हैं, न रहें।'

संदर्भ

1. 'कलम का सिपाही' अमृतराय, पृ. 633.
2. 'प्रेमचन्द की उपन्यास यात्रा : नवमूल्यांकन', डॉ. शैलेश जैदी, पृ. 468.
3. 'मंगलसूत्र तथा अन्य रचनाएं', प्रथम सं., पृ. 374.

4. 8. वही, पृ. 387-88.

9-11. वही, पृ. 390.

12. वही, 'साहित्य का उद्देश्य, पृ. 357-58.
13. वही, पृ. 358.
14. वही, 'महाजनी सभ्यता', पृ. 367.
15. वही, पृ. 367-68.
16. मंगलसूत्र, पृ. 392.
17. वही, पृ. 393.
18. प्रेमचन्द की उपन्यास यात्रा : नवमूल्यांकन, डॉ. जैदी, पृ. 409.
19. 'मंगलसूत्र' पृ. 390.

कहानीकार प्रेमचन्द

मधुरेश

प्रेमचन्द की कहानियों पर पुनर्विचार के संदर्भ में 'सोजेवतन' से बात शुरू करने का अपना खास औचित्य है। वस्तुतः पांच कहानियों का यही वह संकलन था, सन् 1909 में जिसके प्रकाशन के बाद 'प्रेमचन्द' का प्रादुर्भाव सम्भव होता है। इन कहानियों के प्रकाशन के आज प्रायः सत्तर वर्ष बाद ऐसी कोई जिज्ञासा स्वाभाविक ही मानी जानी चाहिए कि आखिर किस कारण तत्कालीन ब्रिटिश सरकार ने इन्हें खतरनाक समझा था, इनके आधार पर प्रेमचन्द पर 'सिडीशन' का आरोप लगाया गया था और उनकी अदम मौजूदगी में उनके संग्रह की सारी प्रतियों को आग के सुपुर्द करते हुए सम्बद्ध अधिकारी ने उन्हें चेतावनी दी थी कि आगे वह ऐसा कुछ भी करने की जुर्रत न करें। उन्हें इस बात के लिए खैर मनाने की सलाह भी दी गयी थी कि वह ब्रिटिश अमलदारी में हैं नहीं तो इस जुर्म के लिए उनके हाथ कलम कर लिये जा सकते थे।...'सोजेवतन' की पांच में से चार कहानियां तत्कालीन राष्ट्रीय चेतना के नये उभार को एक सीमा तक रेखांकित अवश्य करती हैं लेकिन अपने युग के ऐतिहासिक और समाजशास्त्रीय संदर्भों को लेकर उनका कोई आग्रह नहीं है। सन् 1908 में तिलक की गिरफ्तारी और उसके परिणामस्वरूप बम्बई के मजदूरों की आम हड़ताल जैसी घटनाओं का कोई संकेत इन कहानियों में उपलब्ध नहीं है। ठोस राजनीतिक संदर्भों से अपने को बचाकर ये कहानियां एक भावना के स्तर पर देश और राष्ट्रप्रेम को प्रोत्साहित करने की कोशिश का परिणाम हैं। इन कहानियों को पढ़कर उनके देश और काल का या तो कोई बोध होता ही नहीं है या यदि होता भी है तो बड़ा अस्पष्ट और धुंधला सा। इन्हें पढ़कर इतना स्पष्ट अवश्य हो जाता है कि न तो इनका 'देश' वह भारत है और न ही इनका 'काल' वह काल है जिसमें वे लिखी गयी हैं। यदि इनमें लेखक के अपने देश और काल कहीं उपस्थित हैं तो बहुत झीने रूप में। एक भावना के स्तर पर देशभक्ति की एक ऐसी प्रबल भावना जो उठकर और धीरे-धीरे बढ़कर पूरे देश को अपनी जिद में लेती जा रही थी।...

'सोजेवतन' की पांच कहानियों में से चार—'दुनिया का सबसे अनमोल रतन', 'शेख मखमूर', 'यही मेरा वतन है', 'सांसारिक प्रेम और देशप्रेम'—भावनात्मक स्तर पर राष्ट्रीय चेतना से अनुप्राणित हैं और दूसरी सारी सांसारिक चीजों की अपेक्षा देशभक्ति के जज्बे को असाधारण गौरव एवं गरिमा देने की दिशा में संतरण करती दिखायी देती हैं। 'दुनिया का सबसे अनमोल रतन' में शिशु के प्रति वत्सलता और पति के प्रति सारे समर्पण एवं निष्ठा के मुकाबले अपने देश पर कुरबान हो जाने की भावना को ही सर्वोपरि ठहराया गया है। दिल फिगार की प्रेमिका मलका दिलफरेब जंगलों-बियाबानों में भटकने के बाद लाये गये वत्सलता के आंसू और अपने पति के साथ सती हुई स्त्री की भस्म को महत्त्व देती अवश्य है लेकिन वह इनसे भी ज्यादा अनमोल रतन लाने के लिए दिलफिगार को उत्तेजित करती है और इस तरह तीसरी बार वह जो चीज लेकर लौटता है वह एक भारतीय वीर सिपाही के सीने से निकलते हुए खून की बूंद है जिसने अपने देश—भारत की स्वतन्त्रता की वेदी पर अपने को न्योछावर कर दिया है। जब दिलफिगार उस सिपाही के जख्म पर कपड़े का फाहा रखने की कोशिश करता है तो अपने सीने के घाव से उस चीथड़े को निकालते हुए वह कहता है...'क्या तूने यह मरहम रख दिया? खून निकलने दे, इसे रोकने से क्या फायदा? क्या मैं अपने ही देश में गुलामी करने के लिए जिन्दा रहूं? नहीं, ऐसी जिन्दगी से मर जाना अच्छा। इससे अच्छी मौत मुमकिन नहीं।'[1]...इसी वीर के खून की बूंद को मलका दिलफरेब दुनिया का सबसे अनमोल रतन मानकर हमेशा के लिए दिलफिगार की लौंडी बन जाती है। उसकी रत्नजड़ित मंजूषा से जो तखती निकलती है उस पर सुनहरे अक्षरों में लिखा हुआ था—'खून का वह आखिरी कतरा तो वतन की हिफाजत में गिरे दुनिया की सबसे अनमोल चीज है... ।'[2]

'शेख मखमूर' का मसऊद देशभक्ति, त्याग और जातीय एकता का प्रतीक है। कई मौके आते हैं जब उस जैसा दिलेर आदमी कुछ भी कर सकता है लेकिन वह एक गैरमामूली जब्त से काम लेता है ताकि आपसी फसाद और खून-खराबे से बचा जा सके। सरदार नमकखोर के आगे वह अपनी तलवार तक रख देता है—जो उसे उसके पिता से विरसे में मिली थी—जबकि स्वयं उसके साथी ही उसके इस जब्त से नाखुश होने लगते हैं। इसी तरह सल्तनत के अपने दावे को बचाकर वह शेर अफगन को अपनी मलिका मान लेता है ताकि सद्यः प्राप्त स्वतंत्रता फिर खतरे में न पड़ जाये। अन्ततः अपने धैर्य, दिलेरी और त्याग के कारण ही वह अपना खोया हुआ राज्य वापस पाने में सफल होता है।...'यही मेरा वतन है' का नायक लंबे अरसे के बाद अमरीका से अपने देश—हिंदुस्तान—को लौटता है अनेक वर्षों से जमे हुए रोजगार और परिवार को वहीं छोड़कर। यहां लेखक आसानी से अपने नायक का गदर पार्टी से सम्बन्ध या उससे प्रभावित उन क्रांतिकारियों से जोड़ सकता था जो देश की स्वतन्त्रता के प्रयत्नों के सिलसिले में अमरीका में प्रवासी बने हुए थे। लेकिन

इन संभावनाओं के उपयोग का कोई आग्रह लेखक नहीं दिखाता है। अपने देश की मिट्टी का आकर्षण बड़े भावुकतापूर्ण ढंग से उसे अपनी ओर खींचता है और अपने रोजगार एवं परिवार की चिंता किये बिना ही वह अपने देश में रुक जाता है ताकि अब अन्तिम समय अपने देश की मिट्टी में मिल सके। यहां लेखक देशभक्ति को धार्मिक समझी जाने वाली कुछ चीजों से जोड़कर अपनी सोच को धुंधला जाने के लिए छोड़ देता है। राम-नाम और गंगा का सामीप्य ही उसके लिए जैसे देश का पर्याय बनकर रह जाता है। अपने निजी परिवेश और परिवार से कटने का कोई दुःख ही जैसे उसे नहीं है। इन सारी चीजों को लेकर कहीं कोई दर्द उसके मन में कभी नहीं उभरता और अपने बेहद सपाट, सरलीकृत और तनावहीन निर्णय की घोषणा वह इन शब्दों में करता है–'मेरे लड़के और मेरी बीवी मुझे बार-बार बुलाते हैं मगर अब मैं यह गंगा का किनारा और यह प्यारा देश छोड़कर वहां नहीं जा सकता। मैं अपनी मिट्टी गंगाजी को सौंपूंगा। अब दुनिया की कोई इच्छा, कोई आकांक्षा मुझे यहां से हटा नहीं सकती क्योंकि यह मेरा प्यारा देश मेरी प्यारी मातृभूमि है और मेरी लालसा है कि मैं अपने देश में मरूं।'[3] 'सांसारिक प्रेम और देशप्रेम' अपने शीर्षक के अनुरूप सांसारिक प्रेम पर देशप्रेम की महत्ता प्रतिपादित करती है। यह इटली के प्रसिद्ध देशभक्त मेजिनी के जीवन और संघर्षों को केन्द्र बनाकर लिखी गयी कहानी है जिसमें मेजिनी की देशभक्ति, संघर्षशीलता और त्याग की भावना को बड़े भावविह्वल ढंग से उद्घाटित करने की कोशिश की गयी है। इटली, इंग्लैण्ड और स्विटजरलैण्ड के सारे जरूरी ब्योरे लेखक यूं ही अनायास जुटा लेता है क्योंकि लेखक का आग्रह कहानी के परिवेश को लेकर इतना नहीं है जितना कि चरित्र और उसमें भी एक केन्द्रीयभाव–देशप्रेम–को लेकर है। संग्रह की और दूसरी कहानियों की तरह यह कहानी भी देशप्रेम को काफी कुछ अमूर्त भावना को एक आकार देने की कोशिश का परिणाम है। अपने स्वरूप में ये कहानियां क्रांतिकारी भले ही न हों, वास्तविक अर्थों में इन्हें राजनीतिक कहानियां कहना भी मुश्किल है, लेकिन एक भावुकतापूर्ण देशप्रेम की भावना इनके पोर-पोर में रसी-बसी है और संभवतः इसी कारण अपने प्रकाशित होते समय वे खतरनाक भी समझी गईं। इन कहानियों से और चाहे कुछ हुआ हो या न हुआ हो प्रेमचन्द की भावी दिशा और भूमिका का संकेत अवश्य मिल सका था। धुंधली और किसी कदर आवेगपूर्ण होने पर भी यह कहानी को राष्ट्रीय और जातीय सवालों से ज़ोड़ने की एक ऐतिहासिक शुरुआत अवश्य थी...।

प्रेमचन्द की शुरू की कहानियां चरित्र पर जोर देते हुए भी मूल रूप से घटना-बहुल कहानियां हैं जिनमें कभी-कभी तो एक साथ इतनी घटनाओं का ढेर लगा दिया जाता है जो आज ही नहीं उस समय भी एक अच्छे-खासे उपन्यास के लिए भी कुछ ज्यादा ही मानी जानी चाहिए। इन कहानियों में संयोग और असाधारण रूप से

सरलीकृत ढंग से हृदय-परिवर्तन को लेकर भी उनका आग्रह आसानी से देखा जा सकता है। प्रायः इन सभी कहानियों कीं बुनावट में कहीं ऐसा चरित्र केंद्र में है तो कहीं कोई ऐसी घटना जिसका उपयोग लेखक हृदय-परिवर्तन या किसी आदर्श के लिए उपयोग करता दिखायी देता है। 'मिलाप' में नानकचन्द, जो एक धनी पिता का पुत्र है, अपने पड़ोस की एक विधवा युवती ललिता को लेकर भाग जाता है। लांछन और समाज के भय के कारण बाद में उसके पिता स्वयं ही उसे वापस आने को मना लिख देते हैं और नियमित रूप से उसे खर्चा भेजते रहते हैं। उसके ललिता से एक पुत्री भी हो जाती है और वे लोग कई वर्ष तक इसी प्रकार रहते हैं। फिर एक दिन अपने पिता की मृत्यु की खबर पाकर वह ललिता और अपनी पुत्री कमला को वैसे ही बेसहारा छोड़कर कलकत्ता से अपने घर बनारस भाग आता है। नदी के किनारे अपने खून से भीगे कपड़े छोड़ आने के कारण पुलिस उसे भूत समझकर ललिता को वैसी ही सूचना दे देती है। बनारस आकर मित्रों की संगत में उसका नया जीवन शुरू होता है। एक के बाद एक तीन बार उसकी शादी होती है और पत्नियां मर जाती हैं। अंतिम पत्नी के एक बच्चा भी होता है लेकिन वे दोनों ही चल बसते हैं। मानसिक अकेलापन और निराशा की स्थिति में उसे फिर ललिता और कमला का ख्याल आता है। अपनी विशिष्ट हिंदू मानसिकता के कारण वह यह भी सोचता है कि यह जो कुछ हुआ है वह निर्दोष ललिता के प्रति किये गये उसके बुरे व्यवहार का परिणाम है। अतः वह कलकत्ता पहुंचकर ललिता का पता लगाता है और ललिता उसे वहीं मिल भी जाती है जहां वह उसे दस-बारह वर्ष पहले छोड़कर गया था। अपने किये पर पश्चात्ताप करता हुआ वह उसे अपने साथ लाकर सुख से रहने लगता है। 'नेकी' में घटित घटनाएं बीस से अधिक वर्षों में फैली हुई हैं। जिस हीरामणि को कभी बचपन में, एक देवदूत की तरह अचानक पहुंचकर तखतसिंह ने डूबने से बचाया था वही हीरामणि अनजाने में उसका जमींदार बनकर, उसके कल्पित घमंड के कारण उस पर मनमाने जुल्म करता है। वास्तविकता का पता लग जाने पर भी तखतसिंह उसे कुछ न बताकर करुण स्थितियों में वीरता से मर जाना पसन्द करता है। बाद में जब हीरामणि को यह सब पता चलता है तो तखतसिंह की नेकी और आन के बदले वह उसकी स्मृति में एक शिवाला, पक्का-कुआं और धर्मशाला बनवाकर अपने किये का प्रायश्चित करता है। 'पुत्र-प्रेम', 'प्रतिशोध' और 'सिर्फ एक आवाज' जैसी कहानियां इसी प्रकार के संयोगों और प्रायश्चित तथा हृदय-परिवर्तन को आधार बनाकर लिखी हुई कहानियां हैं। 'सिर्फ एक आवाज' में लेखक तथाकथित बुद्धिजीवियों के मुकाबले अज्ञानी ठाकुर को कहीं अधिक विश्वसनीय समझता है जो अपने अन्तःकरण के निर्देश को भावुकता समझकर टालने की कोशिश न करके कथनी और करनी की एकता पर बल देता है। 'देवी' में एक स्त्री एक अंधे भिखारी को दस रुपये का नोट भीख में देने के कारण सहज ही कौतूहल

और आदर का पात्र बन जाती है। बाद में मालूम होता है कि वह एक विधवा है और वह नोट उसे पड़ा मिला था इसलिए वह उसे भिखारी को दे देती है। उसके इस त्याग पर घटना का वर्णनकर्ता–लेखक–उसे 'देवी' कहकर उसके प्रति समादर प्रगट करता है। यह वस्तुतः इस रूढ़िवादी हिंदू सोच का समर्थन है, जो पड़े हुए धन के उपयोग को लेकर भांति-भांति के भय दिखाती है और उसे दान देकर त्याग का गौरव हासिल करने की खुशफहमी में मुब्तिला रहती है। इस वर्ग की कहानियों में 'अंधेरे' किंचित् भिन्न प्रकार की कहानी है। इसमें लेखक यह दिखाने की कोशिश करता है कि गांव में अशिक्षा और आपसी फूट का लाभ मुखिया और पुलिस के लोग उठाते हैं। नेता और पुलिस के वर्तमान समीकरण की पूर्व कल्पना की दृष्टि से इस कहानी का महत्त्व आज कुछ ज्यादा ही माना जाना चाहिए। धर्म की वास्तविकता का उद्‌घाटन भी लेखक इस कहानी में करता दिखायी देता है। अपढ़ और अशिक्षित होते हुए भी गोपाल वास्तविकता को समझने लगा है। उसी पर आक्रमण होता है और उसे बचाने के लिए उसी की पत्नी को पुलिस को पुजापा चढ़ाना पड़ता है। दरोगा के लिए दिये गये पचास रुपयों में से आधे रास्ते में ही मुखिया अपनी अंटी में रख लेता है। जब वह गोपाल को विश्वास दिलाने की कोशिश करता है कि सत्यनारायण की कृपा से ही वह आज पुलिस के चंगुल से बचा है तो किंचित् आक्रोश में गोपाल कहता भी है, 'सत्यनारायण की महिमा नहीं, यह अंधेर है।'[4] हिन्दू और मुसलमान दोनों ही धर्म का इस्तेमाल कैसे अपने-अपने ढंग से अपने स्वार्थ के लिए करते हैं, इसके संकेत कहानी की बुनावट में जगह-जगह पर मिलते हैं। दरोगा तकवे व तहारत के बड़े पाबन्द हैं और पांचों वक्त की नमाज पढ़ते हैं, तीसों रोजे रखते हैं, ईदों में धूमधाम से कुरबानियां देते हैं। लेकिन वह इतने बुद्धिमान भी हैं कि अपने धर्म को कहीं भी अपने पेशे पर हावी नहीं होने देते हैं–'दरोगाजी निहायत कारगुजार अफसर थे गालियों में बात करते थे। सुबह को चारपाई से उठते ही गालियों का वजीफा पढ़ते थे। मेहतर ने आकर फरियाद की–हजूर अंडे नहीं हैं, दरोगाजी हंटर लेकर दौड़े और उस गरीब का भरकुस निकाल दिया। सारे गांव में हलचल पड़ी हुई थी।'[5] वे रोजे-नमाज और किसानों की निर्मम लूट एवं अत्याचार की दो नावों पर एक साथ सवारी की कला में कमाल हासिल कर चुके हैं। इसी तरह गोपाल के पिटने और पुजापा चढ़ाने के बावजूद मुखिया और दूसरे लोग उसे वास्तविकता से परिचित हो जाने के कारण वह उनके षड्‌यंत्र का शिकार नहीं होता है। 'अमृत' में लेखक प्रेम को अमृत का पदार्थ मानता है जो जीवन की पूर्णता के लिए अनिवार्य है। 'होली की छुट्टी' में प्रेमचन्द का अपना निजी रंग ही नहीं दिखायी देता है, उनके निजी जीवन के बहुत-से अनुभव इस कहानी में बड़े आकर्षक ढंग से चुने गये हैं। स्कूल का माहौल और अध्यापक का अभिशप्त जीवन, काम और अनुशासन के नाम पर हेडमास्टर द्वारा अध्यापक को परेशान करने की मनोवृत्ति और

सबसे अधिक गुड़ के प्रति प्रेमचन्द की अपनी असाधारण कमजोरी। इन सारी बातों का वर्णन इस कहानी में बड़े आकर्षक ढंग से हुआ है। वैसे चरित्र—बिल जैक्सन—इस कहानी के केन्द्र में भी है और उसी आदर्शवादी तर्ज पर किसानों की उनकी सेवा का आदर्श भी यहां मौजूद है लेकिन वह आकस्मिक हृदय-परिवर्तन से नितान्त भिन्न प्रकार की चीज है। किसानों की सेवा का जो व्रत उन्होंने लिया है वह उनके फौजी जीवन के अनुभव और अंग्रेजों की जनविरोधी पक्षपातपूर्ण नीतियों की ही जैसे एक सक्रिय प्रतिक्रिया हो। सिर्फ प्रायश्चित ही नहीं, बल्कि उसके बाद एक सार्थक कर्म की भूमिका को कहानी के केन्द्र में रखकर लेखक अपनी सोच में परिवर्तन और विकास का संकेत देने लगता है....।

अपनी सरकारी नौकरी के सिलसिले में, महोबा प्रवास के दौरान, प्रेमचन्द ने उस क्षेत्र के इतिहास और लोककथात्मक तत्त्वों के आधार पर जिन कहानियों की रचना की उससे कई बातें साफ होती हैं। प्रेमचन्द इतिहास के विद्यार्थी थे और इस विषय में उनकी गहरी दिलचस्पी थी। उस समय तक वर्ग-संघर्ष की दृष्टि से भारतीय इतिहास की व्याख्या भले ही आगे आने वाले युग की चीज हो लेकिन इतिहास की पुनरुत्थानवादी भूमिका की सीमाएं उनके आगे पर्याप्त स्पष्ट थीं। राजपूती आन-बान के उस युग को वह बड़े निःशंक भाव से 'अंधेरा युग' कहते हैं, जबकि आपसी फूट और वैर की एक भयानक बाढ़ मुल्क में आ पहुंची थी।[6]...'रानी सारन्धा', 'राजा हरदौल', 'मर्यादा की वेदी', 'पाप का अग्निकुंड', और 'आल्हा' आदि कहानियों में जहां वह तत्कालीन इतिहास के इन वीर नायक-नायिकाओं के व्यक्तिगत शौर्य, साहस और त्याग की प्रशंसा करते हैं वहीं वह उनके जन-विरोधी सामन्ती मूल्यों, अदूरदर्शी नीतियों और झूठी आन-बान के नाम पर आपसी कलह और फूट की भर्त्सना भी करते हैं। एक लेखक के रूप में वह इस कोशिश में भी लगे दिखायी देते हैं कि अपने इन वीर नायक-नायिकाओं के व्यक्तिगत चारित्रिक गुणों का उपयोग वह अपने राष्ट्रीय संदर्भों में कर सकें। आल्हा-ऊदल जब एक षड्यंत्र के कारण रूठकर महोबा से कन्नौज चले जाते हैं और पृथ्वीराज के आक्रमण के अवसर पर रानी के संदेश पर भी अपने व्यक्तिगत अपमान के कारण आने को मना कर देते हैं तो उनकी मां उन्हें मातृभूमि की रक्षा का उलाहना देती है—यही कि उनकी मातृभूमि कन्नौज नहीं महोबा है और वह इस समय संकट में है। इस उलाहने का असर भी होता है। 'राजहठ' में कुंवर इन्दरमल नयी रोशनी और शिक्षा के प्रभाव से अपने पिता देवमल की सामन्ती ऐंठ, विलासिता और रख-रखाव का विरोध करता है और रियायत में निर्मम शोषण की शिकार जनता का पक्ष लेता है। अपनी इन कहानियों में प्रेमचन्द इस ओर भी सचेत दिखायी देते हैं कि वह इतिहास के सबक पर साधारण ढंग से टिप्पणी कर सकें और गलतियों की पुनरावृत्ति से देश को बचा सकें। 'आल्हा' का पृथ्वीराज एक वीर पुरुष है जो गाफिल हालत में शत्रु पर हमला करना अनैतिक

समझता है। लेकिन शहाबुद्दीन गौरी के मामले में उसके यही निकम्मे आदर्श स्वयं उसके और पूरे देश के पतन का कारण भी बनते हैं। 'राजा हरदौल' में बड़े भाई जुझार-सिंह की अनुपस्थित में शत्रुओं को परास्त करने में दिखाया गया उसका सारा शौर्य चंद सामन्ती सनकों के आगे व्यर्थ हो जाता है। हरदौल का विषयुक्त पान का बीड़ा खाकर आत्मदान करना व्यक्तिगत शौर्य और बलिदान का एक अभूतपूर्व उदाहरण प्रस्तुत करता है। लेखक उन सामन्ती मूल्यों को लेकर पर्याप्त कटुता से काम लेता है जो हरदौल की मृत्यु के लिए जिम्मेदार हैं। इसी तरह 'रानी सारन्धा' में भी एक ओर यदि लेखक राजा चम्पतराय और रानी सारन्धा के व्यक्तिगत शौर्य और बलिदान का अंकन सराहनापूर्ण ढंग से करता है तो दूसरी ओर उन कुरीतियों, अकारण जिद और छोटी-छोटी सनकों की भर्त्सना भी करता है जो उनका विनाश करके प्रकारान्तर से पूरी जाति और देश को कमजोर करते रहने का कारण बनती हैं। भाषा की जिस सादगी और प्रभाव के लिए प्रेमचन्द जनकाव्य 'आल्हा' की प्रशंसा करते हैं, अप्रत्यक्ष रूप से जैसे वह स्वयं अपने भाषिक और अभिव्यक्ति सम्बन्धी आदर्शों की ओर संकेत कर देते हैं। बयान करने का तर्ज ऐसा सादा और दिलचस्प और जबान आमफहम है कि उसके समझाने में जरा भी दिक्कत नहीं होती। वर्णन और भावों की सादगी कला के सौंदर्य का प्राण है।[7]

प्रेमचन्द मनुष्य की सद्प्रवृतियों में गहरी आस्था रखने वाले लेखक हैं। दूसरे दौर की उनकी कहानियां, जो मोटे रूप में सन् '20 तक चलता है, रह-रहकर उनके इसी विश्वास को प्रगट करती हैं कि आत्यंतिक रूप से मनुष्य कभी बुरा नहीं होता और न ही उसके सुधार और विकास की संभावनाएं कभी निःशेष होती हैं। ऐसा नहीं है कि वह आदमी की क्षुद्रताओं को नहीं देखते लेकिन उन पर अपने को केन्द्रित न करके, उनकी एक झलक मात्र देकर आगे बढ़ जाते हैं। इसीलिए उनकी इन कहानियों का रचना-संसार अधिकांश में छल-छद्म से मुक्त, भोले, निश्चल और आस्थावान लोगों का संसार है। अगर किसी कारणवश उनमें से कुछ लोग कभी बहकते भी हैं तो फिर जल्दी ही वे अपनी गलती स्वीकार करके, एक गहरे पश्चात्ताप की भावना के साथ, ठीक रास्ते पर आ जाते हैं। इस सबके लिए लेखक की हैसियत से जहां मानवीय सद्प्रवृत्तियों में उनकी आस्था जिम्मेदार है वहीं गांधीवाद का हृदय-परिवर्तन वाला सिद्धांत भी उन्हें इस दशा में गहरायी से प्रभावित करता दिखायी देता है। वैसे हृदय-परिवर्तन को आधार बनाकर लिखी गयी कहानियां उनकी कहानियों के परिवर्ती दौर में भी आसानी से मिल जाती हैं। लेकिन वहां उनकी संख्या के अनुपात में एक गुणात्मक अन्तर भी अवश्य दिखायी देता है।

गांधीवादी सिद्धांतों और आचरण के प्रति अपने गहरे विश्वास के कारण ही प्रेमचन्द कहानी में यथार्थ को अपर्याप्त मानकर टिप्पणी करते हैं...उसमें कल्पना की मात्रा कम अनुभूतियों की मात्रा अधिक होती है, बल्कि अनुभूतियां ही रचनाशील

भावना से अनुरंजित होकर कहानी बन जाती है। मगर यह समझना भूल होगी कि कहानी जीवन का यथार्थ चित्र है।[8]...इसके बाद थोड़ा आगे चलकर जो लिखते हैं उससे स्पष्ट हो जाता है कि यथार्थवाद को वह यथातथ्यता एवं प्रकृतिवाद से अलग करके नहीं देख पा रहे हैं और इस मामले में अभी उनकी दृष्टि बहुत साफ नहीं है—और अगर हम यथार्थ को हू-ब-हू खींचकर रख दें उसमें कला कहां है। कला केवल यथार्थ की नकल का नाम नहीं है। कला दीखती तो यथार्थ है पर यथार्थ होती नहीं। उसकी खूबी यही है कि यथार्थ मालूम हो। उसका मापदंड जीवन के मापदंड से अलग है।[9] यही कारण है कि इस काल की अधिकांश कहानियों में हमें पात्र और उनका परिवेश तो यथार्थ दिखायी देता है लेकिन इन पात्रों का आचरण और उसे प्रभावित करने वाली सोच अपने मूलरूप में यथार्थ विरोधी ही है कोई चाहे तो रिवाज के मुताबिक उसे 'आदर्शवादी' भी कह सकता है।...

इसी दौर की उनकी प्रतिनिधि कहानियों में 'बड़े घर की बेटी', 'नमक का दरोगा', 'दुर्गा का मंदिर', 'सज्जनता का दंड', 'पंच परमेश्वर' और 'मृत्यु के पीछे' आदि को लिया जा सकता है। 'बड़े घर की बेटी' में प्रेमचन्द इस बात को महसूस करते दिखायी देते हैं कि संयुक्त परिवार प्रथा के प्रति उनके गहरे मोह के बावजूद उसको लम्बे समय तक जिलाये रखना मुश्किल है। श्रीकंठ के पिता और ससुर दोनों ही जमींदार हैं लेकिन सामन्ती रख-रखाव और आचार के कारण हालत खस्ता हो चुकी है। श्रीकंठ के अपने यहां जिस दरवाजे पर कभी हाथी झूमता था वहां अब एक मरियल सी भैंस बंधी है जिसके खिलाने-पिलाने की चिंता से मुक्त लोग उसके पंजर में से दूध काढ़ने को हर वक्त उतावले रहते हैं। उसके ससुर के सात बेटियां हैं और उनमें से तीन की ही शादी में उनका आर्थिक ढांचा बुरी तरह चरमरा गया और वह कर्ज में डूबे हुए हैं। श्रीकंठ बी. ए. करके भी संयुक्त परिवार प्रथा की वकालत और गांव में होने वाले धार्मिक उत्सवों-आयोजनों में गहरी रुचि रखता है। अपनी पत्नी आनंदी से अपने छोटे भाई लालबिहारी की उद्दंडता की बात सुनकर, दाल में डाले जाने वाले घी को लेकर कहा-सुनी और उसके मैके को लेकर तानेतिश्ने के बाद वह खड़ाऊं उठाकर मार देता है, वह आगबबूला हो जाता है और संयुक्त परिवार को लेकर उसका सारा उत्साह इस एक ही चोट में ढहने लगता है। इस अनहोनी स्थिति का तमाशा देखने के लिए किसी न किसी बहाने, आस-पड़ोस के लोग जुड़ने लगते हैं। जग-हंसाई से बचने के लिए पिता होशियारी से काम लेते हैं। लेकिन अपनी जिद और क्रोध में श्रीकंठ विनम्रता के उनके बदले हुए पैंतरे को जरा समझना ही नहीं चाहता। इस सारे आघात को सह्य बनाने के लिए प्रेमचन्द जिन स्थितियों की कल्पना करते हैं वे कैसी भी जटिलता से मुक्त हैं और मानवीय सद्-प्रवृत्तियों में विश्वास वाले उनके आरोपित आदर्शवाद की देन हैं। लालबिहारी गुस्से में भले हों कुछ कह और कर बैठा हो लेकिन श्रीकंठ के लिए उसके मन में

गहरा आदर है—पिता से भी ज्यादा। उसके सामने न तो वह कभी बोलता है और न ही खाट पर बैठता है—पान और हुक्के की तो बात ही अलग है। श्रीकंठ उसे बहुत चाहते हैं। जब भी इलाहाबाद से लौटते हैं उसके लिए कुछ न कुछ लेकर आते हैं। पिछली बार मुगदरों की जोड़ी लाये थे। एक बार नागपंचमी पर उसके कुश्ती जीतने पर पूरे पांच रुपये के पैसे लुटाये थे। और स्वयं आनन्दी भी गुस्से में आकर पति से सब कुछ कहने के लिए पछता रही है—अपनी जीभ को आग लगने की बात कहती हुई वह अपनी मूर्खता को कोसती है। लालबिहारी के रोने और क्षमा मांगने से उसका रहा-सहा क्रोध भी जाता रहता है और वह स्वयं ही श्रीकंठ से उसे अंदर बुला लेने को कहती है—अब श्रीकंठ का हृदय भी पिघला। उन्होंने बाहर आकर लालबिहारी को गले लगा लिया। दोनों भाई खूब फूट-फूट कर रोये।[10] दोनों भाइयों को इस तरह भरत मिलाप की मुद्रा में देखकर उनके पिता बेनीमाधव सिंह भी पुलकित हो उठते हैं और आनन्दी की प्रशंसा करते हुए गद्गद भाव से कहते हैं कि बड़े घर की बेटियां ऐसी ही होती हैं, बिगड़ता हुआ काम बना लेती हैं...इस कहानी में एक कल्पित आदर्शवादी परिणति और निष्कर्ष के लिए प्रेमचन्द जो पद्धति अपनाते हैं वस्तुतः वह यथार्थवाद के विरोध में ठहरती है और इस कारण लालबिहारी के चारित्रिक अन्तर्विरोध उभर कर सामने आ जाते हैं। या तो उसका पहला आचरण गलत है या फिर दूसरा। भैया श्रीकंठ को अपने पिता से भी ज्यादा आदर देने वाला लालबिहारी एक मामूली सी बात पर उन्हीं की पत्नी के साथ इस कदर उद्दण्ड भी हो सकता है यह बात कहानी में कल्पित स्थितियों के विरोध में बैठती है। दरअसल यह सारी आदर्शवादी टीप-टाप संयुक्त परिवार प्रथा की ढहती हुई दीवारों की रोकथाम के लिए ही की गयी है जो एक तरह से पूंजीवादी समाज रचना के बढ़ते हुए प्रभाव को अनदेखा करके, इतिहास और समय के विरुद्ध अपने निजी मोह की वरीयता देने का परिणाम है।

मानवीय सद्प्रवृत्तियों को प्रेमचन्द प्रायः ही एक ढाल की तरह इस्तेमाल करते दिखायी देते हैं और नेकी तथा ईमानदारी की हर लांछना-प्रताड़ना को उसी पर रोकते हैं। 'नमक का दरोगा' में मुंशी वंशीधर पं. अलोपीदीन से चालीस हजार रुपये की घूस का प्रस्ताव भी दृढ़तापूर्वक ठुकरा देते हैं। वह यह जानते हैं कि अलोपीदीन इस क्षेत्र के बहुत असरदार आदमी हैं और जल्दी ही उनके असर का प्रमाण भी उन्हें मिल जाता है। एक सप्ताह बीतते न बीतते वह मुअत्तिल कर दिये जाते हैं। लेकिन प्रेमचन्द की कहानी इस मुअत्तली पर ही खत्म नहीं हो जाती है। उसमें अलोपीदीन मुंशी वंशीधर से हारकर भी अपनी सद्प्रवृत्ति का परिचय देते हैं और एक दिन वंशीधर के यहां आकर ऊंचा वेतन और अन्य सुविधाएं देकर उन्हें अपनी जमींदारी का मैनेजर नियुक्त कर देते हैं। वह यह स्वीकार करते हैं कि वह उनकी कर्तव्यनिष्ठा के आगे पानी-पानी हो गये हैं और वंशीधर द्वारा उनके इस प्रस्ताव को ठुकरा देने से उन्हें

चोट पहुंचेगी।...वंशीधर की आंखें डबडबा आयीं। हृदय के संकुचित पात्र में इतना एहसान न समा सका। एक बार फिर पंडितजी की ओर भक्ति और श्रद्धा की दृष्टि से देखा और कांपते हुए हाथ से मैनेजरी के कागज पर हस्ताक्षर कर दिये...[11] लेकिन सवाल यह है कि सद्प्रवृत्तियों के प्रति यह आत्यंतिक आग्रह वर्ग चरित्र के प्रति क्या लेखक की दृष्टि को धुंधलाता नहीं है। अलोपीदीन, आज की भाषा में एक समाज विरोधी तत्त्व हैं, चोरी, भष्टाचार और काला धन जिनके व्यवसाय के खास अंग हैं। जाहिरा तौर पर रिश्वत में चालीस हजार रुपये कोई ऐसा ही आदमी दे सकता है। लेकिन प्रेमचन्द का सद्प्रवृत्तियों वाला यह आग्रह उन्हें भी, एक ईमानदार और कर्तव्यनिष्ठ व्यक्ति की भक्ति और श्रद्धा के दायरे में खींच लाता है। इसी तरह 'सज्जनता का दंड' में डिस्ट्रिक्ट इंजीनियर सरदार शिवसिंह को ईमानदारी से काम करने का सिला उनकी बदली और तनज्जुली के रूप में मिलता है। लेकिन इस कहानी में आरोपित सद्प्रवृत्तियों वाला कोई सैद्धान्तिक आग्रह नहीं है। इसके विपरीत व्यंग्य की एक प्रच्छन्न अन्तर्धारा इसमें सदैव विद्यमान रहती है जो स्थितियों को सही परिप्रेक्ष्य देती है। परवर्ती कहानी में इसी शैली का चरम विकास हमें अमरकान्त की कहानियों में दिखायी देता है।

'पंच परमेश्वर' इस भावुक और भोले विश्वास को प्रकट करती है कि पंच की जबान पर ईश्वर का बास होता है—पंच न किसी का दुश्मन होता है और न दोस्त। जब खाला जुम्मन को पंचायत की धमकी देती है तो जुम्मन खुश होता है...जिस तरह कोई शिकारी हिरन को जाल की तरफ जाते देखकर मन ही मन हंसता है...'[12] इससे पंचायत में अपनी स्थिति का विश्वास जुम्मन में प्रकट होता है। अलगू चौधरी से जुम्मन की गहरी दोस्ती के बावजूद खाला उसे ही अपना पंच बनाती हैं। पहले जुम्मन के विरोध में अलगू का फैसला और बाद में अलगू के पक्ष में जुम्मन का फैसला, जिसका संयोग उसे जल्दी ही मिल जाता है, वस्तुतः लेखक इस निष्कर्षात्मक टिप्पणी को ही उदाहृत करते हैं, 'अपने उत्तरदायित्व का ज्ञान बहुधा हमारे संकुचित व्यवहारों का सुधारक होता है। जब हम राह भूलकर भटकने लगते हैं, तब यही ज्ञान हमारा विश्वसनीय पथ-प्रदर्शक बन जाता है...'[13] लेकिन पूंजीवादी व्यवस्था के दबावों और जटिलताओं के परिप्रेक्ष्य में स्थिति का ऐसा कोई सरलीकृत निष्कर्ष व्यर्थ ही नहीं गलत भी साबित होता है। संभवतः इसीलिए रांगेय राघव इसी शीर्षक से कहानी लिखकर भिन्न और विरोधी निष्कर्षों की ओर जाते दिखायी देते हैं। 'दुर्गा का मंदिर' और 'आत्माराम' जैसी कहानियां भी अकारण संयोगों, निश्चल विश्वासों, भावुक सद्प्रवृत्तियों और हृदय-परिवर्तन के सिद्धान्त पर आधारित कहानियां हैं जो वैचारिकता की दृष्टि से प्रेमचन्द की कमजोर कहानियों की श्रेणी में ही आती हैं।

इसी दौरे की कहानियों में 'मृत्यु के पीछे' कई कारणों से एक महत्त्वपूर्ण कहानी

कही जा सकती है। लगता है जैसे 'मृत्यु के पीछे' के ईश्वरचन्द्र के रूप में प्रेमचन्द अपनी ही व्यथा-कथा लिख रहे हों। ईश्वरचन्द्र एक राष्ट्रभक्त और कर्तव्यनिष्ठ पत्रकार हैं जो विपरीत और विरोधी स्थितियों में भी अपनी निष्ठा की ज्योति बुझने नहीं देते हैं। कठिन आर्थिक संघर्ष के बावजूद वह अपने पत्र 'गौरव' को उसके नाम के अनुरूप ही निकालते रहे हैं—बहुत कुछ एक तरह की जिद और नशे की हालत में। वकालत को लात मारकर वह इस ओर आये हैं जिसका सबसे अधिक विरोध स्वयं उनकी पत्नी मानकी की ओर से होता है। वह उनसे पूछती भी है, 'बता दो कोई उच्च शिक्षा प्राप्त मनुष्य कभी इस पेशे में आया हो। जिसे कुछ नहीं सूझती, जिसके पास न कोई सनद है, न कोई डिग्री, वह पत्र निकाल बैठता है और भूखों मरने की अपेक्षा रूखी रोटियों पर ही संतोष करता है।...किसी को क्या पड़ी है कि जीवन की महत्त्वाकांक्षाओं को खाक में मिलाकर त्याग और विराग में उम्र काटे। हां, जिनको सनक सवार हो गयी हो, उनकी बात निराली है।....'[14]

यह छोटी सी कहानी ईश्वरचन्द्र के पत्रकारिता से संबंधित जीवन के प्रायः तीन दशकों को समेट कर चलती है जिससे फिर यह अहसास होता है कि प्रेमचन्द अपने निजी जीवन की आस्था और निष्ठा को ही जैसे ईश्वरचन्द्र के माध्यम से व्यक्त कर रहे हों। ईश्वरचन्द्र के आगे भी पत्रकारिता का केवल एक ही उद्देश्य है कि उसके माध्यम से वह जातीय और राष्ट्रीय महत्त्व के संदर्भों से जुड़े रह सके।.ईश्वरचन्द्र अपने को मजदूर वर्ग का हामी मानते हैं और उनके हितों से जुड़कर चलने में ही अपनी पत्रकारिता की सार्थकता देखते हैं। बुढ़ापे की आमद उनके संघर्ष को धीमा कर देती है लेकिन मन में उनके अब भी वही हौसला कायम है। उनकी हार्दिक इच्छा है कि उनका बड़ा लड़का कृष्णचन्द्र उनके साथ शामिल हो जाये और उनके काम को अपने नये खून से एक नया रंग देने में उनकी मदद करे कृष्णचन्द्र की रुचि भी इस ओर है। लेकिन अपनी पत्नी के कारण उसे इस ओर लाने की उनकी हिम्मत नहीं होती। वैसे 'मृत्यु के पीछे' में भी मानकी का हृदय-परिवर्तन दिखाया गया है, पति की मृत्यु के बाद वह उनका राष्ट्रीय स्तर पर सम्मान देखकर अपनी भूल स्वीकारती है और कृष्णचन्द्र को उनका अधूरा काम आगे बढ़ाने के लिए प्रोत्साहित करती है, लेकिन उसमें घटित यह परिवर्तन लेखक के सैद्धांतिक आग्रह और इच्छा का परिणाम न होकर वास्तविक स्थितियों का ही स्वाभाविक प्रतिफलन है। ईश्वरचन्द्र के प्रति सम्मान-प्रदर्शन की अतिरंजनाओं को बचाकर कहानी को कदाचित् और भी प्रभावशाली बनाया जा सकता था।...

'हंस' के आत्मकथा अंक में प्रकाशित अपनी संक्षिप्त आत्मकथा 'जीवनसार' में प्रेमचन्द ने इस तथ्य का उल्लेख किया है कि कहानियां लिखने की शुरुआत उन्होंने सन् 1907 से की जबकि उपन्यास वह पहले से लिखते रहे थे। प्रेमचन्द की आरम्भिक और हिंदी-उर्दू पत्रिकाओं में बिखरी हुई कहानियों को दो भागों में संकलित करते

हुए अमृतराय ने पर्याप्त खोज-बीन के बाद उनकी कहानियों की संख्या, 'गुप्तधन' के दोनों खण्डों में संकलित 56 कहानियों सहित, 266 निर्धारित की है। उन्होंने यह अनुमान भी प्रकट किया है कि अभी भी तीस-चालीस कहानियां और मिलनी चाहिए जो पत्र-पत्रिकाओं में दबी पड़ी हैं और तत्कालीन पत्रों की सम्पूर्ण फाइलें उपलब्ध न होने के कारण वे प्रकाश में नहीं आ पा रही हैं। यदि अमृतराय के इस अनुमान को सत्य माना जाये तो प्रेमचन्द द्वारा लिखी गयी कहानियों की संख्या सहज ही तीन सौ के आसपास पहुंच जाती है।

उपन्यासों और पत्रकारिता के साथ ही रोजमर्रा की साधारण जिन्दगी की सारी व्यस्तताओं एवं जिम्मेदारियों के बीच तीन दशकों में इतनी बड़ी संख्या में कहानियों का लिखा जाना ही इस बात का प्रमाण है कि यह एक पूरी तरह से समर्पित लेखक की एकांत साधना का प्रतिफल है। अमृतराय ने इस वस्तुस्थिति पर टिप्पणी करते हुए लिखा है, 'उनका लिखना अवकाश को भरने के लिए नहीं है, उन्हें लिखने के लिए अवकाश पैदा करना पड़ता था और वह इसी तरह पैदा होता था कि उन्होंने अपनी जिन्दगी से और सब बातें काट्कर निकाल फेंकी थीं और एकांत भाव से साहित्य-रचना में लग गये थे। यह एक गृहस्थ योगी की, साधक की, भक्त की निर्मम तुच्छ साधना थी। साहित्य को किसी महान् व्यावहारिक लक्ष्य से जोड़ना उनके संपूर्ण जीवन की उपलब्धि और आन्तरिक विवशता थी।'...[15]

ऐसी स्थिति में इस बात पर आश्चर्य नहीं होना चाहिए कि रचनात्मकता की दृष्टि से प्रेमचन्द की कहानियां प्रायः ही दो विषम स्तरों की अनुभूति छोड़ती हैं और कमोबेश उनके लेखन के हर दौर में उनकी अच्छी और बुरी कहानियां एक साथ मिल जाती हैं। वैचारिकता की दृष्टि से प्रेमचन्द की कहानियां यदि सामाजिक सोद्देश्यता, सांप्रदायिक सद्भाव, जातीय एकता और राष्ट्रीय चेतना के प्रसार के लिए एक उदाहरण का काम देती हैं तो वहीं कुछ ऐसी कहानियां भी अवश्य मिल जाती हैं जो उनके सारे प्रगतिशील चिंतन पर प्रश्नचिह्न लगा देती हैं और उनके लेखन की मूलधारा से एकदम अलग-थलग पड़ जाती हैं। उनकी ऐसी कहानियों में 'झूठ', नाग पूजा' और 'भूत' आदि, उनके उपन्यास 'कायाकल्प' की ही भांति, पारलौकिकता में उनके विश्वास का संकेत छोड़ती दिखायी देती हैं। 'मंत्र' में वह साम्प्रदायिक सद्भाव के मोर्चे पर जीवन भर सन्नद्ध भाव से लड़ते रहने की बात भुलाकर, सनातन हिंदू धर्म की विजय पर प्रसन्न होकर साम्प्रदायिक विद्वेष की सरहद में चले जाते दिखायी देते हैं। इसी तरह 'शांति' और 'दो सखियां' आदि कहानियों में वह बड़े यांत्रिक ढंग से ऐसे निष्कर्ष निकालते दिखायी देते हैं कि जो उन्हें स्त्रियों की आधुनिक अंग्रेजी शिक्षा के विरोध में खड़ा कर देते हैं। जबकि सच्चाई यह है कि अपने पूरे लेखन में वह सामाजिक-धार्मिक रूढ़ियों और अशिक्षा को ही स्त्रियों और दलित वर्ग की दुर्दशा का मूल कारण मानकर गहरी संचित घृणा और अदम्य उत्साह के साथ इनके

खिलाफ मोर्चा बांधे रहे हैं।...इसीलिए उचित यही है कि प्रेमचन्द की परवर्ती दौर की कुछ पूर्वचर्चित और महत्त्वपूर्ण कहानियों को लेकर आज के परिवर्तित संदर्भों में उनकी उपलब्धियों और सार्थकता की खोज की जाये।...

प्रेमचन्द ने 'सोजेवतन' से कहानी को जातीय और राष्ट्रीय सवालों से जोड़ने की जिस परम्परा का सूत्रपात किया था उसका ही सुविकसित रूप हमें उनकी 'आहुति', 'जुलूस', 'समरयात्रा' और 'सत्याग्रह' आदि कहानियों में दिखायी देता है। उनकी सुप्रसिद्ध कहानी 'शतरंज के खिलाड़ी' को भी मैं इसी वर्ग में रखने की सिफारिश करूंगा। पहली बार कहानियां यदि राष्ट्रीय आंदोलन के प्लावनकारी वेग का संकेत देती हैं तो 'शतरंज के खिलाड़ी' उस चेतना और वेग के बोधक तत्त्वों की ओर संकेत करती हैं।

जहां देश की सामान्य जनता आजादी के लिए अपना सब कुछ होम कर देने को कृत संकल्प थी वहीं इसी देश में अमीरों, जमींदारों और रियासतों के राजा-महाराजाओं का एक ऐसा वर्ग भी था जो कभी सक्रिय होकर और कभी निष्क्रिय रहकर इस राष्ट्रीय उभार को दबाने और कुचलने में ब्रिटिश साम्राज्य की मदद कर रहा था। 'शतरंज के खिलाड़ी' के मिर्जा सज्जाद अली और मीर रोशन अली इसी वर्ग के वास्तविक प्रतिनिधि हैं जो देश के सवालों, समस्याओं और परिवर्तनों से किसी किस्म का कोई सरोकार न रखकर अपनी पुश्तैनी जायदाद के सहारे पलने और ऐश करने के लिए बच रहे हैं, 'संसार में क्या हो रहा है इसकी किसी को खबर न थी...'[16] इनकी विलासी प्रवृत्ति और राष्ट्रीय चिंता के प्रति असंलग्नता के भाव पर यह टिप्पणी बहुत कुछ ग्रीक नाटकों के कोरस का काम करती हैं...'जब हमारे रईसों का यह हाल है तो मुल्क का खुदा ही हाफिज है...'[17] किन्हीं अज्ञात कारणों से मीर रोशन अली की बेगम नहीं चाहती कि वह चौबीसों घंटे शतरंज के नाम पर घर पर ही अड्डा जमाये रहें। अतः इस सिर दर्द से छुट्टी पाने के लिए वह बादशाही फौज का एक सिपाही भेजवाकर मीर की तल्वी का षड्यंत्र रचती है। उस सिपाही को देखते ही मीर की आत्मा कांप उठती है और अगले दिन उससे बचने के लिए, मिर्जा के सुझाव पर, वह गोमती के पास कहीं वीराने में शतरंज का नक्शा जमाना शुरू कर देते हैं। ब्रिटिश सेना के लखनऊ में प्रवेश और वाजिदअली शाह की गिरफ्तारी से जिन लोगों को रत्तीभर फर्क नहीं पड़ता और इस सबसे एकदम बेपरवाह रहते हुए, अपने एक बेहद मामूली स्वार्थ के लिए, शतरंज की एक बाजी की मामूली सी हार-जीत को लेकर, तलवारें खींच लेते हैं और वीर योद्धाओं की तरह एक-दूसरे को जख्मी करके मर जाते हैं। जातीय और राष्ट्रीय महत्त्व के सवालों से बेखबर रहकर, अपने छोटे-छोटे हितों और स्वार्थों को ही सब कुछ समझ लेने वाली स्थिति और लोभ पर इससे ज्यादा सटीक व्यंग्य की कल्पना मुश्किल है।

'आहुति' का आनन्द भी प्रायः इसी जहनियत का आदमी है फर्क बस इतना

है कि वह कांग्रेस के काम में इसलिए थोड़ी-बहुत दिलचस्पी लेने लगता है क्योंकि रूपमणि, जो एक प्रबुद्ध और आधुनिक युवती होने के साथ ही उसकी सहपाठिनी भी है, इस आंदोलन में दिलचस्पी लेती रही है। इस आनन्द के मुकाबले विशम्भर एक गरीब राष्ट्रभक्त छात्र है जो रानीगंज में एक सभा को संबोधित करते हुए पकड़ा जाता है और उसे दो वर्ष की सजा हो जाती है। रूपमणि आनन्द की जोखिम से बचने वाली बुर्जुआ प्रवृत्ति के मुकाबले विशम्भर के त्याग और कर्मठता से आकृष्ट होती है और उससे प्रेरणा लेकर पूरी तरह से अपने को आंदोलन की धारा में छोड़ देती है। वास्तविक स्वराज्य की अवधारणा पर टिप्पणी करते हुए कहती है, 'अगर स्वराज्य आने पर भी सम्पत्ति का यही प्रभुत्व रहे और पढ़ा-लिखा समाज यों ही स्वार्थांध बना रहे, तो मैं कहूंगी ऐसे स्वराज्य का न आना ही अच्छा। अंग्रेजी महाजनों की धनलोलुपता और शिक्षितों का स्वहित ही आज हमें पीछे डाल रहा है। जिन बुराइयों को दूर करने के लिए आज हम प्राणों को हथेली पर लिये हुए हैं, उन्हीं बुराइयों को क्या प्रजा इसलिए सिर चढ़ायेगी कि वे विदेशी नहीं स्वदेशी हैं? कम से कम मेरे लिए तो स्वराज्य का यह अर्थ नहीं है कि जॉन की जगह गोविंद बैठ जायें। मैं समाज की ऐसी व्यवस्था देखना चाहती हूं, जहां, कम से कम विषमता को आश्रय मिल सके।...'[18]

'समरयात्रा' और 'जुलूस' में प्रेमचन्द राष्ट्रीय आन्दोलन में आम जनता के उत्साह को अंकित करते हैं। इन कहानियों का रचना संसार 'सोजेवतन' की कहानियों की तरह अमूर्त न होकर एकदम ठोस और यथार्थ संसार है जो महात्मा गांधी के नेतृत्व में, शताब्दी के तीसरे दशक में अपूर्व निष्ठा और आत्मविश्वास के साथ राष्ट्रीय आंदोलन से जुड़ रहा था। प्रेमचन्द अभी भी महात्मा गांधी के प्रभाव से मुक्त नहीं हैं लेकिन इन कहानियों में वह उस प्रभाव की विधायक भूमिका को ही अधिकांश में अंकित करते हैं। हृदय-परिवर्तन और राजनीति में तथाकथित धार्मिक तालमेल के बदले वह एक अभूतपूर्व विशाल जन जागृति को ही इन कहानियों के केन्द्र में रखकर चलते हैं।

'समरयात्रा' की बूढ़ी नोहरी दोपहरी की धूप की तरह कांपकर दरोगा की ले-दे करती है। कोदई एक नेता के गर्व के साथ अपनी गिरफ्तारी देता है। आगे के लिए नोहरी के निर्देशानुसार बाकायदा जत्था बनता है और वालियंटरों की सूची तैयार की जाती है जिसमें हिंदू भी हैं और मुसलमान भी। इस व्यापक जनजागृति के फलस्वरूप परिवर्तित मानसिकता पर टिप्पणी करते हुए लेखक लिखता है—'ज्यों ही, पराधीनता का आतंक दिल से निकल गया। आपको स्वराज्य मिल गया? भय ही पराधीनता है, निर्भयता ही स्वराज्य है।'[19]

'जुलूस' का नेतृत्व बूढ़े इब्राहीम खां के हाथ में है। जुलूस पर हुए लाठी चार्ज के फलस्वरूप वह बुरी तरह जख्मी हो जाते हैं और वसीयत करते हैं कि उनकी

लाश को गंगा में नहलाकर दफन किया जाये। राष्ट्रीय आंदोलन के संदर्भ में जातीय एकता और सांप्रदायिक सद्भाव प्रेमचन्द की इन कहानियों की एक खास विशेषता है। कभी-कभी अपने विदेशी आकाओं को खुश करने के लिए हमारे ही भाई-बंधु, जो सरकारी यंत्रों का एक हिस्सा थे, इस आंदोलन को कुचलने में कुछ ज्यादा ही उत्साह से काम लेते थे। लेकिन प्रेमचन्द इस तथ्य की ओर जब तब संकेत करते हैं कि उनसे हमारी कोई शत्रुता नहीं है। कभी आंतरिक पश्चात्तापवश और कभी किसी बाह्य प्रेरणा से ये लोग 'जुलूस' के दरोगा वीरबल सिंह की तरह अपना रास्ता बदल भी लेते हैं। 'सत्याग्रह' में लेखक यह दिखाने की कोशिश करता है कि इस जन-आंदोलन के असाधारण उभार से भयभीत होकर ब्रिटिश सरकार किस प्रकार धार्मिक भावनाओं की आड़ में इस आंदोलन को असफल करने और दबाने का षड्यंत्र रचा करती थी।

भारतीय ग्राम जीवन का अंकन प्रेमचन्द के लिए मात्र एक आंदोलन या नारा नहीं था। प्रेमचन्द इस बात को अच्छी तरह समझते थे कि अपनी सारी सादगी, सहजता और सदिच्छा के बावजूद ध्वंस प्रायः सामन्ती व्यवस्था और नवागत पूंजीवाद के दोहरे दबाव के फलस्वरूप भारतीय किसान की नियति को बदल पाने के लिए एक गहरा और निर्णायक संघर्ष अपेक्षित है। तीसरे दशक का अंत होते-होते देश की राजनीति और अपनी समाज-रचना की पहचान का वह एक बेहतर और वयस्क परिचय देने लगते हैं। 'गृहदाह' और 'अलयोझा' जैसी कहानियों में संयुक्त परिवार प्रथा के प्रति उनका मोह अलबत्ता अभी भी किसी हद तक बना रहता दिखायी देता। लेकिन इसके साथ ही पीड़ित और दलित वर्ग के अभिशप्त जीवन, उन पर होने वाले अत्याचार, बेगार और उनके निर्मम शोषण के बड़े यथार्थ, आत्मीय और प्रामाणिक चित्र इस दौर की कहानियों में सहज ही देखे जा सकते हैं। कठोर मेहनत के बावजूद किसान गरीब, अभिशप्त और फटेहाल हैं क्योंकि जमींदार, कारिंदे, पुलिस और धर्म के ठेकेदार सबके-सब जोंक की तरह चिपटकर दृश्य-अदृश्य रूप में उनका खून चूस रहे हैं। अपने निबन्ध 'महाजनी सभ्यता' में इसी स्थिति पर टिप्पणी करते हुए वह लिखते हैं, 'मनुष्य समाज दो भागों में बंट गया है। बड़ा हिस्सा मरने और खपने वालों का है, और बहुत ही छोटा हिस्सा उन लोगों का, जो अपनी शक्ति और प्रभाव से बड़े समुदाय को अपने बस में किये हुए हैं। इन्हें इस बड़े भाग के साथ 'किसी तरह की हमदर्दी नहीं, जरा भी रू-रियायत नहीं। उसका अस्तित्व केवल इसलिए है कि अपने मालिकों के लिए पसीना बहाये, खून गिराये और एक दिन चुपचाप इस दुनिया से विदा हो जाये।' स्थिति कितनी भीषण और विषम हो चुकी है इसका संकेत वह बड़े पुरदर्द ढंग से करते हैं...'यह हवा इतनी जहरीली हो गई है कि इसमें जीवित रहना कठिन होता जा रहा है।'...[20] शोषण को अपना अधिकार मानकर चलने वाली इस व्यवस्था से मुक्ति का उपाय केवल एक है—'इस समूची

व्यवस्था का विनाश और एक वैकल्पिक व्यवस्था का निर्माण एक नयी सभ्यता का सूर्य सुदूर पश्चिम में उदय हो रहा है जिसने इस नाटकीय महाजनवाद या पूंजीवाद की जड़ खोदकर फैला दी है...'[21]

शोषण और अत्याचार पर आधारित इस व्यवस्था का भयावह रूप 'सवा सेर गेहूं', 'सद्गति', ठाकुर का कुआं', 'पूस की रात' और 'कफन' ऐसी कहानियों में देखा जा सकता है। 'सवा सेर गेहूं' में शंकर विप्र से लिये गये सवा सेर गेहूं के बदले, जो वह द्वार पर आये साधु के अतिथि-सत्कार के लिए लेता है, जीवन भर गुलामी का पट्टा अपने गले में डाल लेता है। खलिहानी में डेढ़ पसेरी गेहूं देकर अपने को उऋण समझ चुका था कि सात वर्ष बाद उससे उस सवा सेर गेहूं का तकादा किया जाता है। साल भर पेट काटकर रुपये देने के बाद भी उसकी ओर 120 रुपये बाकी निकलते हैं। यह निर्मम शोषण उसके मन में, एक किसान से मजदूर बन गये आदमी के मन में, श्रम के प्रति निराशा और घृणा का भाव पैदा करता है...' जब सिर पर ऋण का बोझ ही लदना है तो क्या मन भर का और क्या सवा मन का। उसका उत्साह क्षीण हो गया, मिहनत से घृणा हो गयी। आशा उत्साह की जननी है। आशा में तेज है, बल है, जीवन है। आशा ही संसार की संचालक है। शंकर आशाहीन होकर उदासीन हो गया। वह जरूरतें जिनको उसने साल भर तक टाल रखा था, अब द्वार खड़ी रहने वाली भिखारिणी न थी, बल्कि छाती पर सवार होने वाली पिशाचनियां थीं जो अपनी भेंट के बिना जान नहीं छोड़ती।'[22] बीस वर्ष तक गुलामी करने के बाद जब शंकर मरता है तो सवा सेर गेहूं के कर्ज में 120 रुपये उसके सिर पर सवार थे जिनके भुगतान के लिए उसके जवान बेटे की गर्दन पकड़ी जाती है। कहानी के अंत में प्रेमचन्द इस ओर भी अपने पाठकों को सचेत कर देते हैं कि यह कोई कपोलकल्पित कहानी नहीं है—एक सत्य घटना हैं। ऐसे शंकरों और ऐसे विप्रों से दुनिया खाली नहीं है।...'सद्गति' का दुखी चमार अपने नाम से भी दुःखी ही है जो ईश्वरभक्त पं. घासीराम से साइत पूछने जाता है तो उनकी गाय को घास डालने से लेकर भूसा ढोने और लकड़ी काटने तक सब कुछ भूखे ही करते रहकर सद्गति को प्राप्त होता है और चमार होने के नाते कोई उसकी लाश भी उठाने को तैयार नहीं होता है। सारी सेवा के बावजूद ये लोग नीच, कमीन और अस्पृश्य हैं जो मजबूरी में ठाकुर के कुएं का एक लोटा पानी भी भर लेने के हकदार नहीं हूं। 'शेर से भी भयानक मुंह वाले ठाकुर को देखते ही गंगा के हाथ से रस्सी छूट जाती है और घड़ा धड़ाम से हिलकोरे की आवाजें छोड़ता हुआ पानी में सरक जाता है। बदहवासी में वह घर पहुंच कर देखती है कि जोखू लोटा मुंह से लगाये वही मैला-गंदा हजार बदबूदार पानी पी रहा है।'

'पूस की रात' में जब तारे भी ठिठुरते हुए मालूम होते हैं हल्कू अपने खेत के किनारे ऊख के पत्तों की एक छतरी के नीचे बांस के खटोले पर अपनी पुरानी

गाढ़े की चादर ओढ़े कांप रहा होता है। अपने कुत्ते जबरा को अपने शरीर से सटाकर वह उस सेंक को एक नियामत की तरह भोगता है। सब कुछ करके भी कुछ न हो पाने की निरुपायता ही उसे अकर्मण्य बना देती है। वह नीलगायों से खेत को बरबाद होते देखता रहता है और कुछ नहीं करता है। सुबह खेत की दशा देखकर हल्कू और उसकी पत्नी मुन्नी की प्रतिक्रिया अलग-अलग होती है। मुन्नी इस बात को लेकर दुःखी है कि अब मजूरी करके माल गुजारी भरनी पड़ेगी। लेकिन हल्कू स्थिति को लेकर प्रसन्न भी है—अब रात की ठंड में यहां सोना तो न पड़ेगा।

प्रेमचन्द की कहानी 'कफन' का आरम्भ इस प्रकार होता है—'झोंपड़े के द्वार पर बाप और बेटा दोनों एक बुझे हुए अलाव के सामने चुपचाप बैठे हुए हैं और अंदर बेटे की जवान बीवी बुधिया प्रसव वेदना से पछाड़ खा रही थी। रह-रहकर उसके मुंह से ऐसी दिल हिला देने वाली आवाज निकलती थी कि दोनों कलेजा थाम लेते थे। जाड़ों की रात थी, प्रकृति सन्नाटे में डूबी हुई, सारा गांव अंधकार में लय हो गया था।...'[23] जब घीसू निःसंग भाव से कहता है कि वह बचेगी नहीं तो माधव चिढ़कर उत्तर देता है कि मरना है तो जल्दी ही क्यों नहीं मर जाती—देखकर भी वह क्या कर लेगा। लगता है जैसे कहानी के शुरू में ही बड़े सांकेतिक ढंग से प्रेमचन्द बुझ चुके अलाव के द्वारा पारिवारिक सद्भाव और ऊष्मा के चूक जाने की ओर इशारा कर रहे हैं और भाव का अंधकार में लय हो जाना मानो पूंजीवादी व्यवस्था का ही प्रगाढ़ होता हुआ अंधेरा है जो सारे मानवीय मूल्यों, सद्भाव और आत्मीयता को रौंदता हुआ निर्मम भाव से बढ़ता जा रहा है। इस औरत ने घर को एक व्यवस्था दी थी, पिसाई करके या घास छीलकर वह इन दोनों बेगैरतों का दोजख भरती रही है। और आज के ये दोनों इस इंतजार में हैं कि वह मर जाये, तो आराम से सोयें। आकाशवृत्ति पर जिंदा रहने वाले बाप-बेटे के लिए भुने हुए आलुओं की कीमत उस मरती हुई औरत से ज्यादा है। उनमें कोई भी इस डर से उसे देखने नहीं जाना चाहता कि उसके जाने पर दूसरा आदमी सारे आलू खा जायेगा। हलक और तालू जल जाने की चिंता किये बिना जिस तेजी से वे गर्म आलू खा रहे हैं उससे उनकी मारक गरीबी का अनुमान सहज ही हो जाता है। घीसू को बीस साल पहले हुई ठाकुर की बारात याद आती है—उसके बाद वैसा पेट भर खाना नहीं मिला। 'कफन' एक ऐसी सामाजिक व्यवस्था की कहानी है जो श्रम के प्रति आदमी में हतोत्साह पैदा करती है क्योंकि उस श्रम की कोई सार्थकता उसे नहीं दिखायी देती है। बीस साल तक यह व्यवस्था आदमी को भर पेट भोजन के बिना रखती है इसलिए आवश्यक नहीं कि अपने परिवार के ही एक सदस्य के मरने-जीने से ज्यादा चिंता उन्हें अपने पेट भरने की होती है। औरत के मर जाने पर कफन का चन्दा हाथ में आने पर उनकी नियत बदलने लगती है, हल्के से कफन की बात पर दोनों एकमत हो जाते हैं—'लाश उठते-उठते रात हो जायेगी। रात को कफन कौन देखता है...'[24] और फिर उस हल्के

कफन को लिये बिना ही ये लोग उस कफन के चन्दे को—शराब, पूड़ियों, चटनी, अचार और कलेजियों पर खर्च कर देते हैं। अपने भोजन की तृप्ति से ही वे दोनों मृतक की सद्गति की कल्पना कर लेते हैं। अपनी उम्र के अनुरूप घीसू ज्यादा समझदार है। उसे मालूम है कि लोग फिर कफन की व्यवस्था करेंगे—भले ही इस बार रुपया उनके हाथ में न आवे। नशे की हालत में माधव जब पत्नी के अथाह दुःख भोगने की सोचकर रोने लगता है तो घीसू उसे चुप कराता है—हमारे परम्परागत ज्ञान के सहारे कि मर कर वह मुक्त हो गयी है। और इस जंजाल से छूट गयी है। नशे में नाचते-गाते, उछलते-कूदते, सब ओर से बेखबर और मदमस्त, वे वहीं गिर कर ढेर हो जाते हैं।...

प्रेमचन्द को मरे आज चौवालीस साल हो गये हैं। विचारों की दृष्टि से भी उनके अंतिम दौर की कहानियां—'कश्मीरी सेब' और 'मनोवृत्ति' आदि—एक निश्चित परिवर्तन की सूचना देती हैं। उनकी असामयिक मृत्यु के बाद पूरे-अधूरे जो सूत्र प्रकाश में आये उनसे उनसे आगे की संभावित दिशा का अनुमान लगा लेना मुश्किल नहीं रह जाता है। प्रेमचन्द स्वयं जिस व्यवस्था का शिकार हुए वह आज मरणासन्न अवस्था में है। जिस नयी वैकल्पिक व्यवस्था का नक्शा मरते समय उनके दिमाग में था वह विकास की कितनी ही मंजिलों को पार कर चुकी है। यह अकारण नहीं है कि उस व्यवस्था के लिए संघर्ष करने वाली हर कथा-पीढ़ी प्रेमचन्द से अपने को जोड़कर चलने में गहरा सुख और संतोष अनुभव करती रही है।...

संदर्भ

1. सोजे वतन (हिंदी संस्करण), पृ. 17.
2. वही, पृ. 19.
3. वही, पृ. 51.
4. गुप्तधन-1, पृ. 50.
5. वही, पृ. 137.
6. वही, 'आल्हा', पृ. 77.
7. वही, पृ. 74.
8. मानसरोवर-1, भूमिका, पृ. 6.
9. वही.
10. मानसरोवर-7, पृ. 121.
11. मानसरोवर-8, पृ. 280.
12. मानसरोवर-7, पृ. 153.
13. वही, पृ. 162.
14. मानसरोवर-6, पृ. 118.
15. प्रेमचन्द : कलम का सिपाही, पृ. 179.

16. मानसरोवर-3, पृ. 263.
17. वही, पृ. 271.
18. 'कफन और अन्य कहानियां', पृ. 87-88.
19. मानसरोवर-7, पृ. 78.
20. 'प्रेमचन्द-स्मृति' (सं. अमृतराय), पृ. 258.
21. वही, पृ. 261.
22. मानसरोवर-4, पृ. 194.
23. 'कफन' और अन्य कहानियां, पृ. 1.
24. वही, पृ. 5.

कफन : आधुनिकता बोध की पहली कहानी

बच्चन सिंह

प्रेमचन्द की 'कफन' कहानी के मूल्यांकन में सबसे बड़ी बाधा वे लोग पहुंचाते हैं जो इसे प्रेमचन्द की समूची कहानी-परंपरा से जोड़कर एक स्थूल ऐतिहासिक दृष्टि का परिचय देते हैं। कहानी के चन्द टुकड़ों, मुख्यतः कमजोर टुकड़ों के आधार पर जो लोग इसे प्रगतिवादी कहानी सिद्ध कर देते हैं वे भी मूल्यांकन को कम गुमराह नहीं करते। इन दोनों पद्धतियों से प्रेमचन्द की सही पहचान गुम हो जाती है और कहानी-बुझौवल का लम्बा सिलसिला शुरू हो जाता है। वस्तुतः प्रेमचन्द ने अपनी अन्तिम कहानियों में अपने ही सिलसिले को तोड़ा है और उसे नये संदर्भ में नयी भाषिक संरचना में पेश किया है।

डॉ. मदान कहानी की राह से गुजरने की बात उठाते हैं किन्तु गुजरते हैं वे अपनी ही राह से। उन्होंने इसमें धन की दुश्मनी खोज निकाली है। उन्होंने यह भी कहा है कि "कहानी जिस सत्य को उजागर करती है वह जीवन के तथ्य से मेल नहीं खाता।" पर सत्य और तथ्य क्या हैं, इसे मदानजी नहीं बतलाते। चेतना की जड़ता से भी इसका तालमेल नहीं बैठता। सच तो यह है कि सत्य और तथ्य जैसे गोल शब्दों से मूल्यांकन में कोई सहायता नहीं मिलती।

'कफन' कहानी प्रेमचन्द की अन्य कहानियों से नितांत भिन्न है। उनके कहानी-संसार से इसका संसार सर्वथा निस्संग और निरपेक्ष है, इसीलिए उनकी कहानियों से परिचित लोगों के लिए यह अनबूझ पहेली हो जाती है, प्रेमचन्द के सम्बन्ध में बनी हुई पूर्ववर्ती धारणा के आगे प्रश्नचिह्न लगा देती है। जो इस कठिनाई को महसूस नहीं करता वह इसके मूल्यांकन का नया उपक्रम भी नहीं करेगा। यह कठिनाई हमें मजबूर करती है कि हम सोचें कि 'कफन' इतनी अलग क्यों है?

इसके लिए जरूरी है कि हम उस ऐतिहासिक परिप्रेक्ष्य को देखें जिसमें यह कहानी लिखी गई। मूल्यांकन के लिए ऐतिहासिक परिप्रेक्ष्य स्वयं में सही कसौटी नहीं है, केवल ऐतिहासिक परिप्रेक्ष्य को तो मूल्यांकन का नाम भी नहीं दिया जा सकता।

प्रामाणिक मूल्यांकन की कसौटी सिर्फ भाषायी संरचना का विश्लेषण है। पर ऐतिहासिक परिप्रेक्ष्य विश्लेषण को गुमराह होने से बचाता है और उसकी सही राह भी संकेतित करता है। पर सही राह खोजने का अन्तिम दायित्व विश्लेषण की अपनी वस्तुनिष्ठता और विवेकमत्ता पर है।

सम्भवतः यह उनकी आखिरी कहानी है। यदि एकदम आखिरी कहानी न हो तो भी कोई फर्क नहीं पड़ता। यह उनकी जिन्दगी के उस बिन्दु से जुड़ी हुई है जिसके आगे बिन्दु नहीं होता। '36 के बाद का नया कैलेंडर उनके जीवन में नहीं आया। यह उनके 'गोदान' का वर्ष है, 'कफन' का वर्ष है। यह उनके जीवन का ही कफन नहीं सिद्ध हुई बल्कि उनके संचित आदर्शों, मूल्यों, आस्थाओं और विश्वासों का भी कफन सिद्ध हुई। यदि वे और जीते रहते तो और भी झूठे मूल्यों को कफन ओढ़ना पड़ता।

सन् '36 के आसपास उनकी अपनी जो मनोदशा थी वह कुछ चिट्ठियों में अभिव्यक्त हुई है। '34 में मदान के नाम लिखी गई एक चिट्ठी है। उसमें उन्होंने लिखा है—"आरम्भ में चिन्तन के परिणामस्वरूप नहीं, वरन् परंपरागत विश्वास के कारण मैं एक महान् दैवी शक्ति में विश्वास रखता था। वह विश्वास अब टूट रहा है। यद्यपि विश्व के पीछे कोई हाथ है लेकिन मैं नहीं समझता कि उसे मानवीय कार्यों से कुछ लेना-देना है।" '35 का लिखा जैनेन्द्र के नाम एक खत है : "ईश्वर पर विश्वास नहीं आता कैसे श्रद्धा होती है। तुम आस्तिकता की ओर जा रहे हो। जा नहीं रहे पक्के भगत बन रहे हो। मैं सन्देह से पूरा नास्तिक होता जा रहा हूं।" प्रेमचन्द नीत्से की उस घोषणा से नहीं प्रभावित हैं जिसमें ईश्वर की मृत्यु घोषित की गई है। यह सब उन्हें चिन्तन के स्तर पर नहीं अनुभूति के स्तर पर उपलब्ध हुआ था। जैनेन्द्र को एक दूसरे पत्र में उन्होंने लिखा था, "जैनेन्द्र मैं कह चुका हूं मैं परमात्मा तक नहीं पहुंच सकता। मैं उतना विश्वास नहीं कर सकता। कैसे विश्वास करूं जब देखता हूं, बच्चा बिलख रहा है, रोगी तड़प रहा है, यहां भूख है, क्लेश है, ताप है।"

इस मनोदशा में लिखी गई कहानी मूल्यों के खंडहर की कहानी हो जाती है। आधुनिकता के सारे मुद्दे इसमें मिल जाते हैं, किन्तु मुद्दों के मिलने में कहानी की आधुनिकता नहीं है बल्कि स्वयं कहानी में मुद्दे हैं या कहानी स्वयं मुद्दा है। पूछा जा सकता है, कहानी पर बहस करते समय किसी मित्र ने पूछा भी था कि प्रेमचन्द को आधुनिकता का सैद्धांतिक परिचय नहीं था तब इसे आधुनिकतावादी कहानी कहना क्या इस पर आधुनिकता को आरोपित करना नहीं है? सिद्धांत के आधार पर प्राप्त बोध प्रायः रचनात्मक नहीं हो पाता। जैसे कि खतों के उदाहरणों से पता चलता है कि संवेदना के आधार पर प्रेमचन्द को आधुनिकता का बोध हो गया था। यों सिद्धान्तों से अपरिचित रहकर सही अर्थ में आधुनिक कहानी लिखी जा सकती

है बशर्ते कि संवेदना के स्तर पर उसका अनुभव किया गया हो। दास्तेवस्की को किन मनोवैज्ञानिक सिद्धान्तों का ज्ञान था? पर उससे बेहतर मनोवैज्ञानिक उपन्यास किसने लिखा?

कहानी का आरम्भ होता है–"झोंपड़े के द्वार पर बाप और बेटा दोनों एक बुझे हुए अलाव के सामने चुपचाप बैठे हुए हैं और अन्दर बेटे की जवान बीवी बुधिया प्रसव-वेदना से पछाड़ खा रही थी।" यह एक दी हुई या स्वीकृत स्थिति (सिचुएशन) है, जिसमें बाप-बेटे को डाल दिया गया है। इस कहानी में प्रेमचन्द कम हस्तक्षेप करते हैं, इसलिए वह ज्यादातर माधव और घीसू की कहानी बनी रहती है। 'बुझे' विशेषण पूरी कहानी को प्रतीकित करता है, 'चुपचाप' पिता-पुत्र की अन्यमनस्कता को, उदासीनता को।

इस स्थिति के ठीक बाद ही घीसू-माधव का संवाद है। उससे जाहिर है कि कफन पुरानी राह को छोड़कर नयी दिशा खोज रही है। घीसू ने कहा–"मालूम होता है, बचेगी नहीं। सारा दिन दौड़ते हो गया, जा, देख तो आ।" माधव चिढ़कर बोला–"मरना ही है तो जल्दी मर क्यों नहीं जाती? देखकर क्या करूं?" माधव का उत्तर असामान्य है। 'चिढ़कर' उसके टोन का टेंपो बढ़ा देता है।

बुधिया मेहनती औरत थी। पिसाई करके, घास छीलकर वह दोनों का पेट पालती थी। प्रेमचन्द लिखते हैं–"वही औरत आज प्रसव-वेदना से मर रही थी और ये दोनों शायद इसी इन्तजार में थे कि वह मर जाए तो आराम से सोएं।" कहानी के पहले भाग के अन्त में वे फिर लिखते हैं–"आलू खाकर दोनों ने पानी पिया और वहीं अलाव के सामने अपनी धोतियां ओढ़कर, पांव पेट में देकर सो रहे। मानो दो बड़े अजगर, गेंडुलियां मारे पड़े हों।"

"और बुधिया अभी कराह रही थी।"

बुधिया की प्रसव-वेदना और कराह को तीन बार दोहराया गया है। प्रत्येक बार संदर्भ अपना अलग अस्तित्व रखता है। पहले संदर्भ में प्रसव-वेदना को बाप-बेटे की अन्यमनस्कता से जोड़ा गया है। दूसरे संदर्भ में एक ओर बुधिया की हाड़तोड़ कमाई का उल्लेख है तो दूसरी ओर उन बाप-बेटे का जो इस इन्तजार में थे कि वह मर जाये और वे आराम से सोयें। तीसरे प्रसंग में अजगर की तरह सोये बाप-बेटे हैं और है बुधिया की कराह।

अन्यमनस्कता, मौत की इन्तजारी और गेंडुली मारकर अजगर की तरह सोना–बदलाव के तीन सोपान हैं। तीसरे सोपान पर बदलाव इतना मुकम्मल है कि उसके आगे बदलाव निःशेष हो जाता है। गेंडुलियां मारे अजगर बाप-बेटे की निश्चिन्तता को प्रतीकित करते हैं–उनकी अबाधित निद्रा को। 'पांव पेट में देकर' जाड़े के उस वातावरण से जुड़ जाता है जो स्थिति या सिचुएशन के रूप में प्रारम्भ में ही प्रस्तुत कर दिया गया है। इसके साथ वह उनकी गरीबी को भी संकेतित करता

है। पर 'गेडुलियां मारे' तो मानसिक परिवर्तन, क्रमशः संवेदनहीन (डी-ह्यू मनाइज्ड) होने की प्रक्रिया को सम्पूर्णता (टोटैलिटी) और जीवंतता प्रदान करती है।

बुधिया की कराह के दोनों छोरों के बीच तीन बातों का उल्लेख किया गया है—घीसू-माधव की कामचोर प्रवृत्ति का, सोंठ, गुड़, तेल के न होने का, और गरम-गरम आलू खाने का। तीनों बातें एक-दूसरी के विरोध में पड़ती हैं। वे कामचोर हैं फिर भी उन्हें सोंठ, गुड़, तेल की फिक्र है। फिर भी जल्दी-जल्दी आलू निगलने में कोई बाधा नहीं है। इन अन्तर्विरोधी मनोवृत्तियों का सामंजस्य अमानवीयता (डी-ह्यू मनाइजेशन) की प्रक्रिया में ही खोजा जा सकता है। प्रेमचन्द जब यह कहते हैं कि "वह सेर-भर आटे का इन्तजाम कर इन दोनों बेगैरतों का दोजख भरती थी", तो अन्तर्विरोधों की प्रक्रिया में और भी तेजी आ जाती है। 'बेगैरतों' और 'दोजख' शब्दों का विडम्बनात्मक (आइरानियल) प्रयोग विसंगतियों में संगति ले आता है, किन्तु उन्हें बेगैरत बनाने की जिम्मेदारी किस पर है—स्वयं घीसू और माधव पर या सामाजिक व्यवस्था पर?

प्रेमचन्द इसका उत्तर खुद देते हैं—"जिस समाज में रात-दिन मेहनत करने वालों की हालत उनकी हालत से बहुत-कुछ अच्छी नहीं थी और किसानों के मुकाबले में वे लोग, जो किसानों की दुर्बलताओं से लाभ उठाना जानते थे, कहीं ज्यादा सम्पन्न थे, वहां इस तरह की मनोवृत्ति का पैदा हो जाना कोई अचरज की बात न थी।...फिर भी उसे तक्सीन तो थी ही कि अगर वह फटेहाल है तो कम से कम उसे किसानों की सी जी-तोड़ मेहनत तो नहीं करनी पड़ती। उसकी सरलता और निरीहता से दूसरे लोग बेजा फायदा तो नहीं उठाते।" यहीं प्रेमचन्द अपनी पुरानी टेकनीक की ओर लौट आते हैं। यदि यह कथन नरेटर का न होता और कहानी का विन्यास इसे अपने आप उभार पाता तो कहानी की प्रभावान्विति अधिक मार्मिक और गहरी हो जाती।

बाप-बेटे में कोई बुधिया को देखने नहीं जाता। उन्हें बुधिया के कराहने का डर नहीं है। डर यह है कि एक के भीतर जाने पर दूसरा अकेले ही आलू खा जायेगा। यह विसंगति कहानी की संपूर्ण संरचना के साथ ठंडे किन्तु विडंबनात्मक ढंग से जुड़ी हुई है, मधुशाला से भी, नाचने-गाने से भी। ये कुछ वे प्रकाश-बिन्दु हैं जिनके माध्यम से रोशनी की झलमलाहट दिखाई देती है। रोशनी की झलमलाहट से मेरा मतलब व्यंजनकता से है। सच पूछिए तो कहानी, पूरी संरचना विसंगतियों और विडम्बनाओं के ताने-बाने से बुनी जाने से ही एक अर्थपूर्ण रचनात्मक परिणति तक पहुंच पाती है।

आलू खाने के साथ ही जुड़ा हुआ है ठाकुर की बारात में पूड़ी खाने का ब्योरेवार वर्णन। "चटनी, राइता, तीन तरह के सूखे साग, एक रसेदार तरकारी, दही, चटनी, मिठाई। अब क्या बताऊं कि उस भोज में क्या स्वाद मिला।...लोगों ने ऐसा खाया, किसी से पानी न पिया गया...." यह वर्णन अपने ब्योरे में काफी आकर्षक ही नहीं

बल्कि भोजन के प्रति पाठकीय संवेदना को धारदार बना देता है। इसके बाद ही प्रेमचन्द लिखते हैं, "और बुधिया अभी कराह रही थी।" पुनः दो विसंगतिपूर्ण स्थितियां ले आई गई हैं। ठाकुर की बारात का ब्योरेवार वर्णन आखिरी पंक्ति से टकराकर अमानवीयता को मुकम्मल बनाने में पूरी सहायता करता है।

घीसू और माधव काम से अलग हैं—रीति-नीति से अलग हैं, बुधिया की प्रसव-वेदना से अलग हैं, एक-दूसरे से अलग हैं, अपने से अलग हैं। दोनों मजदूर हैं, किसान नहीं। जिस जमीन पर वे काम करते हैं वह उनकी नहीं है अर्थात् उत्पादन के साधनों पर उनका अधिकार नहीं है। पैदावार का मामूली अंश ही उनको मिल पाता था। उनका श्रम भी उनका अपना न होकर दूसरे का था, जमींदार या खेतवाले किसान का था। मजदूरों और अन्य लोगों के बीच रिश्ता जोड़ने का काम उत्पादन के वितरण पर निर्भर था—उस उत्पादन पर जिससे उनका रिश्ता ही नहीं रह गया था। अलगाव की यह प्रक्रिया यहां से शुरू होकर घीसू माधव के घर, समाज और स्वयं उनमें भी व्याप्त हो गई थी।

प्रेमचन्द ने 'महाजनी सभ्यता' में इसी ओर इशारा किया है—"वह क्या स्नेह, सौजन्य और सच्चाई का पुतला मनुष्य दया, ममताशून्य जड़ यन्त्र बनकर रह गया है। इस महाजनी सभ्यता ने नये-नये नियम गढ़ लिये हैं।...इस सभ्यता का सिद्धान्त है बिजनेस इज बिजनेस—व्यवसाय व्यवसाय है, उसमें भावुकता के लिए गुंजाइश नहीं।"

बुधिया के मरने पर दोनों—"जोर-जोर से हाय-हाय करने और छाती पीटने लगे।" यह रोना न होकर रोने का नाटक है क्योंकि 'जोर-जोर', 'हाय-हाय' 'छाती पीटना' नाटकीय व्यापार है। इस नाटकीय व्यापार के दर्शक हैं पड़ोसी, मुख्य रूप से 'नरम दिल' स्त्रियां। यह नाटकीय व्यापार और भी आगे चलता है। इस नाटक के फलस्वरूप उन्हें पांच रुपये भी मिल गए।

कहानी का तीसरा अंश अपने ठंडेपन की हल्की विडम्बना और नाटकीयता में और भी प्रभावशाली हो उठा है। इसमें कुछ संवाद हैं, कुछ दृश्य हैं, दृश्य के पहले मधुशाला का मंच है। कफन के सम्बन्ध में संवाद चलता है—"तो चलो, कोई हल्का-सा कफन लें, हां और क्या! लाश उठते-उठते रात हो जायेगी। रात को कफन कौन देखता है, कफन लाश के साथ जल ही तो जाता है।" हल्का-सा कफन नजरअंदाज हो जाता है और आ जाता है—मधुशाला का मंच। "वहां जरा देर तक दोनों असमंजस में खड़े रहे। फिर घीसू ने गद्दी के सामने जाकर कहा—"साहुजी एक बोतल हमें भी देना।" असमंजस बाप-बेटे के बीच का ही है किन्तु जरा, देर में ही, मौन के अन्तराल में दोनों एकमत हो जाते हैं।

मधुपान के साथ-साथ चलने वाले संवाद रूढ़िबद्ध संस्कारों पर एक साथ हमला बोल देते हैं। "हमारी आत्मा प्रसन्न हो रही है तो क्या उसे सुख नहीं मिलेगा। जरूर

से जरूर मिलेगा। भगवान् तुम अन्तर्यामी हो। उसे बैकुण्ठ ले जाना।" अपनी आत्मा की प्रसन्नता पहले जरूरी है, संसार और भगवान् की प्रसन्नता यदि उनकी कोई जरूरत है भी तो बाद में। ये सारे-के-सारे वाक्य भगवान्, बैकुण्ठ आदि के मिथकों को तोड़ देते हैं।

किन्तु अपनी इस अन्तिम कहानी में भी प्रेमचन्द अपनी पूर्ववर्ती स्थूलताओं से सर्वथा मुक्त नहीं हो सके हैं। वे बीच-बीच में मोटे लोगों की शिकायत, गरीबों की हिमायत तथा गंगा और मन्दिरों का मखौल उड़ाने लगते हैं तो कहानी सांकेतिकता का पल्ला छोड़ देती है। यही नहीं ये सभी अंश कहानी के संरचना से संश्लिष्ट नहीं हो पाते, अलग से चिपकाये हुए लगते हैं।

पर 'मधुशाला' के रंगमंच पर जो नाटक खेला जाता है वह पूरी कहानी को नया अर्थ दे देता है। बाप-बेटे सरूर में खड़े होकर गाना शुरू करते हैं—"ठगिनी क्यों नैना झमकावै, ठगिनी!"

ठगिनी पुराने अर्थ में माया नहीं है। यह उस व्यर्थताबोध या अर्थहीनता की प्रतीति है जो घीसू और माधव की अपनी जिन्दगी है। घीसू और माधव की तरह अनगिनत घीसू-माधव की जिन्दगी है—डी-ह्यू मनाइज्ड और बेमानी से भरी जिन्दगी, डी-ह्यू मनाइजेशन की चरम परिणति, व्यर्थता का चरम बोध वहां होता है जहां उनका बोध ही नहीं होता। मधुशाला वह जगह है जहां केवल बोधहीनता का बोध होता है। इस बोध को प्रेमचन्द ने नाटकीय क्रिया व्यापारों द्वारा अभिव्यक्त किया है। और वे व्यापार व्यर्थताबोध को और भी गहरा बना कर घीसू-माधव के पूर्ववर्ती क्रिया व्यापारों के साथ एकीकृत हो जाते हैं—

"फिर दोनों नाचने लगे। उछले भी, कूदे भी। गिरे भी, मटके भी। भाव भी बनाये, अभिनय भी किये और आखिर नशे में बदमस्त होकर वहीं गिर पड़े।"

नाट्य-संरचना का सवाल : प्रेमचन्द के नाटक

कुमार पंकज

कोई जरूरी नहीं है कि एक श्रेष्ठ कथाकार एक अच्छा नाटककार भी सिद्ध हो सके। यह बात हर लेखक के बारे में कही जा सकती है, यानी एक विधा में लिखने वाला दूसरी विधा में बिलकुल असफल हो सकता है या अपेक्षाकृत कम सफल हो सकता है, जो कि इसके अपवाद भी हैं।

इस संदर्भ में प्रेमचन्द को देखने पर बात स्पष्ट हो जाती है। प्रेमचन्द मूलतः एक कथाकार थे और आज भी अपनी जनवादी संचेतना तथा अनुभव-सम्पन्नता के कारण वह सार्थक हैं, अपने तमाम आदर्शवादी ताम-झाम के बावजूद। लेकिन उन्होंने तीन नाटक भी लिखे हैं : (1) 'संग्राम' (1923), (2) 'कर्बला' (1924), (3) 'प्रेम की वेदी' (1933)।

और यहीं पर यह सवाल उठता है कि प्रेमचन्द के रचना मानस की वह कौन-सी मजबूरी थी, जिसने उन्हें नाटक लिखने को विवश किया। इसका जवाब खुद प्रेमचन्द ने अपने नाटकों की भूमिका में दिया है। अपने पहले नाटक 'संग्राम' की भूमिका में वे लिखते हैं, "इस कथा का ढंग ही कुछ ऐसा था कि मैं उसे उपन्यास का रूप न दे सकता था, यही इस अनधिकार चेष्टा का मुख्य कारण है। मुझसे कदाचित् फिर ऐसी भूल न होगी। साहित्य के इस क्षेत्र में यह मेरा पहला और अंतिम दुस्साहसपूर्ण पटाक्षेप है।"[1]

लेकिन प्रेमचन्द ने इस 'दुस्साहसपूर्ण पटाक्षेप' को बाद में दो बार और दोहराया, यानी 'कर्बला' और 'प्रेम की वेदी' लिखकर। 'संग्राम' की रचना तो प्रेमचन्द ने इसलिए की थी कि वह उस कथा को उपन्यास का रूप न दे सकते थे; लेकिन 'कर्बला' की रचना का कारण क्या था, जबकि प्रेमचन्द 'संग्राम' की भूमिका में यह कह चुके थे कि वह उनका पहला और अंतिम नाटक है। दरअसल 'कर्बला' की रचना एक तात्कालिक आवश्यकता को लेकर हुई थी। उस जमाने का एक भागीरथ प्रयत्न इस दिशा में होता था (और कमोबेश आज भी है) कि किसी तरह हिन्दू-मुस्लिम एकता

को स्थापित और सुदृढ़ बनाया जावे। कहने की जरूरत नहीं कि प्रेमचन्द भी इसके मुरीद थे। 'कर्बला' की भूमिका में उन्होंने लिखा है कि हिन्दू-मुस्लिम एकता तभी स्थापित हो सकती है, जब हम हिन्दू-मुसलमानों के महापुरुषों और उनके कार्य-कलापों से परिचित होवें।[2] तो प्रेमचन्द ने मुसलमानों के इतिहास की एक अत्यन्त महत्त्वपूर्ण घटना से 'हम हिन्दुओं' को परिचित कराने के लिए 'कर्बला' की रचना की। उनके अंतिम नाटक 'प्रेम की वेदी' की रचना का कारण बताना मुश्किल है, क्योंकि उसमें उन्होंने कोई भूमिका नहीं दी है, तो यह अनुमान कर लिया जाय कि 'प्रेम की वेदी' की रचना भी शायद इसलिए हुई थी कि वह उस कथा को, 'संग्राम' की कथा की तरह, उपन्यास का रूप न दे सकते थे।

यह तो हुए इन नाटकों की रचना के वजूहात। अब यह देखा-परखा जाय कि एक आदर्श नाटक प्रेमचन्द की राय में कैसा होता है। अपनी एक कहानी 'डिमांस्ट्रेशन' में वह अपने एक पात्र से कहलवाते हैं, ''नाटक लिखना बच्चों का खेल नहीं है। खूनेजिगर पीना पड़ता है। मेरे खयाल में एक नाटक लिखने के लिए पांच साल का समय भी काफी नहीं है, बल्कि अच्छा ड्रामा जिन्दगी में एक ही लिखा जा सकता है। यों कलम घिसना दूसरी बात है। बड़े-बड़े धुरन्धर आलोचकों का यही निर्णय है कि आदमी जिन्दगी में एक ही नाटक लिख सकता है। रूस, फ्रांस, जर्मनी—सभी देशों के ड्रामे पढ़े, पर कोई न कोई दोष सभी में मौजूद हैं। किसी में भाव है तो भाषा नहीं, भाषा है, तो भाव नहीं। हास्य है, तो गान नहीं, गान है तो हास्य नहीं। जब तक भाव, भाषा, हास्य और गान—ये चारों अंग पूरे न हों, उसे ड्रामा कहना ही न चाहिए।''[3]

अव्वल तो उपर्युक्त कथन ही बड़ा अजीबोगरीब-सा है। शेक्सपियर का नाम तो प्रेमचन्द ने सुना ही होगा। उसने एक नाटक नहीं, कई नाटक लिखे और एक से एक बढ़कर। खैर, नाटक लिखने में प्रेमचन्द के मानस में एक और ग्रंथि काम कर रही थी। जयशंकर 'प्रसाद' के नाटकों की आलोचना करते हुए प्रेमचन्द ने एक बार लिखा था कि 'प्रसाद' गड़े मुर्दे उखाड़ा करते हैं।[4] 'प्रसाद' ने चुनौती स्वीकार कर 'कंकाल' जैसा सुरियलिस्टिक उपन्यास लिख डाला, ऐसे समय में, जबकि 'गोदान', 'मंगलसूत्र', 'कफन' और 'पूस की रात' की रचना नहीं हुई थी, प्रेमचन्द 'आदर्शवाद' को पूरी तरह अभी छोड़ नहीं पाये थे और पांडेय बेचन शर्मा 'उग्र' तथा चतुरसेन शास्त्री का 'प्राकृतवाद' आलोचना का विषय बना हुआ था। कहा जा सकता है कि प्रेमचन्द ने संभवतः 'प्रसाद' को यह जताने के लिए कि 'मैं अपने उपन्यासों-कहानियों की तरह नाटकों में भी 'समकालीन परिदृश्य' को ही उभारूंगा', ये नाटक लिखे थे।

लेकिन प्रेमचन्द अपने कथनानुसार इन नाटकों में अगर 'खूनेजिगर' पीने में कामयाब नहीं हुए, तो इस असफलता की जड़ में कई कारण थे। प्रेमचन्द का

अव्यावहारिक आदर्शवाद, थोथी भावुकता, प्रेम-प्रसंगों में अतिशय नाटकीयता और अस्वाभाविकता, कथाकार की प्रवृत्ति का उग्र होना, चरित्रों के मनोविज्ञान का सतही चित्रण, लम्बे-लम्बे संवाद, 'तात्कालिकता' का हावी होना–ये सब कारण तो थे ही ('गोदान', मंगलसूत्र', 'कफन', 'पूस की रात', शतरंज के खिलाड़ी', 'नशा' आदि रचनाओं को छोड़कर उनकी शेष सभी कृतियों में ये दोष मौजूद हैं) साथ ही 'नाट्य-संरचना' की 'अंतरंगता' से भी वह परिचित न थे। प्रेमचन्द का यह कथन भी मार खा जाता है, जब वे कहते हैं कि इन कथाओं का रूप ही ऐसा था कि मैं इन्हें उपन्यास का जामा न पहना सकता था। अगर इन नाटकों के संवाद हटा दिये जावें, तो इनकी पूरी 'तंतु रचना' उपन्यास की है। नाटक का फार्म इनमें कहीं नहीं है, यानी प्रेमचन्द की 'किस्सागोई की आदत' अपने पूरे शबाब पर यहां उपस्थित है और जाहिर है कि एक नाटक में किस्सागोई का प्राचुर्य उसे असफल ही बना सकता है। नाट्यकला जिन शर्तों की मांग करती है, उन्हें प्रेमचन्द कहीं पूरा नहीं कर पाते।

ऊपर नाट्य-संरचना की बात कही गयी है। प्रेमचन्द के इन नाटकों के तन्तु इतने शिथिल हैं कि कहीं भी 'अनुभव की तीव्रता' जैसे महसूस ही नहीं होती। कथ्य कुछ है और चरित्रों की मानसिकता कुछ, लिहाजा कहीं भी अन्विति नहीं है। 'संग्राम' के सबल सिंह की मानसिकता कुछ है और प्रेमचन्द अपने आदर्शवाद की झोंक में उसे दूसरी तरफ मोड़ देते हैं। सबल सिंह मुख्यतः एक खलपात्र है और हलधर किसान की सुन्दर पत्नी राजेश्वरी को अपनी वासना का शिकार बनाना चाहता है। लेकिन प्रेमचन्द जगह-जगह उसमें पश्चात्ताप दिखलाते हैं और अपने आदर्शवाद की सर्चलाइट उस पर छोड़ते हैं। सबल सिंह को देखकर 'प्रेमाश्रम' के ज्ञान शंकर की याद आ जाती है। दोनों ही चरित्र निर्जीव बनकर रह गए हैं और उतने ही हास्यास्पद हैं उनके क्रमशः राजेश्वरी और गायत्री से प्रेम-व्यापार। अंत में होता यह है कि हिन्दी फिल्मों के खलनायक की तरह सबल सिंह सुधर जाता है और अपनी सारी जमींदारी दान दे देता है। 'प्रेमाश्रम' में भी अंत में सारी जमींदारी दान में दे दी जाती है। 'प्रेमाश्रम' के माया शंकर और अचल सिंह–दोनों ही बड़े त्यागी और आदर्शवादी बालक हैं। इसी प्रकार एक तरफ तो प्रेमचन्द राजेश्वरी और गायत्री में प्रबल सतीत्व का भाव दिखलाते हैं, तो दूसरी तरफ वासना और ऐश्वर्य के प्रति उनकी चाहना भी दिखाई पड़ती है। 'प्रेमाश्रम' में किसानों की दुरवस्था है, स्वराज्य आंदोलन की गूंज है, जमींदारों के अत्याचार हैं, ब्रिटिश नीति है, गांधीवाद की सरजमीं है और यही सारी बातें 'संग्राम' में भी हैं। 'प्रेमाश्रम' में अंत में, 'सर्वे भवन्ति सुखिनः' दिखलाकर प्रेमचन्द रामराज्य की परिकल्पना को साकार कर संतोष की सांस लेते हैं और 'संग्राम' में भी। सच तो यह है कि 'संग्राम' नाटक, 'प्रेमाश्रम' उपन्यास की नकल है। इसमें कोई ऐसी चीज नहीं, जो प्रेमचन्द 'प्रेमाश्रम' में कह न चुके हों। इसके अलावा 'संग्राम'

में एक जगह हास्य उत्पन्न करने के चक्कर में प्रेमचन्द ने सौंदर्यानूभुति की जैसे हत्या कर दी है। पाखंडी साधु चेतनदास कहने पर थानेदार अपने अफसर इंस्पेक्टर के जूते मारता है। शायद यह प्रभाव प्रेमचन्द ने सरशार के उपन्यास 'आजाद कथा' से लिया है, क्योंकि 'आजाद कथा' में ऐसे दृश्य हैं। लेकिन जहां इस प्रकार के दृश्य 'आजाद कथा' को एक 'प्रामाणिकता' देते हैं, वहां 'संग्राम' नाटक में ये खासी कोफ्त पैदा करते हैं।

'कर्बला' नाटक की रचना-प्रक्रिया का विश्लेषण करते हुए ऊपर लिखा जा चुका है कि प्रेमचन्द ने इस नाटक की रचना एक तात्कालिक समस्या को लेकर की थी और वह समस्या थी, हिन्दू-मुस्लिम एकता स्थापित करने के प्रयत्न में सहयोग देना। जब किसी रचनाकार पर 'तत्कालीनता' का—'समकालीनता' का नहीं—दबाव हावी हो जाता है, तो नतीजा यह होता है कि उसकी वह कृति 'रचना' के बदले 'सामयिक पैम्फलेट' बनकर रह जाती है। कोई अनुभव 'रचना' में तभी तब्दील हो पाता है, जब वह 'समकालीन दबावों' से मजबूर होकर लिखा गया हो, 'तत्कालीन परिस्थितियों' से निर्मित न हो। 'रचना' की विश्वसनीयता और सफलता इस बात में भी निहित होती है कि रचनाकार को 'अभिव्यक्ति की स्वतन्त्रता' हो। प्रेमचन्द ने खुद ही 'कर्बला' लिखने में अपने को एक घेरे में बंद कर लिया है। नाटक की भूमिका में उन्होंने लिखा है कि मैंने इसमें किसी स्त्री-पात्र की सृष्टि नहीं की, क्योंकि इससे हमारे मुस्लिम बन्धुओं के नाराज हो जाने का डर था।[5] रचनाकार के लिए जब 'अनुभव' गौण और यह बात प्राथमिक हो जाय कि उसकी रचना से कोई अप्रसन्न न हो, तो 'रचना' का क्या हश्र होगा, इसे बखूबी समझा जा सकता है। 'कर्बला' की भूमिका से यह भी पता चलता है कि प्रेमचन्द 'त्रासदी' के बारे में अरस्तू के विचारों से सहमत थे। प्रेमचन्द लिखते हैं कि दुःखान्त नाटकों के लिए यह आवश्यक है कि उनके नायक कोई वीरात्मा हों, क्योंकि हम नायक की पराजय देखकर भी शोक नहीं, वरन् उसकी परोक्ष नैतिक विजय पर आनन्दित होते हैं।[6] इस तरह प्रेमचन्द अरस्तू के 'विरेचन सिद्धान्त' के निकट पहुंचते हैं, जिसके तहत हमारे मनोविकारों का समुचित शमन हो जाता है। 'कर्बला' में इसीलिए उन्होंने नायक को सर्वगुण सम्पन्न रूप में पेश किया है और उसके चरित्र के पुख्तापन को दर्शाने के लिए उसमें अलौकिक घटनाओं का भी समावेश कर दिया है। यह दूसरी बात है कि इससे हजरत हुसैन का चरित्र बिलकुल निर्जीव हो गया है और प्रेक्षक के ऊपर उनका कोई प्रभाव नहीं पड़ता। मजे की बात यह है कि खुद प्रेमचन्द हजरत हुसैन के चरित्र से तादात्म्य अनुभव नहीं कर पाये थे। भूमिका में उन्होंने लिखा है कि 'हुसैन में महात्मा गांधी का सा आत्मसमर्पण तो था, किन्तु शिवाजी की दूरदर्शिता न थी।'[7]

प्रेमचन्द ने 'कर्बला' को 'त्रासदी' माना है और इस त्रासदी का हाल यह है कि जब भी कोई पात्र लड़ने जाता है या और कोई गम्भीर बात होती है, तो कुछ

शे'र जरूर पढ़ता है। और किस्साकोताह यह कि 'त्रासदी' का 'त्रास' तो एक तरफ प्रेक्षक को लगता है कि वह किसी मुशायरे में बैठा है। इसे देखकर धर्मवीर भारती के रिपोर्ताज 'गोरी नगरी : काले साये' की याद आ जाती है, जहां भारती ने दिखलाया है कि किस तरह इंग्लैंड में 'ब्रियाण्ड द फ्रिज' में शेक्सपियर के नाटकों को मजाक उड़ाते हुए पात्र तलवारबाजी करते हुए, काव्यात्मक संवाद बोलते हैं और मरा हुआ नायक सहसा तड़पकर उठ बैठता है और कहता है कि "ठहरो! अभी मौत के बाद का एक डायलॉग बोलना मुझे बाकी है।"[8] बिलकुल यही अंदाज 'कर्बला' में भी है, जहां हाल यह है कि कोई पात्र लड़ने जाय और सहसा लौटकर कहे, 'ठहरो! लड़ने जाने से पहले का शे'र तो मुझे कहना बाकी है।'

'कर्बला में वहां प्रेक्षक का धीरज चुक जाता है, जहां प्रेमचन्द हिन्दू-मुस्लिम एकता दर्शाने के चक्कर में अरब के रेगिस्तान में एक हिन्दू योगी को दिखलाते हैं, जो भारत से अरब मुहम्मद साहब की पवित्र भूमि देखने गया था। और नहले पर दहला यह कि उस योगी के दर्शन कर हुसैन साहब जो उद्‌गार व्यक्त करते हैं, उन्हें पढ़कर यह लगता है कि आज का कोई नेता हिन्दू-मुस्लिम एकता पर भाषण झाड़ रहा हो। और यहीं पर जयशंकर 'प्रसाद' की याद आती है। 'प्रसाद' के नाटक आज चाहे 'अत्याधुनिक रुचि' को संतुष्ट न कर पायें, पर सामयिक समस्याओं को परिष्कृत ढंग से व्यक्त करना कोई उनसे सीखे। हिन्दू-मुस्लिम एकता की समस्या ने 'प्रसाद' को भी हाण्ट किया था और उन्होंने 'स्कन्दगुप्त' में उसे ब्राह्मण एवं बौद्ध धर्म के झगड़े के माध्यम से बड़े अच्छे तरीके से पेश किया है। ऐसी प्रतीकात्मकता प्रेमचन्द में ढूंढ़े नहीं मिलती।

'कर्बला' की एक कमी यह भी है कि जगह-जगह इसमें प्रेमचन्द ने इतनी अलौकिक घटनाओं और आध्यात्मिकता का समावेश कर दिया है कि आधुनिक प्रेक्षक ऊब उठता है और नाटक की 'विश्वसनीयता' भंग हो जाती है। यह वैसा ही मुआमला है कि कोई आज 'रामकथा' को अपनी रचना का आधार बनाये और भगवान् के रूप में 'राम' की सृष्टि करे। 'आधुनिकता' का तकाजा है कि 'राम को भी आज मानव-रूप में देखा-दिखाया जाय (जैसा कि इधर नरेन्द्र कोहली ने रामकथा' को आधार बनाकर लिखी गयी अपनी उपन्यास-माला में किया है)।

असफलता और अस्वाभाविकता की यही लहरें 'प्रेम की वेदी' में भी दहाड़ें मार रही हैं। 'प्रेम की वेदी' में विलियम जेनी से प्रेम करने में असफल होकर जेनी की वृद्धा मां मिसेज गार्डन से विवाह कर लेता है और तब यहां कहने का मन होता है कि यह 'प्रेम की वेदी' नहीं, वरन् 'अस्वाभाविकता की वेदी' पर नाटक का बलिदान है।

इन नाटकों की एक बड़ी कमी यह है कि 'रस' की सृष्टि करने (?) के फेर में प्रेमचन्द ने 'गलदश्रु भावुकता' का ढेर लगा दिया है। 'कर्बला' में तो जैसे आंसुओं

की नदी ही बहा दी गयी है। इसी तरह प्रेम प्रसंगों के चित्रण में भी प्रेमचन्द नितान्त असफल सिद्ध हुए हैं। उनके नायक प्रेमातिरेक में नायिका के पैरों पर गिरना जानते हैं (जैनेन्द्र ने अपने नपुंसक नायकों की प्रेरणा शायद यहीं से पाई) आलिंगन तक से उन्हें परहेज है। पुरुष द्वारा स्त्री को छू लेने मात्र से ही नारी का सतीत्व प्रेमचन्द की दृष्टि में नष्ट हो जाता है। परिणाम यह हुआ कि इस 'वायवीय प्रेम' का पाठक पर बिलकुल प्रभाव नहीं पड़ता। यह वाकई तआज्जुब की बात है कि प्रेमचन्द इस मुआमले में इतने प्रतिक्रियावादी और पुरातनपंथी थे। इन नाटकों में ही नहीं अपने उपन्यासों और कहानियों में भी प्रेमचन्द ने ऐसे प्रसंगों में घोर रूढ़िवादिता का परिचय दिया है। चाहे वह मेहता-मालती हों या विनय-सोफिया, हर जगह प्रेमचन्द एक दीवार खड़ी रखते हैं और 'प्लेटोनिक लव' की हिमायत करते दीखते हैं। 'रंगभूमि' में उन्होंने कहा भी है कि "प्रेम और वासना में उतना ही अन्तर है, जितना कंचन और कांच में।"[10] उद्दाम प्रेम की परिकल्पना प्रेमचन्द को असह्य थी, हालांकि अपने व्यक्तिगत जीवन में उन्होंने दो विवाह करने के अलावा एक अन्य स्त्री से भी सम्पर्क बनाये रखा था। यह उसी प्रकार का अन्तर्विरोध है, जो गांधीजी में था। गांधीजी के अनुसार जीवन के लिए विवाह आवश्यक है, लेकिन सेक्स को वह एक तरह से वर्जित वस्तु मानते थे और ब्रह्मचर्य के समर्थक थे। हालांकि स्वयं वह जब अपने पिता की सेवा से रात में छुट्टी पाते थे तो बड़ी उतावली से अपनी पत्नी को जगाते थे।[11] इन दो 'आदर्शवादियों' की यह अस्वस्थ जीवनदृष्टि वाकई विस्मयकारी है जो कि प्रेमचन्द में अपवाद भी एकाध स्थलों पर मिलते हैं, जैसे अपनी एक कहानी 'नया विवाह' में प्रेमचन्द यह दिखलाते हैं कि एक बूढ़े सेठ की युवा पत्नी अपने नौकर को यह हिदायत देती है कि सेठजी के चले जाने पर तुम मेरे कमरे में आना।[12] कहना चाहिए कि प्रेमचन्द की अपनी सीमाएं थीं और उस पुनरुत्थानवादी-सुधारवादी युग में 'मित्रो-मरजानी' की कल्पना नहीं की जा सकती, जहां आलिंगन तक दिखाने में प्रेमचन्द सौ बांधून बांधते हैं।

एक नाटक तभी सफल कहा जा सकता है, जब रंगमंच पर उसे सफलतापूर्वक खेला जा सके। प्रेमचन्द ने मुंशी दयानारायण निगम को अपने एक पत्र में लिखा था, "ड्रामे दो किस्म के होते हैं। एक पढ़ने के लिए एक स्टेज के लिए।"[13] उन्होंने 'संग्राम' और 'कर्बला' की भूमिकाओं में भी यह स्वीकारा है कि ये नाटक मैंने केवल पढ़ने के लिए लिखे हैं। साथ ही उन्होंने यह विश्वास भी व्यक्त किया है कि 'रसज्ञ स्टेज मैनेजर' इन्हें काट-छांटकर अभिनेय बना सकता है।[14] इसके बाद तो कुछ कहने की जरूरत ही नहीं रह जाती, क्योंकि कांट-छांट करने के बाद तो किसी भी नाटक का मंचन किया जा सकता है।

प्रेमचन्द ने अपने इन नाटकों में बहुत से गीत भी दिये हैं। 'कर्बला' की भूमिका में वह लिखते हैं, "नाटक में संगीत का अंश होना आवश्यक है।"[15] इसी तरह

'संग्राम' की भूमिका में वह लिखते हैं, ''आजकल नाटक लिखने के लिए संगीत का जानना जरूरी है। कुछ कवित्वशक्ति भी होनी चाहिए।''[16] यानी बकौल प्रेमचन्द बगैर गीतों के नाटक नाटक ही नहीं हैं। यों इस विषय में प्रेमचन्द बहुत कुसूरवार नहीं क्योंकि यह तो नाट्यरूढ़ि थी और फिर उनके समकालीन 'प्रसाद' के नाटक भी गीतों से सराबोर हैं। लगता है कि प्रेमचन्द ने जैसे 'प्रसाद' से होड़ बद-बदकर गीत दिये हैं। क्योंकि इन नाटकों में इतने गीत हैं कि प्रेक्षक उकता जाता है।

प्रेमचन्द के कथोपकथन पूरी तरह परम्परागत हैं। 'स्वगत' 'दिल में' 'मन में' नाटकों में भरे पड़े हैं। दूसरी कमी इनमें यह है कि लम्बाई में ये द्रौपदी के चीर हैं। दरअसल 'किस्सागोई की आदत' प्रेमचन्द कहीं भी छोड़ नहीं पाते, लिहाजा संवादों का तेवर खत्म हो जाता है। हां 'व्यंग्यात्मकता की दृष्टि से 'संग्राम' का यह संवाद उल्लेखनीय है—मुनीम और हलधर का संवाद है।

''तो तुम्हें 200 रुपये चाहिए न! पहले 5 रुपये सैकड़ा नजराना लगता था, अब 10 रुपये सैकड़ा हो गया है।''

''जैसी मरजी।''

''पहले 2 रुपये सैकड़ा लिखाई पड़ती थी, अब 4 रुपये सैकड़े हो गयी है।''[17]

गरज यह कि चपरासियों का हक और अन्य अनेक हकों को देने के बाद हलधर कागज तो लिखता है 200 रुपये का, लेकिन पाता है सिर्फ 159 रुपये। इस कथोपकथन की तुलना 'गोदान' के उस संवाद से की जा सकती है जब गोबर के शहर लौटने पर एक नकल होती है और जिसमें रुपया लेने वाला महाजन से कहता है कि मुझे कर्ज में मिलने वाला जो शेष 1 रुपये है, वह भी मुझे नहीं चाहिए वह आपके क्रियाकरम के लिए है।[18]

प्रेमचन्द की प्रशंसा अक्सर उनकी सरल आमफहम भाषा के लिए की जाती रही है, लेकिन क्या उनके नाटकों की भाषा भी सफल है? भाषिक संरचना में एक महत्त्वपूर्ण तत्त्व यह होता है कि रचनाकार शब्दों के प्रयोग में कितनी सतर्कता बरतता है। 'प्रेम की वेदी' में उमा एक भद्र परिवार की कुलीन स्त्री है। लेकिन अपने पति से प्रेम-प्रदर्शन करते हुए एक स्थान पर वह कहती है, ''मेरे पास आ जाओ राजा।''[19] इस संवाद से प्रेक्षक की सौन्दर्यप्रियता को कितना धक्का पहुंचता है, क्या इसे बताने की जरूरत है? लगता है कि कोई रंडी अपने ग्राहक को पटा रही है।

जब रामस्वरूप चतुर्वेदी यह कहते हैं कि ''प्रत्येक संवेदनशील रचनाकार भाषा से संघर्ष और असन्तोष का अनुभव गहरे स्तरों पर बराबर करता है''[20] तो स्पष्टतया वह भाषा की 'रचनात्मक शक्ति' की ओर संकेत करते हैं। 'प्रसाद' और 'अज्ञेय' और एक सीमा तक निर्मल वर्मा और दूधनाथ सिंह ने भी संस्कृतनिष्ठ शब्दावली का प्रयोग अपने पूरे साहित्य में किया है, पर मजाल है कि कहीं पर भी यह लगे कि प्रवाह भंग हुआ और 'ठेठ हिन्दी का ठाठ' दिखाया जा रहा है।

'आकाश दीप' कहानी में जब 'प्रसाद' का एक पात्र कहता है—"पोत से सम्बद्ध रज्जु काट सकोगे?[21] तो यह नहीं लगता कि भाषा की लय टूट गयी है, गो कि यदि सरल हिन्दी में इस वाक्य को लिखा जाता—"जहाज से जुड़ी रस्सी काट सकोगे?" तो शायद 'प्रसाद' के संदर्भ में लगता है कि इस वाक्य पर 'प्रसाद' की छाप नहीं है। निश्चय ही 'प्रसाद' अपने ढंग से भाषा से जूझे थे और उन्होंने अपनी एक भाषा तलाश भी कर ली थी (यह दूसरी बात है कि जब रायकृष्ण दास, विनोदशंकर व्यास, वाचस्पति पाठक और चंडीप्रसाद 'हृदयेश' आदि ने 'प्रसाद' की भाषा की लय और अन्तःसंगति को समझे बिना ऊपरी ढंग से उसकी नकल करने की कोशिश की, तो चारोंखाने चित्त गिरे। प्रेमचन्द ने भी अपने कथा-साहित्य में अपनी भाषिक सर्जन शक्ति का परिचय दिया है। लेकिन पता नहीं क्यों, उनके नाटकों की भाषा इतनी शिथिल है? शायद इसलिए कि उन्होंने नाटक में भाषा की बुनावट के सवाल पर सोचा ही नहीं था।

दरअसल ये नाटक इसलिए तो असफल हैं ही कि इनमें 'प्रेमचन्द का कथाकार' अपनी पूरी शक्ति के साथ उपस्थित है, ये इसलिए भी असफल हैं, क्योंकि एक नाटक जिस तटस्थता, संक्षिप्तता और कसाव की मांग करता है, वह इनमें कहीं नहीं है। इनका मंचन अगर जस का तस किया जाय, तो ये हर लिहाज से घोर असफल सिद्ध होंगे। प्रेमचन्द एक पूर्णतः असफल नाटककार हैं।

लेकिन ये नाटक कम अज कम इस बात के गवाह तो रहेंगे ही कि एक अच्छा लेखक दूसरी विधा में कभी-कभी कैसी मात खा जाता है।

संदर्भ

1. 'संग्राम की भूमिका', पृ. 3.
2. 'कर्बला की भूमिका', पृ. 5.
3. 'मानसरोवर', भाग-4, पृ. 79.
4. 'माधुरी', जून 1924, पृ. 21.
5. 'कर्बला की भूमिका', पृ.7.
6. वही, पृ. 7.
7. वही, पृ. 18.
8. 'सारिका', नवम्बर 1964, पृ. 47.
9. 'प्रेमचन्द : घर में,' पृ. 264.
10. 'रंगभूमि', पृ. 107.
11. 'सत्य के प्रयोग अथवा आत्मकथा', पृ. 40.
12. 'मानसरोवर', भाग-2, पृ. 330.
13. 'चिट्ठी-पत्री', भाग-1, 178वां पत्र, पृ. 148.
14. 'संग्राम' की भूमिका, पृ. 3.

15. 'कर्बला' की भूमिका, पृ. 7.
16. 'संग्राम' की भूमिका, पृ. 3
17. 'संग्राम', पृ. 22-23.
18. 'गोदान', पृ. 220-221.
19. 'प्रेम की वेदी', पृ. 30.
20. 'भाषा और संवेदना' की भूमिका, पृ. 1.
21. 'आकाश दीप' कहानी-संग्रह, पृ. 9.

पत्रकार प्रेमचन्द

विश्वनाथ प्रसाद तिवारी

प्रेमचन्द अपने जीवन भर एक 'विशुद्ध कलाकार' कभी नहीं रहे—ऐसा कलाकार जो अपने चारों ओर की दुनिया से उदासीन रहकर कला की एकान्त साधना करता है। वे साहित्य और कला को बराबर लोक से जोड़कर देखते रहे। इसीलिए उनमें किताबें पढ़ने और अखबार पढ़ने का ही व्यसन नहीं था बल्कि अखबारों में कॉलम लिखने और अखबारनवीस बनने की गहरी इच्छा भी थी। लिखने और छपने की तड़प तो प्रायः हर लेखक में होती है पर अखबारनवीस बनने और अखबार या पत्रिका निकालने की तड़प जितनी प्रेमचन्द में है उतनी शायद ही किसी दूसरे लेखक में हो। पिंजड़े में बन्द शेर जैसे चक्कर लगाता है बेचैनी में वैसी ही बेचैनी होती है प्रेमचन्द के भीतर नौकरी करते हुए। वे पंछी की तरह पंख फड़फड़ाते रहते हैं मुक्त आकाश में उड़ने के लिए। उनकी यह छटपटाहट मुंशी दयानारायण निगम को लिखे गये उनके सैकड़ों पत्रों में देखी जा सकती है। लड़ाई के जमाने में सूबे की सरकार ने जब 'बार जर्नल' जारी किया तो निगम साहब ने उनसे यह प्रस्ताव किया कि वे उसके उर्दू संस्करण निकलने की जिम्मेदारी लेने को तैयार हों। इस प्रस्ताव के जवाब में 6 जुलाई, 1918 को प्रेमचन्द ने लिखा, "अब मैं सरकारी अखबारनवीस क्या बनूंगा। अगर अखबारनवीस बनना तकदीर में है तो गैर सरकारी, आजाद अखबारनवीस होऊंगा। जंग के मुताल्लिक मज़ामीन लिखने की भी इस वक्त मुझे फुर्सत नहीं है। बस इसी अपनी रफ्तारे-कदीम (पुरानी रफ्तार) पर चलूंगा। बी.ए. करके किसी प्राइवेट स्कूल का हेड मास्टरी और एक अच्छे अखबार की एडिटरी और कुछ पब्लिक काम। यही मेराजे जिन्दगी (जीवन-शिखर) है। अखबार मजदूरों-किसानों का हामी और मुआविन (सहयोगी) होगा।"[1] तो यह है प्रेमचन्द की जिन्दगी का लक्ष्य। अर्थात् किसी प्राइवेंट स्कूल की हेड मास्टरी, एक अच्छे अखबार की एडिटरी और कुछ पब्लिक काम। अच्छा अखबार उनकी दृष्टि में वह जो आजाद हो और मजदूरों-किसानों का समर्थक तथा सहयोगी।

प्रेमचन्द ने 'मर्यादा' 'माधुरी', 'हंस' और 'जागरण' नामक पत्रों का सम्पादन किया। 'हंस' के प्रवेशांक (मार्च 1930) में उसकी नीति स्पष्ट करते हुए प्रेमचन्द लिखते हैं, "कहते हैं जब श्रीरामचन्द्रजी समुद्र पर पुल बांध रहे थे उस वक्त छोटे-छोटे पशु-पक्षियों ने मिट्टी ला-लाकर समुद्र के पाटने में मदद दी थी। इस समय देश में उससे कहीं विकट संग्राम छिड़ा हुआ है। भारत ने शक्तिमय समर की भेरी बजा दी है। हंस भी मानसरोवर की शान्ति छोड़कर, अपनी नन्हीं सी चोंच में चुटकी भर मिट्टी लिये हुए समुद्र पाटने–आजादी की जंग में योग देने चला है।"[2] 22 अगस्त, 1932 को प्रेमचन्द की सम्पादकी में 'जागरण' का प्रकाशन हुआ। उसके नये रूप का परिचय देते हुए प्रेमचन्द ने लिखा, "हमारी यही चेष्टा होगी की वह किसी की खुशामद न करे लेकिन विनय को हाथ से न जाने दे। वह कभी-कभी कड़वी बातें भी कहेगा, पर सेवाभाव से उसमें आस्था और श्रद्धा अवश्य होगी, पर अन्धविश्वास नहीं। उसका ध्येय होगा सत्य की खोज। वह वितंडावादी नहीं, सत्य का पुजारी होगा, चाहे उसे सत्य को स्वीकार करने में कितना ही अपमान हो वह अप्रिय सत्य कहने से कभी न चूकेगा। वह केवल दूसरों के दोष न देखेगा, बल्कि अपने दोषों को स्वीकार करेगा।...वह जिस दृढ़ता से न्याय का पक्ष लेगा, उतनी ही दृढ़ता से अन्याय का विरोध करेगा, चाहे वह राजा की ओर से हो, समाज की ओर से हो अथवा धर्म की ओर से।"[3] यह है प्रेमचन्द की पत्रकारिता का आदर्श। बहुत ही कठिन और खतरनाक। जैसा कि आरम्भ में ही कहा गया है प्रेमचन्द कला की एकान्त साधना करने वाले विशुद्ध कलाकार नहीं थे। उनकी अंतर्मुखी और बहिर्मुखी दोनों ही प्रवृत्तियां निरन्तर सजग-सक्रिय रहीं। कला का उत्कर्ष उनके उपन्यासों-कहानियों में देखा जा सकता है और उनकी वैचारिक सजगता उनके लेखों-टिप्पणियों उनकी और अखबारी टिप्पणियों में उस काल की छोटी-बड़ी सभी समस्याओं पर जागरूक सम्पादक की निर्भीक, सुलझी हुई दृष्टि मिलेगी।

प्रेमचन्द का समय (1880-1936) भारतीय आजादी के लिए संघर्ष का शिखर काल था। जब वे पांच वर्ष के थे तभी (1885) में भारतीय राष्ट्रीय कांग्रेस की स्थापना हो चुकी थी। इस संगठन के माध्यम से स्वतन्त्रता की गूंज पूरे देश में ध्वनित हो रही थी। 1893 में अमरीका के सर्वधर्म सम्मेलन में विवेकानन्द ऐतिहासिक भाषण हुआ था। उस भाषण में अपने आत्मगौरव की पहचान का आग्रह सबसे प्रबल था। विवेकानन्द के भाषणों में हीन ग्रंथियों को तोड़ने और स्वाधीन चेतना भरने की अद्‌भुत शक्ति थी। 1889 में तिलक और गोखले का राजनीति में प्रवेश हुआ। 1896 से महाराष्ट्र, बंगाल और उत्तर प्रदेश में क्रान्तिकारियों की गतिविधियां तेज हो गयी थीं। 1908 में खुदीराम बोस को फांसी हुई। 15 साल के इस वीर बालक के बलिदान ने सभी स्वतन्त्रता प्रेमियों को भीतर से हिला दिया। राष्ट्रीय मुक्ति आन्दोलन को तोड़ने के लिए 1905 में लार्ड कर्जन ने बंग-भंग का प्रस्ताव रखा। इसी समय भारतीय

राजनीति में गांधीजी के सक्रिय प्रवेश ने भारतीय मुक्ति संग्राम को एक नया मोड़ दिया। गांधीजी ने अपने सत्याग्रह के द्वारा इस आन्दोलन को जन-आन्दोलन में बदल दिया। 1920 के असहयोग आन्दोलन, स्वदेशी के आग्रह तथा विदेशी बहिष्कार ने भारतीय जनता में उत्साह की एक नयी चेतना भर दी। 1927-28 में कांग्रेस के आह्वान पर साइमन कमीशन का सारे देश में बहिष्कार हुआ। 1921 में रावी के तट पर 'पूर्ण स्वराज्य' की मांग की गयी। 25 मार्च, 1930 को गांधी की डांडी यात्रा शुरू हुई और नमक सत्याग्रह आरम्भ हुआ। 23 मार्च, 1932 को लाहौर षड्यन्त्र केश में भगतसिंह वगैरह को फांसी पर लटका दिया। ये कुछ प्रमुख घटनाएं हैं जो प्रेमचन्द के सामने घट रही थीं। स्वतन्त्रता की आग कभी मन्द होती थी, कभी तेज, पर वह सुलग रही थी। विदेशी सत्ता गुस्से में बड़े पैमाने पर गिरफ्तारियां कर रही थी। प्रेमचन्द ने सक्रिय राजनीति में कभी कोई हिस्सा नहीं लिया। लेकिन स्वतन्त्रता आन्दोलन में उनका योगदान किसी राजनेता से कम नहीं है। उनकी अधिकांश कथाकृतियों में राजनीतिक हलचलों का चित्रण देखा जा सकता है प्रेमचन्द के तो लेखन की शुरूआत ही इसी से हुई थी। उनकी पहली कहानी है 'दुनिया का सबसे अनमोल रतन' जो 1907 में प्रकाशित हुई थी और जिसमें प्रेमचन्द ने खून की उस आखिरी बूंद को जो देश की आजादी के लिए गिरता है, दुनिया का सबसे अनमोल रतन माना है। उनकी कहानियों का प्रथम संग्रह 'सोजेवतन' नाम से 1909 में प्रकाशित हुआ था जो सरकार द्वारा खतरनाक समझकर जब्त कर लिया गया था। तब से लेकर अन्त तक प्रेमचन्द के भीतर आजादी की आग ठण्डी नहीं हुई। अपने समय की राजनीतिक घटनाओं पर प्रेमचन्द की जागरूक निगाह बराबर लगी रहती थी और उन पर वे अत्यन्त निर्भीक और संतुलित सम्पादकीय टिप्पणियां लिखते थे। 1921 में प्रेमचन्द ने 'स्वराज्य के फायदे' नाम से एक पेम्फलेट प्रकाशित किया। बीस पन्नों के इस पेम्फलेट में स्वराज्य के स्वरूप, उसके साधन और उसके वादों को सरल ढंग से समझाया गया है। इससे प्रेमचन्द के स्वराज्य की अवधारणा स्पष्ट होती है। वे लिखते हैं, "अपने देश का पूरा-पूरा इन्तजाम जब प्रजा के हाथों में हो तो उसे स्वराज्य कहते हैं...स्वराज्य का मुख्य साधन 'स्वावलम्बन' है, अर्थात् अपने देश की सब जरूरतों को आप पूरा कर लेना है। जो प्राणी अपने खेत का अनाज खाता है, अपने काते हुए सूत का कपड़ा पहनता है और अपने झगड़े-बखेड़े अपनी पंचाचत में चुका लेता है उसे हम स्वाधीन कह सकते हैं।...स्वराज्य प्राप्ति का दूसरा साधन उन व्यवस्थाओं का त्याग करना है जो हमारी आत्मा को दबाती हैं और उसे पराधीन, परावलम्बी बनाती हैं। अदालतें, सरकारी नौकरियां सरकारी शिक्षा आदि हमारी आत्मा को कुचलने वाली, हमारे मन के पवित्र भावों को दमन करने वाली, हमें कौड़ी का गुलाम बनाने वाली, हमारी वासनाओं को भड़काने वाली संस्थाएं हैं।...पराधीनता ने हमारी बुद्धि को मन्द कर दिया है। हमारा मानसिक बल लुप्त

हो गया है।... स्वराज्य बुद्धि को, हमारी विचारशक्ति को मुक्त कर देगा...[4]

अप्रैल, 1930 के 'हंस' में 'स्वराज्य में किसका अहित होगा' शीर्षक अपनी टिप्पणी में प्रेमचन्द लिखते हैं, "गरीबों की छाती पर दुनिया ठहरी हुई है यह कठोर सत्य है। हरेक आन्दोलन में गरीब लोग ही आगे बढ़ते हैं, यह भी अमर सत्य है। इस आन्दोलन में गरीब ही आगे हैं और उन्हीं को रहना भी चाहिए, क्योंकि स्वराज्य से सबसे ज्यादा फायदा उन्हीं को होगा। लेकिन जैसा हमने ऊपर दिखाने की चेष्टा की है, स्वराज्य हो जाने से समाज के किसी अंग को कोई हानि नहीं पहुंच सकती, लाभ होगा।"[5] जब महात्मा गांधी ने नमक आन्दोलन शुरू किया तो प्रेमचन्द ने 'आजादी की लड़ाई' शीर्षक टिप्पणी लिखी। इसमें वे लिखते हैं, "जो चीज जीवन के लिए उतनी ही आवश्यक है, जितनी हवा और पानी, उस पर कर लगाना नीति के विरुद्ध है। अंग्रेजी राज्य के पहले, भारत में यह कर कभी न लगाया गया था आज दुनिया भर में भारत ही एक ऐसा देश है, जहां नमक पर कर लगाया जाता है।"[6] 'स्वदेशी' शीर्षक अपनी टिप्पणी में 12 जून, 1933 के जागरण में प्रेमचन्द लिखते हैं, दासता तथा दरिद्रता से—दोनों ही महान् कष्टदायक तथा अपमानजनक रोगों से, रक्षा का एकमात्र उपाय स्वदेशी को अपनाना है : मन से, वचन से, कर्म से 'स्वदेशी' हो जाना, एक कच्चा धागा भी विलायती न खरीदना..."[7] 'मानसिक पराधीनता' शीर्षक जनवरी, 1931 की अपनी टिप्पणी में प्रेमचन्द लिखते हैं, 'हम दैहिक पराधीनता से मुक्त होना तो चाहते हैं पर मानसिक पराधीनता में अपने आपको स्वेच्छा से जकड़ते जा रहे हैं।...हमें हरेक पश्चिमी चीज के पीछे आंख बन्द करके चलने की जो प्रवृत्ति हो रही है, वह केवल हमारी मानसिक पराजय के कारण। हमारी सभ्यता में भी रोग थे; मगर उसकी दवा यूरोपीय सभ्यता की अन्धभक्ति नहीं है। उसकी दवा हमें अपनी ही संस्कृति में खोजनी थी।...[8] 'राष्ट्रभाषा का राष्ट्र' शीर्षक अपनी टिप्पणी में[9] अप्रैल, 1934 (जागरण) को प्रेमचन्द लिखते हैं, "अगर उर्दू को भी हिन्दी में मिला लिया जाय—क्योंकि जहां तक बोली का सम्बन्ध है इन दोनों भाषाओं में कोई अन्तर नहीं—तो हिन्दी बोलने वालों की संख्या पन्द्रह करोड़ से कम नहीं है और समझने की संख्या तो इससे कहीं ज्यादा है। आश्चर्य है कि अभी तक वह क्यों कौमी जबान नहीं बन गयी।...शायद संसार में भारत ही एक ऐसा देश है, जिसकी अपनी कौमी जबान नहीं है।...नवम्बर, 1935 (हंस) की अपनी टिप्पणी (राष्ट्रभाषा कैसे समृद्ध हो) में वे लिखते हैं, "हिन्दी का क्षेत्र भारत की अन्य भाषाओं से बड़ा है; लेकिन जब वह राष्ट्रभाषा बन रही है, तो उसे सभी प्रान्तीय भाषाओं से मदद लेनी पड़ेगी। हां, इसका ध्यान रखना पड़ेगा कि अपना कोश बढ़ाने की धुन में वह अपना रूप ही न खो बैठे।"[10] प्रेमचन्द हिन्दी भाषा और साहित्य दोनों को प्रान्त से उठाकर राष्ट्र तक पहुंचाने के लिए बराबर बेचैन रहे। इस सम्बन्ध में उन्होंने कई लेख और टिप्पणियां लिखीं : फरवरी, 1935 की अपनी टिप्पणी (एक

सार्वदेशिक साहित्य-संस्था की आवश्यकता) में वे लिखते हैं, 'हरेक प्रान्त के साहित्य की अपनी-अपनी विशेषताएं हैं। यह आवश्यक है कि हमारी राष्ट्रभाषा में उन सारी विशेषताओं का सामन्यजस्य हो जाय और हमारा साहित्य प्रान्तीयता के दायरे से निकल कर राष्ट्रीयता के क्षेत्र में पहुंच जाय।''[11]

प्रेमचन्द के भीतर आजादी की तड़प है, स्वदेशी का आग्रह है। वे भारत की एक राष्ट्रभाषा की चिन्ता करते हैं, भारतीय साहित्य की श्रीवृद्धि की चिन्ता करते हैं। वे एक राष्ट्रीय पत्र की योजनाएं बनाते हैं। लेकिन इसका यह अर्थ नहीं कि प्रेमचन्द संकीर्ण राष्ट्रवादी हैं। बल्कि इसके विपरीत संकीर्ण राष्ट्रीयता के वे घोर विरोधी हैं। 'राष्ट्रीयता और अन्तर्राष्ट्रीयता' शीर्षक अपनी टिप्पणी में वे लिखते हैं–''राष्ट्रीयता वर्तमान युग का कोढ़ है इसी तरह जैसे मध्यकालीन युग का कोढ़ साम्प्रदायिकता थी। नतीजा दोनों का एक है। साम्प्रदायिकता अपने घेरे के अन्दर पूर्ण शांति और सुख का राज्य स्थापित कर देना चाहती थी, मगर उस घेरे के बाहर जो संसार था, उसको नोचने-खसोटने में उसे जरा भी मानसिक क्लेश नहीं होता था। राष्ट्रीयता भी अपने परिमित क्षेत्र के अन्दर रामराज्य का आयोजन करती है। उस क्षेत्र के बाहर का संसार उसका शत्रु है। सारा संसार ऐसे ही राष्ट्रों या 'गिरोहों में बंटा हुआ है और सभी एक-दूसरे को हिंसात्मक संदेह की दृष्टि से देखते हैं और जब तक इसका अन्त न होगा, संसार में शांति का होना असम्भव है।''[12]

भारत में हिन्दू-मुस्लिम समस्या आज भी अत्यंत जटिल और घातक बनी हुई है। प्रेमचन्द के समय में यह समस्या और भी उलझी हुई थी। अंग्रेज शासक हिन्दुओं-मुसलमानों में साम्प्रदायिक तनाव पैदा करके अपना शासन जमाने की कुचेष्टा में लगे थे। एक जागरूक लेखक होने के नाते प्रेमचन्द की सजग दृष्टि इस महत्त्वपूर्ण समस्या पर थी और उन्होंने अपनी अनेक सम्पादकीय टिप्पणियों में इस समस्या पर अपने विचार प्रकट किए हैं। 'हिन्दू-मुस्लिम एकता' शीर्षक अपनी टिप्पणी में वे लिखते हैं–हिन्दू-मुस्लिम वैमनस्य का कोई यथार्थ कारण नहीं नजर आता। फिर भी वैमनस्य है और इससे इनकार नहीं किया जा सकता। यहां तक कि इसमें बहुत कम ऐसे महानुभाव हैं जो इस वैमनस्य से ऊपर उठ सकें। खेद तो यह है कि हमारे राष्ट्रीय नेता भी इस प्रवृत्ति से खाली नहीं हैं। और यही कारण है कि हम एकता-एकता चिल्लाने पर भी, उस एकता से उतने ही दूर हैं।[2] **'साम्प्रदायिकता और संस्कृति'** शीर्षक अपनी 15 जनवरी, 1934 (जागरण) की टिप्पणी में प्रेमचन्द लिखते हैं, ''साम्प्रदायिकता सदैव संस्कृति की दुहाई दिया करती है।...हिन्दू अपनी संस्कृति को कयामत तक सुरक्षित रखना चाहता है, मुसलमान अपनी संस्कृति को। दोनों ही अभी तक अपनी संस्कृति को अछूती समझ रहे हैं, यह भूल गए हैं कि अब न कहीं मुस्लिम-संस्कृति है, न कहीं हिन्दू-संस्कृति, न कोई अन्य संस्कृति, अब संसार में केवल एक संस्कृति है और वह है आर्थिक संस्कृति...।[14]

हिन्दू-मुस्लिम समस्या की ही तरह अछूतों की समस्या को भी लेकर प्रेमचन्द ने कड़ी सम्पादकीय टिप्पणियां लिखी हैं। 'मंदिर-प्रवेश और हरिजन' शीर्षक अपनी टिप्पणी में वे लिखते हैं, "हम स्वयं किसी भी तर्क द्वारा यह बात समझ नहीं सकते कि हाड़, मांस की देहवाला, हिन्दू धर्म अभिमान करने वाला कोई हरिजन काशी विश्वनाथ या किसी वैसे ही पवित्र मंदिर में क्यों नहीं प्रवेश पा सकता, जबकि स्थान-स्थान पर मल-मूत्र विसर्जन करने वाला सांड़ मंदिर में दर्शनार्थियों पर सींग चलाता हुआ स्वच्छंदतापूर्वक घूम सकता है। इस प्रकार की हठधर्मी का अब युग नहीं है और उच्च वर्णवालों को ईश्वर को भी अपनी 'स्त्री के समान अपनी ही वस्तु' समझने की मूर्खता का परित्याग करना चाहिए।"[15] प्रेमचन्द हिन्दू समाज में व्याप्त अंधविश्वास के प्रबल विरोधी थे। 26 मार्च, 1934 के जागरण में जोरदार टिप्पणी करते हुए वे लिखते हैं, "हिन्दू समाज में पूजा के लिए केवल एक लंगोटी बांध लेने और देह में राख मल लेने की जरूरत है। अगर गांजा और चरस उड़ाने का अभ्यास भी हो जाय तो और भी उत्तम। यह स्वांग भर लेने के बाद फिर बाबाजी देवता बन जाते हैं।...हम इतने अकर्मण्य हो गये हैं, इतने पुरुषार्थहीन कि हमें अपने पुरुषार्थ से ज्यादा भरोसा आशीर्वाद पर है, एक प्रकार से हमारी विचारशक्ति लुप्त हो गई है तीर्थस्थान क्या है? ठगों के अड्डे और पाखण्डियों के अखाड़े।...शिक्षित समाज के सामने जितनी समस्याएं हैं उनमें शायद सबसे कठिन यही समस्या है। यहां उसे अन्ध-विश्वास की पोषक प्रबल शक्तियों का सामना करना पड़ेगा जो अनन्तकाल से जनता की विचारशक्ति पर कब्जा जमाए हुए हैं।...[16]

प्रेमचन्द सच्चे अर्थों में एक मानववादी लेखक थे। मनुष्य पर मनुष्य द्वारा किया जाने वाला अत्याचार उन्हें बेचैन करता था। समाज का हर कमजोर वर्ग जो शोषित और उत्पीड़ित होता है प्रेमचन्द की सहानुभूति और उनकी लेखनी का विषय बना है। कहना न होगा कि भारतीय समाज में किसान, मजदूर, अछूत, नारी और बालक—ये सब आज भी उपेक्षित हैं और प्रेमचन्द ने अपनी सम्पादकीय टिप्पणियों में इन सबकी वकालत की है। 'हतभागे किसान' शीर्षक अपनी टिप्पणी में वे लिखते हैं, "भारत के अस्सी फीसदी आदमी खेती करते हैं। कई फीसदी वह हैं जो अपनी जीविका के लिए किसानों के मुहताज हैं, जैसे गांव के बढ़ई, लुहार आदि। राष्ट्र के हाथ में जो कुछ विभूति है, वह इन्हीं किसानों और मजदूरों की मेहनत का सदका है। हमारे स्कूल और विद्यालय, हमारी पुलिस और फौज, हमारी अदालतें और कचहरियां सब उन्हीं की कमायी के बल पर चलती हैं, लेकिन वही जो राष्ट्र के अन्न और वस्त्रदाता हैं, भर पेट अन्न को तरसते हैं, जाड़े-पाले में ठिठुरते हैं और मक्खियों की तरह मरते हैं।"[17]

'नारी जाति के अधिकार'—शीर्षक अपनी टिप्पणी में फरवरी, 1931 को प्रेमचन्द लिखते हैं, "हमारे विचार में निम्नलिखित विषयों पर नारियों को असन्तोष

है और इस असन्तोष को देवियों के इच्छानुसार ही शमन करना पड़ेगा–

1. एक विवाह का नियम स्त्री-पुरुष दोनों ही के लिए समान रूप से लागू हो। कोई पुरुष पत्नी के जीवनकाल में दूसरा विवाह न कर सके।

2. पुरुष की सम्पत्ति पर पत्नी का पूरा अधिकार हो। वह उसे रेहन-व्यय जो कुछ चाहे कर सके।

3. पिता की सम्पत्ति पर पुत्रों और पुत्रियों का समान अधिकार हो।

4. तलाक का कानून जारी किया जाय और वह स्त्री-पुरुष दोनों ही के लिए समान हो।

5. तलाक के समय स्त्री पुरुष की आधी सम्पत्ति पाये और यदि मौरूसी जायदाद हो तो उसका एक अंग।[18]

'बच्चों को स्वाधीन बनाओ'–शीर्षक अपनी टिप्पणी में अप्रैल, 1939 में प्रेमचन्द लिखते हैं, ''चतुर माता-पिता बालकों के प्रति अपने व्यवहार को जितना स्वाभाविक बना सकें, उतना बनाना चाहिए, क्योंकि बालक के जीवन का उद्देश्य कार्यक्षेत्र में आना है, केवल आज्ञा मानना नहीं। वास्तव में जो बालक इस तरह की शिक्षा पाते हैं, उनमें से आत्मविश्वास का लोप हो जाता है। वे हमेशा किसी की आज्ञा का इन्तजार करते हैं...[19]

डॉ. रामविलास शर्मा ने अपने एक इण्टरव्यू में कहा है कि भारतेन्तु से लेकर प्रेमचन्द तक यह परम्परा रही है कि बड़े लेखक आधे सम्पादक या पत्रकार भी रहे हैं : कहना न होगा कि वह समय भारतीय इतिहास का संघर्षकाल था। उस जमाने की समस्याओं पर अपनी प्रतिक्रिया व्यक्त करने के लिए सजग और जागरूक लेखकों ने एक रचनात्मक लेखक के साथ ही एक निष्पक्ष सम्पादक और पत्रकार का दायित्व भी निभाया। प्रेमचन्द ऐसे ही लेखक थे। भाषा, साहित्य, शिक्षा, संस्कृति, धर्म, समाज, राजनीति, किसान, मजदूर, साम्प्रदायिकता, छुआछूत, नागरिक शासन–सब पर प्रेमचन्द ने अपने निष्पक्ष और निर्भीक विचार व्यक्त किए हैं। पत्रकार समाज की आंख होता है। निष्पक्षता और निर्भीकता ही उसकी दृष्टि है और यही है उस दृष्टि की विश्वसनीयता। प्रेमचन्द जिस कालखण्ड में जी रहे थे वह अपने पूरे शरीर और प्राण के साथ उनके लेखन में उपस्थित है–पूरे प्रामाणिकता और विश्वसनीयता के साथ पं. हजारीप्रसाद द्विवेदी ने सही लिखा है, ''अगर आप उत्तर भारत की समस्त जनता के आचार-विचार, भाषा-भाव, रहन-सहन, आशा-आकांक्षा, दुख-सुख और सूझ-बूझ को जानना चाहते हैं तो प्रेमचन्द से उत्तम परिचायक आपको नहीं मिल सकता।[20]

संदर्भ

1. कलम का सिपाही, पृ. 1987.
2. वही, पृ. 428.

3. विविध प्रसंग, खण्ड-दो, पृ. 537-38.
4. विविध प्रसंग, खण्ड-दो, पृ. 270-77.
5. वही, पृ. 45.
6. वही पृ. 46.
7. विविध प्रसंग खण्ड-तीन, पृ. 169.
8. वही, पृ. 188, 193.
9. वही, पृ. 189-290.
10. वही, पृ. 109.
11. वही, पृ. 130
12. वही, खण्ड-दो, पृ. 333.
13. विविध प्रसंग, खण्ड दो, पृ. 278.
14. विविध प्रसंग, खण्ड तीन, पृ. 232.
15. विविध प्रसंग, खण्ड दो पृ. 466.
16. विविध प्रसंग, खण्ड तीन पृ. 157-159.
17. विविध प्रसंग, खण्ड दो, पृ. 446.
18. विविध प्रसंग, खण्ड तीन, पृ. 250.
19. वही, पृ. 186.
20. हिन्दी साहित्य, पृ. 435.